U0453174

萨摩亚的历史与现实

APPROACHING SAMOA

石莹丽 著

中国社会科学出版社

图书在版编目（CIP）数据

萨摩亚的历史与现实 / 石莹丽著 . —北京：中国社会科学出版社，2019.9
　ISBN 978-7-5203-4554-5

　Ⅰ.①萨…　Ⅱ.①石…　Ⅲ.①萨摩亚—历史　Ⅳ.①K638

中国版本图书馆 CIP 数据核字（2019）第 115692 号

出 版 人	赵剑英
责任编辑	耿晓明
责任校对	万文华
责任印制	李寡寡

出　　版	中国社会科学出版社
社　　址	北京鼓楼西大街甲 158 号
邮　　编	100720
网　　址	http://www.csspw.cn
发 行 部	010-84083685
门 市 部	010-84029450
经　　销	新华书店及其他书店

印刷装订	北京市十月印刷有限公司
版　　次	2019 年 9 月第 1 版
印　　次	2019 年 9 月第 1 次印刷

开　　本	710×1000　1/16
印　　张	18.25
插　　页	2
字　　数	270 千字
定　　价	98.00 元

凡购买中国社会科学出版社图书，如有质量问题请与本社营销中心联系调换
电话：010-84083683
版权所有　侵权必究

Fax: (0685) 21 822
Telephone: (0685) 23 636

Office of the Prime Minister
Apia, Samoa

FOREWORD

As leader of the Government of Samoa, I am very happy that Dr Shi Yingli, who was a volunteer teacher from China for three years teaching at some of our local colleges, requested a small contribution on my part to write a foreword for a book she has written on her experiences while working in Samoa. This was indeed a great honour for me as one small sure way to express my own gratitude and the thanks of the parents of Samoa whose sons and daughters were being taught by this great citizen of China. To me, as the servant of our people of Samoa, Dr Shi Yingli was a true ambassador for China. By this voluntary service, the Government of China also reaps the very positive feelings of sympathy and love that remain in the minds of the recipient families for generations to come. For a very small country like Samoa, any good deed lingers on in our memory.

Samoa became independent in 1962. In 2012, Samoa celebrated its 50 years of Independence. The United Nations issued its publication and congratulated our Government and people of Samoa as the first former Trust Territory of the United Nations to have successfully achieved its 50 Years Jubilee. It was after the Samoan leaders guided our Independent State peacefully in its early years of nationhood that the United Nations decided to grant independence to other countries like Fiji and Papua New Guinea in the Pacific and the rest of the States waiting in other parts of the world.

Samoa remains the most stable and peaceful nation in the South Pacific. Samoa has a very strong living culture based on its own customs and traditions under the very able watchful guidance of our village chiefs who maintain law and order, peace and good behaviour in the rural village communities every day. There is therefore no need to have a huge police force to enforce the law for the decisions of the village chiefs are immediate and often more respected because the chiefs as elders of the villagers are always there in the village all the time.

Samoa is also a deeply religious country. Our Constitution protects the freedom of Religion but most Samoans are Christians in different denominations like Catholics, Anglicans, and Congregationalists where the most important of the Christian teachings are based on "love of one's neighbours and love and forgiveness of one's enemies" – the heart of the Christians' faith and belief throughout the world.

Samoans always try to follow their Christian beliefs – but we are also in the world where both evil and goodness exist side by side.

We welcome visitors to our shores. And we are most grateful to all those friendly governments who help us in our time of need. We want all our friends to know that we value their friendship. And to understand that their friends are also our friends; and their enemies are not our enemies. For true Christians should never have any enemies.

Tuila'epa Sa'ilele Malielegaoi
PRIME MINISTER OF THE INDEPENDENT STATE OF SAMOA
Apia, Samoa
26 October 2018

序言(汉译)

作为萨摩亚政府首脑,我非常高兴石莹丽博士——一位在我国地方中学从教达三年之久的中国志愿教师——向我提出为她有关在萨摩亚工作经历的著作撰写序言的小小要求。对我而言,这要求实乃莫大荣幸,我愿意利用这样一个虽然简单却堪其用的途径,表达我本人以及众多萨摩亚父母对石博士的感激之情和真挚谢意。这些父母的子女后代曾受教于这位堪称伟大的中国公民。在我看来,从为我们萨摩亚人民提供服务、甘做公仆方面而言,石莹丽博士是中国援助人员中当之无愧的优秀代表。当然,通过这种志愿服务,中国政府也收获了萨摩亚人民的理解和爱戴。此种充满正能量的情感保留在了萨摩亚受惠家庭及其成员的心田,并将代代相传。对于萨摩亚这样一个小国而言,任何善行义举都将镌刻于我们的记忆,永不磨灭。

萨摩亚独立于1962年。2012年,也就是萨摩亚独立五十周年之际,联合国发表公告,祝贺萨摩亚政府和人民成为联合国前托管地中首个迎来独立五十周年庆典的国家。萨摩亚本土领导人带领我们的"独立国"和平度过了国家建设的早期艰难岁月。正是在见证了这一历史成就之后,联合国才决定授予太平洋地区的斐济和巴布亚新几内亚以及世界其他地区那些翘首以待的国家独立之权利。

时至今日,萨摩亚仍是南太平洋地区最为稳定与祥和的国家。建立在自身风俗和传统基础之上的萨摩亚文化拥有强大的生命力,而乡村酋长则是这一风俗传统的监护者。他们精明强干,精心维持着乡村共同体的法律与秩序、安宁与良行，日复一日，使命不怠。作为年高德劭、寸步不离家园的村民，乡村酋长们决断如流，一呼百应。受益于此，我国已无维持大量警力以执行法律之需要。

同时，萨摩亚是一个宗教色彩浓厚的国度。我们的宪法保护宗教自由。绝大部分萨摩亚人为基督徒，分属于天主教、圣公会和公理会等不同教派。在萨摩亚，最重要的基督教宣教是建立在全世界基督徒共同的信仰和信念的基础之上，其核心主张是"爱你的邻居，爱并宽恕你的敌人"。萨摩亚人始终竭力追随他们的基督教信仰。但毋庸讳言，我们所处的世界并非天堂，在这里，邪恶总与善举如影随形。

我们欢迎四海宾客的到来。同时，我们对那些雪中送炭，给予我们无私帮助、对我们友好的政府感激之至。我们希望我们所有的友邦知道我们珍视他们的友谊，同时能够理解我们这样的一种立场：友邦之友即吾邦之友，然友邦之敌非吾邦之敌。因为，真正的基督徒从来不与任何人为敌。

图伊拉埃帕·萨伊莱莱·马利埃莱昂奥伊
萨摩亚独立国总理
阿皮亚，萨摩亚
2018 年 10 月 26 日

（曲升译）

目 录

引 言 ……………………………………………………………… (1)
  一 …………………………………………………………… (1)
  二 …………………………………………………………… (2)
  三 …………………………………………………………… (6)

第一章 初识萨摩亚 ……………………………………………… (7)
  第一节 全球第一个迎来日出的国家 ………………………… (8)
  第二节 一个没有军队的国家 ………………………………… (11)
  第三节 "零污染"的国家 …………………………………… (14)
  第四节 全国唯一的城市——阿皮亚 ………………………… (16)

第二章 萨摩亚历史追述 ………………………………………… (19)
  第一节 早期的波利尼西亚人 ………………………………… (19)
  第二节 欧洲人的到来及三方条约 …………………………… (24)
  第三节 新西兰托管时期 ……………………………………… (29)
  第四节 迎来独立 ……………………………………………… (35)

第三章 萨摩亚的社会管理 ……………………………………… (42)
  第一节 马他伊和大家庭 ……………………………………… (43)
  第二节 乡村议事会 …………………………………………… (47)

第三节　议会制和总统竞选 …………………………………… (50)
　　第四节　三位一体的社会管理体制 …………………………… (52)

第四章　萨摩亚的教育 …………………………………………… (59)
　　第一节　萨摩亚学制的演变 …………………………………… (60)
　　第二节　新世纪以来萨摩亚教育理念的转变 ………………… (64)
　　第三节　新世纪以来基础教育的初步成果 …………………… (69)
　　第四节　萨摩亚中小学教育理念与现实的错位 ……………… (72)

第五章　萨摩亚的风土人情 ……………………………………… (83)
　　第一节　萨摩亚人的日常生活 ………………………………… (83)
　　第二节　萨摩亚人的民风民俗 ………………………………… (118)
　　第三节　萨摩亚人的文化遗产 ………………………………… (142)
　　第四节　萨摩亚人的宗教生活 ………………………………… (160)

第六章　萨摩亚的旅游资源 ……………………………………… (174)
　　第一节　萨摩亚的地文景观 …………………………………… (174)
　　第二节　萨摩亚的水域风光 …………………………………… (179)
　　第三节　萨摩亚的人文景观 …………………………………… (184)
　　第四节　传说中的历史遗迹 …………………………………… (196)

第七章　中国对萨援助及在萨华人华侨形象变迁 ……………… (203)
　　第一节　从"付费奴隶"到合法公民 ………………………… (203)
　　第二节　中国对萨援助的具体项目 …………………………… (213)
　　第三节　中国对萨援助特点及其成效 ………………………… (231)
　　第四节　当代在萨华人华侨的社会地位 ……………………… (238)

第八章　萨摩亚人眼中的中国 ………………………………… (245)
第一节　我叫 HuYaobang ……………………………… (246)
第二节　我的妻子是中国人 ……………………………… (249)
第三节　萨摩亚的李小龙 ………………………………… (253)
第四节　图伊拉埃帕与中国 ……………………………… (257)

参考文献 ……………………………………………………… (269)

后　记 ………………………………………………………… (279)

引　言

2014年9月，萨摩亚教育、体育与文化部部长马格莱（Hon. Magele Mauiliu Magele）访华，向中国教育部提出希望中方继续支持萨摩亚教育事业的发展，派遣理科教师赴萨援教。2015年，教育部正式发函委托聊城大学开展遴选和派遣国家公派教师赴萨从事理科援教工作，这是我国首个对太平洋岛国的教育援外试点项目，对于萨摩亚及其他太平洋岛国的中学理科教学意义重大。

一

2016年1月，聊城大学派出由张桂清、陈彦、肖燕、汝晶和我5人组成的第一期援教工作队。由于是第一次执行援教任务，对任教国家的民风民俗、生活习惯等都不熟悉，期间也遭遇了许多波折，但我们五人互相鼓励、相互照顾，共同度过了艰苦而难忘的321天。

2017年1月，作为聊城大学第二期援萨工作队队长，我带领其他4名新派教师再一次踏上了萨摩亚的国土，他们是数科院乔立山、张丽梅夫妇及传媒学院的秦建波、刘燕夫妇，我与他们共同度过了第二年的援教时光。援教期间，我多次与萨摩亚教育体育文化部联系，主动提出帮助萨摩亚教育体育文化部进行全国数学、计算机教师培训。我们一行5位老师先后奔赴两个大岛五个教学点对全萨摩亚的数学、计算机教师进行了一次拉网式培训，受到萨教育体育文化部和老师们的高度认可。工作之余，我本人协助大使馆秘书处组织弘扬中国传统文化活动；协助大使馆经商处拍摄有关中国农业技术支持的纪录片；义务协助我国驻萨摩亚大使馆为在萨中资企业提供帮助，调查中国经营、中国援助在萨民众中的反响及不足，受到我国驻萨大使的高度评价并于 2017 年末收到其向学校发来的感谢信。

2017 年 11 月，蔡先金校长率聊城大学代表团访萨，与萨摩亚国立大学校长福伊·阿索福索奥（Fui Asofou So'o）商谈了合作办学的相关事宜。双方签署了萨摩亚孔子学院合作意向书，并就在萨摩亚国立大学开设聊城大学南太平洋学院事宜达成初步意向。同时，聊城大学太平洋岛国研究中心计划与萨摩亚国立大学合办第 3 届太平洋岛国研究高层论坛，这些工作都需要一位在当地有工作经验的老师。受学校领导委派，我于 2018 年 1 月第三次赴萨。此次赴萨执行援教任务的还有续任的乔立山、张丽梅夫妇以及曲升、崔守鑫两位新任教师。这一年中，我们除了完成正常的工作之外，还配合萨摩亚教育体育文化部对全国数学教师进行了新一轮培训。在萨摩亚 56 周年国庆独立日时，我们组建了中国教师方阵，受到萨摩亚元首和人民的欢迎。我们共同见证了萨摩亚国立大学孔子学院的落成，为聊城大学与萨摩亚国立大学第 3 届太平洋岛国研究高层论坛的圆满举办做了大量前期准备工作，协助聊城大学与萨摩亚国立大学签署了南太学院的合作意向书。

二

正是基于聊城大学太平洋岛国研究中心的开拓性工作和优秀研究成果，教育部才委托聊城大学选派援萨教师。身为该研究中心的一员，临行之际，我便下决心完成一部有关萨摩亚人文方面的书稿。在萨三年的时间里，我利用一切机会与萨摩亚接触，尽最大努力深入到这个国家内部，去感受他们的风土人情、喜怒哀乐。我走访萨摩亚家庭，参加萨方朋友的婚礼、葬礼和家庭聚会，参加萨摩亚独立日、教师节、国花节等系列活动，观看民俗表演、太平洋小姐选美比赛以及法阿法菲尼（Fa'afafini）选美比赛，与在萨华人华侨共同探讨当地的民风民俗。期间，我两次独自祭拜华人公墓，瞻仰每一块石碑上的斑驳字迹；对二代、三代华人后裔作了大量访谈；对在萨中资企业进行调研，对中国援建项目进行了资料查寻、相关人员回访……

此书稿主要完成于第一年期间，内容也只是涉及萨摩亚的一些浮于表面的现象，与我国传统文化、风土人情的迥异激起我记录下在此工作生活的感悟。在接下来的两年中，我从萨摩亚社会管理、宗教信仰、教育教学等方面进行了较深入的探讨，先后形成了 5 篇文章予以刊发，向教育部提交了萨摩亚教育现状的咨询报告，接待国内同行来访，为新华社、《大众日报》、《聊城晚报》等新闻媒体了解报道萨摩亚提供了大量视频和个人感悟。同时申请了公众号"萨摩亚的故事"，定期推送有关萨摩亚风土人情、华人华侨、中国援助等方面的短文，内容均出自本书的相关章节。

为了让国内同行和广大民众更加直观地了解萨摩亚，本书在撰写风格上兼具学术性和通俗性。具体来讲，凡涉及萨摩亚政治历史、社会管理、教育教学、中国援助、华人华侨等方面的内容以学术研究形式出现，凡涉及萨摩亚人的日常生活、风土人情、美食美景等内容以随笔漫谈形式出现。

扫一扫打开
《萨摩亚的故事》

由于萨摩亚地理位置的独特性，近来年，其在时间设置、交通法规方面均做了调整，这既让外界知晓了南太平洋中心的萨摩亚，也无形中增加了其自身的神秘感，本书第一章以萨摩亚地理位置、时区和交通法规的改变为切入点，对萨摩亚进行了概括性介绍，希望揭开其神秘面纱，让读者近距离地了解这颗南太平洋上的明珠。

在萨摩亚长达 3000 年的历史长河中，其经历了汤加入侵、英国传教士的到来、德国占领、新西兰托管、民族独立斗争等重大历史事件和拐点，透过其历史脉络可以更加深刻地理解今日萨摩亚对传统文化、民风民俗、美丽家园如此珍视的原因。本书第二章即重点介绍萨摩亚历史上具有重大意义的历史事件，以期读者对于这个国家有更加深切的了解。

萨摩亚的国家权力机关分为基层酋长制和国家议会制两个层面。酋长是萨摩亚行之有效的基层管理者，他们管理维持着整个家庭和村落的运转，靠着千余年来的祖宗宗法和经验累积治理一方；国家权力机关是法律赋予的最高权力机关，也是富有西方特色的国家机关，它与基层酋长管理形成默契的上下级关系。宗教和牧师是游走于这两层权力机关之间的一个特殊群体，它对于民众精神世界的驾驭无形中有力地辅助了权力运行，在某种程度上维护了社会秩序，强化了基层权力组织，三者的有机结合形成了萨摩亚独特的政治体制和文化生活。本书第三章即就萨摩亚三位一体的社会管理体系进行系统论述，以期让太平洋之外的人们对于这一管理特质有所了解。

由于长期接受新西兰托管，萨摩亚在 1962 年独立前就已形成了一套完整的新西兰学制。独立后，尽管萨摩亚在教育管理、学制设立等方面进行了多次改革，但其基本运行体制依然延用新西兰学制。随着国际社会教育改革的呼声持续升温，进入 21 世纪以来，萨摩亚教育体育文化部在诸多教育改革、教育策略等指导性文件中，提出了如公平教育、全民教育、教育质量、教育可持续发展等现代教育理念，但却迟迟未能落地，萨摩亚中小学教育现状依然令人堪忧。本书第四章即分析论述萨摩亚教育理念与现实的错位问题，并提出了应对措施。

萨摩亚人的生活单纯而节奏缓慢，海水里泡大的童年，开放自由的恋爱方式，有衣同穿、有钱同使的大家庭生活，周而复始的宗教仪式和教会生活、独特的墓葬安放等构成了这个远在大洋中心的波利尼西亚人群的日常生活。萨摩亚的民风民俗与中国迥异，自主设计印染、图案活泼、色彩浓烈的服装，飘着浓浓椰香的食物，有顶无墙的南太平洋独特建筑法雷，以及右舵左行、礼让行人的交通等等无不让每一位初来萨摩亚的国人瞠目、赞叹。本书第五章将从萨摩亚人的童年开始为你讲述他们简单快乐、怡然恬静的日常生活。

萨摩亚最负盛名的应该是她那通透艳丽的风景名胜。无论是他们用心经营的民俗文化村、各类博物馆，还是浑然天成的自然风光，均有着一份特别的美，原始、天然、纯净，并略带一丝传奇和浪漫。本书第六章将带你一同感受萨摩亚别样的美。

中国人最早来萨在19世纪七八十年代，当时仅有12人以个人名义赴萨。1900年德国占领萨摩亚后，开始了从中国向萨输入华工的历史。自1900—1934年间，共有大约7000人以契约华工身份在萨从事种植业，被视为"付费奴隶"和"廉价商品"。第二次世界大战后，随着萨摩亚要求独立的呼声越来越高，华工在萨身份也得到官方认可，并且拥有了公民身份和选举权。改革开放后，华人赴萨群体主要是中国公派人员、承揽中国对萨援助的建筑工人和个体经商者。他们的辛勤付出受到了萨摩亚民众的认可和赞赏。本书第七章则从华人华侨在萨奋斗史、中国援助方面介绍和论述华人华侨在萨公共形象和社会地位的变迁。

为了更加清晰地认识中萨两国关系，了解萨摩亚人眼中的中国，为政府和民间提供有效的信息支持，以便更加有利于中国在南太平洋地区开展外交和经贸往来，本书第八章以故事的形式撰写了三位对中国有特别感情的萨摩亚普通民众，并详细介绍了萨摩亚总理图伊拉埃帕的生平，以及他执政20年来的中萨关系。

特别需要指出的是，在涉及一些有关萨摩亚传统和民俗方面的专有名词时，本书根据上下文的逻辑关系，使用了符合语言环境的特定表达。例如：萨语Matai，英语翻译为酋长，有些学者直接意译为头人。本书在涉及萨摩亚历史时使用了头人一词，在涉及萨摩亚社会管理时使用了音译马他伊一词，在论述行政职务或者部门管理时则使用了酋长一词。另外，本书所有图片除了注明网址和署名摄影者外，其余均为本书作者所摄。

三

　　三年的支教工作转瞬即逝。离开之际脑海里全是美好和不舍。萨摩亚是一方净土，它自然环境优美，民风淳朴。一望无际的大海，时而怒吼，时而沉静，不断变幻的海水颜色仿佛颇能读懂你内心的感受，随着你的心情起起落落。大团大团松软的云时而如洁白的少女，时而又泛着藏青色如同中国经典的水墨画。插入云端的椰子树、天女散花般的面包果树、羞答答的木瓜树、浓郁的香蕉树时刻向你展示着它们的热情和纯洁。郁郁葱葱的热带植被、鲜红似火的国花特威拉（Teuila）、大片绿色草地、清凉微腥的海风无不令你心旷神怡。孩子们天真的笑脸、妇女们丰满的腰身、男子汉粗壮的臂膀和野性十足的文身无不令你想急切地走近他们、了解他们。而与他们走得越近，越能感觉到这个民族强大的向心力和凝聚力。让我们一起走近它、感受它、了解它、欣赏它。

第一章　初识萨摩亚

在南纬13.5度以南，西经172.5度以东，坐落着两座小岛，它们齐眉并肩、彼此相望。西面的岛屿像一块菱形的鹅卵石，东边的岛屿像一片细长的树叶。两座岛屿在南太平洋中心静静地躺着，安静而祥和，它们连同周边的八个兄弟姐妹①共同组成了一个许多人可能第一次听到的名字——萨摩亚。这两个岛屿就是萨摩亚的两大主岛，菱形的岛屿叫萨瓦伊岛（Sava'i），树叶状的岛屿是首都所在地乌波卢岛（upolu）。

萨摩亚属热带雨林和热带海洋性气候，气温常年处于20℃至30℃之间，国土陆地面积2934平方千米，其中乌波卢岛1118平方千米，萨瓦伊岛1708平方千米，这两大主岛占国土总面积的96%。萨摩亚水域面积12万平方千米，海岸线总长400余千米。萨摩亚一年分雨季和旱季两个季节。雨季为11月至来年4月，旱季为5月至10月。全年平均降水量2880mm。首都阿皮亚坐落于乌波卢岛北海岸中间地带，是萨摩亚唯一的城市，也是该国政治、经济、文化和对外贸易中心。据2016年萨摩亚人口普查，该国现有人口195843人，其中77.8%左右居住在首都所在的乌波卢岛，22.2%左右居住在另一大主岛萨瓦伊岛。

---

① 这八个小岛分别是：阿波利马（Apolima）、马诺诺（Manono）、法努阿塔普（Fanuatapu）、纳姆亚（Namua）、努乌特勒（Nuutele）、努乌卢亚（Nuulua）、努乌萨菲（Nuusafee）以及努乌卢帕（Nuulopa）。

图 1-1 萨摩亚区位图①

萨摩亚是一个农业国，其81%人口居住在农村，城市人口仅占19%。全国人口平均年龄21.4岁，在占全国人口46%的青年人中有16.4%青年人失业。另据统计，现在有14万左右的萨摩亚人居住在新西兰，其中有5万人左右出生于萨摩亚。目前在萨的外来人口主要包括来自澳大利亚、新西兰、英国、德国、法国、美国、日本、中国、印度等多国移民，尤以澳、新居多。目前在萨华人有1000余人，主要集中在建筑和批发零售业。

第一节 全球第一个迎来日出的国家

如果你在网络上搜索关键词"萨摩亚"，一定会有两个美妙的故事等着你，一个是"萨摩亚可以让人增寿一天"，另一个是"一个男人花一下午的时间种12棵面包树就可以养活一家人"。另外，许多朋友可能还见过这样一道地理题：

---

① SAMOA MAP-PHYSICAL MAP OF SAMOA, ezilop maps（https://www.ezilon.com/maps/oceania/samoa-physical-maps.html），访问时间：2018年10月30日。

图 1-2 萨摩亚的日出　　　　（摄影：邢晓峰）

当地时间 2011 年 12 月 29 日，太平洋岛国萨摩亚决定由全球最后一个迎接新的一天的国家变成最早迎接新的一天的国家，国际日期变更线因此发生了改变。读图，完成 1—2 题。

1. 萨摩亚做决定的第二天，当地的日期是
A. 12 月 28 日　B. 12 月 29 日　C. 12 月 30 日　D. 12 月 31 日
2. 影响萨摩亚城镇环形分布的主要因素是
A. 洋流　　B. 地形　　C. 交通　　D. 河流

在这里，所谓的"增寿一天"是指按照国际日期变更线进行的日期加减。国际日期变更线是 1884 年在国际经度会议上规定的一条时间分界线。原则上以 180 度经线为分界线，但由于有的国家分属在 180 度经线以东和以西，所以可以自行调整时间，因此它不是一条地理分界线，

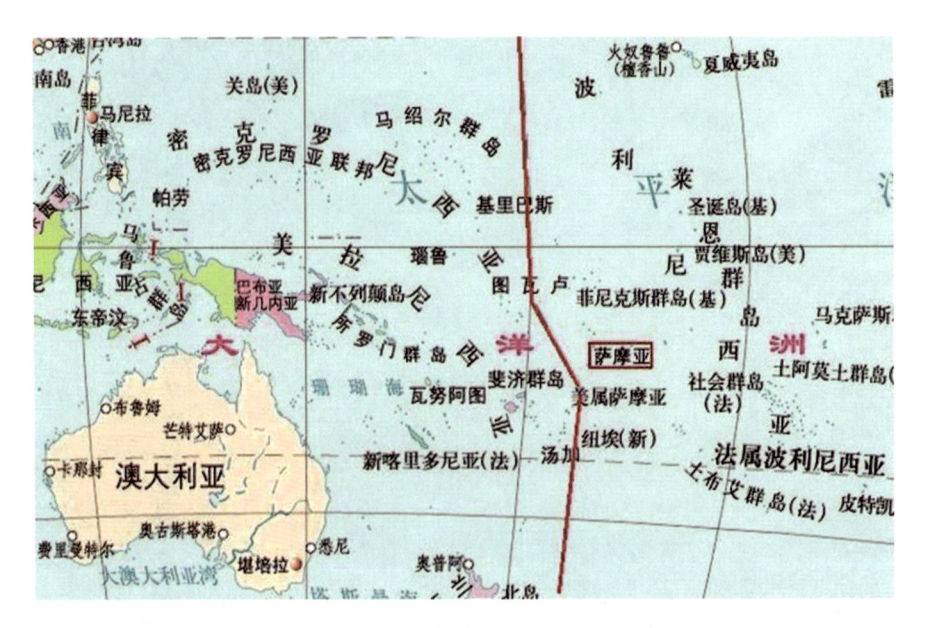

图 1-3 萨摩亚日期变更线①

而是一条人为分界线。萨摩亚属西十二区，原则上是全球最后一个进入新的一天的国家，也就是"所说的增寿一天"，这种说法无疑增添了萨摩亚的神秘感。现在萨摩亚人自愿揭去这层面纱，而要更为实惠的东西，那就是与澳大利亚、新西兰同步，更好地与它们及亚洲国家进行密切接触和经济合作。为此，萨摩亚便主动放弃了这种美妙的说法。② 2011年12月29日，萨摩亚将时间提前了一天，由此，国际日期变更线由以前在萨摩亚的东部调整为在它的西部。萨摩亚人也就跳过了12

---

① 地理综合练习1，https：//wenku.baidu.com/view/c0fa87fd4128915f804d2b160b4e767f5acf80ae.html，访问时间：2018年10月30日。

② 理论上是不存在增寿这种说法的，因为时间在一个人的生命里没有任何改变，而且这种说法仅限于进入萨摩亚的那一刻起，当你离开萨摩亚的时候还要把这一天留在这里。另外，网络上一些较通俗的解释，如从西十二区调整至东十二区，这只是便于读者理解，实际上萨摩亚所处的时区并没有改变，还是处在西十二区，只是时间上调整了一天而已。也就是说，时区是一个地理概念，人为因素不能变更，但日期可以变更，随着日期的变更，国际日期变更线也随之调整。因此我们看到的国际日期变更线并非一条直线，这就与变更线附近的国家自主规定日期有关。与萨摩亚同时调整时间的还有行政机构设在萨摩亚的托克劳群岛。

月30号这一天，直接进入31号。岛民们在31号这一天欢呼雀跃，纷纷走上街头，为他们是全球第一个欢庆元旦的国家而兴高采烈。而宾馆结账时也会少算一天钱。当然，在12月30号出生的岛民则要提前或延后庆祝自己的生日了，因为一觉醒来生日这一天没有了。

关于时间的调整，萨摩亚总理图伊拉埃帕这样解释道："我们与新西兰和澳大利亚通商时，每周都要损失两个工作日……当我们是周五的时候，新西兰已是周六；而当我们周日上教堂时，澳大利亚的悉尼和布里斯班已经在上班。"[①] 调整后的时间与澳大利亚仅差三个小时，与新西兰仅差一个小时，大大方便了他们之间的关系往来。

萨摩亚现任总理图伊拉埃帕，现年72岁，1969年毕业于新西兰奥克兰大学，获商业硕士学位。自1971年进入政界以来，一直担任萨摩亚经济、财政方面的要职，1998年11月当选总理，迄今已经第四次连任。任职20年来，他十分注重与亚太地区各国关系，在区域经济和国际舞台上寻求合作，为萨摩亚的经济发展和国民生活水平的提高推行了诸多措施。

第二节 一个没有军队的国家

或许许多人都听说过，萨摩亚是全世界少有的没有军队的国家之一。根据1962年萨摩亚独立时与新西兰签署的友好条约，新西兰负责萨摩亚的国防安全。当然，萨摩亚仍设有警察总署，目前共有500名左右警察，下设缉毒组、乐队组、交通组、武器组、海事组、情报组和特殊回应组。主要负责公共设施的正常运转、维持交通秩序、协助搜索和营救、鉴定和侦破各种刑事案件、升级和改良国家安全及犯罪调查情报机构等等。我们平时见到的绝大多数是正在执勤的交警。上下班高峰期，在市中心、重要路口及学校门口都会有

[①] 腾讯网：《萨摩亚变更时区成为全球第一个见到太阳国》，（2011-12-31）（https://news.qq.com/a/20111231/000047.htm），访问时间：2018年9月22日。

值勤警察，相比我国的交通拥堵的状况，萨摩亚还是十分悠闲和轻松的，警察的指挥也没有特别的严肃和紧张。另外，尽管萨摩亚仅有几百名警察，但他们仍然积极协助国际安全治理。例如自2003年始，萨摩亚连续派遣警察代表团赴所罗门群岛执行维和任务；2010年，作为联合国维和成员国，萨摩亚又派遣维和警察赴东帝汶执行任务。

萨摩亚的消防队设在阿皮亚市中心，消防车随时待命。自2016年1月至今，笔者在萨三年多的时间内，城区已经发生过三起特大火灾了。其中2016年1月16日跳蚤市场发生大火后中国政府援建了新市场；2016年4月4日，阿皮亚的一个储油罐爆炸，一名消防队员牺牲，四名消防队员受伤；2017年3月，一家华人百货商店失火，直接损失折合人民币200余万元。[①]

目前萨摩亚有三所监狱，其中两所属于成人监狱，另有一所青少年改造机构。但监狱条件简陋、拥挤，卫生条件极差，例如没有足够的水净化设施，厕所恶臭难闻，耗子、蟑螂大量出没，缺少管理人员等。而且，由于萨摩亚头人阶层的特殊化，许多服刑人员和警官之间存在着某种特殊关系，无形中增加了管理的弹性和自由度，不利于犯人的改造。[②] 当然，由于传统头人[③]管理与基督教管理的有机结合，萨摩亚监狱的某些规定也带有人性化特点。例如，2012年萨摩亚成立五十周年之际，有35名服刑人员被赦免回家。平时每逢周末，服刑人员的亲属也可以将其接回家团聚，只要周一按时返回就可以了。

---

① 后经查看录像得知是两个当地不满20岁的青年所为，当时只是想偷点东西，但因为看到了监控录像，不知道怎么消除，索性把整个商店烧掉了，很是令人震惊。另外，近年来由于华人同胞在萨经商的越来越多，所占市场份额越来越大，影响也越来越广泛，华人已成为财富的代名词，华人朋友的家和商店时常遭遇入室盗窃，且多是附近人家的孩子所为。报警后警察多以说教为主，家长出面赔礼道歉。情况再严重一些的，由村子里的酋长开会处置，也多是体罚和少量罚款。

② Ombudsman, "Inspects Tafa'igata Prison", *Samoa Observer*, 03 April 2016（20-22）.

③ 即酋长，参见本书第三章内容。

尽管萨摩亚没有军队，但其被誉为是世界上最安全的国家，因为这里的犯罪率不高，以至于有人认为警察成天无所事事。① 之所以有这样的说法，大概有以下几方面原因：一是传统的头人管理制度使得普通民众对于头人有着天然的畏惧，许多犯罪苗头也就被掐灭在襁褓之中了。二是一些小的犯罪行为例如打架、偷盗等一般在家庭内部和村子里就处理和处罚了，没有上报国家政府部门，所以没有计入统计。只有一些相当严重的犯罪行为如强奸、杀人、纵火、贩毒等才由国家层面进行处理。三是对于宗教信仰的虔诚和牧师的对民众思想的管控也降低了犯罪率。

图1-4 2017年6月1日萨摩亚独立日，走过主席台的萨摩亚警察

---

① "What Changes in the Police Ministry are Needed?" *Samoa Observer*, 20 March 2017（11）.

第三节 "零污染"的国家

近年来，随着美国奥巴马政府"重返亚太"战略规划的提出，中国"一带一路"倡议的实施，日本不断强化与太平洋岛国论坛的关系及提出"好伙伴"关系的援助理念，太平洋岛国日渐受到国际社会的关注。与此同时，随着全球气温普遍升高，南太平洋地区一带的环境污染加剧等问题的出现，各岛国领导人也正积极联合起来应对全球气候问题。2013年9月，第44届太平洋岛国论坛召开，与会领导人通过了《马朱罗宣言》，呼吁国际社会采取紧急行动，共同应对气候变化带来的挑战；2014年7月，第45届太平洋岛国论坛领导人会议在帕劳召开，该会议的主题是"海洋：生命与未来"，与会领导人再次将讨论重点放在全球气候变暖，有的岛国将面临被淹没的危险，呼吁国际社会采取有效行动遏止灾难的发生；2015年9月，太平洋岛国发展论坛第三次峰会在斐济召开，与会国家共同发表了《气候变化苏瓦宣言》，呼吁世界各国加速削减温室气体排放，共同应对气候变化；2016年11月，太平洋岛国发展合作七方会议在澳大利亚举行，会议主题也是帮助太平洋岛国应对气候变化；2017年9月，太平洋岛国论坛在萨摩亚举办，此次的主题就是"保护蓝色海洋"。

作为南太平洋的主要国家，近年来，萨摩亚采取了积极的应对措施保护环境，减少环境污染。2017年年初，萨摩亚政府出台了新的机动车进口政策，于该年4月正式执行。新规将从原来允许生产日期12年以内的机动车进口缩减至生产日期8年以内。其劳动、交通和建设部部长帕帕力·尼可（Papal'i Niko）在接受《萨摩亚观察家报》（*Samoa Observer*）记者采访时解释说，萨摩亚的机动车数量太多，生产日期过久，为了应对气候变化，政府必须保证不能有过多的来自机动车的碳排放，因而缩减进口年限限制，提高机动车价格，降低机动车数量。当然，萨

图 1-5　萨摩亚风景　　　　　　（摄影：买婷）

摩亚现有机动车数量,尤其是通往各个村子的由中型货车改装而成的柴油公交车产生的污染亦应引起重视。

　　为减少柴油发电造成的污染,萨摩亚政府鼓励太阳能发电和水力发电。目前已有三家大型太阳能发电基地正式供电,一家水力发电厂即将投产。

　　称萨摩亚是零污染国家未免有些夸张,但这里确实山清水秀、碧海蓝天,的确是为数不多的保留大量原始森林的国家,也确实是让人可以放心呼吸、放心饮食的国家。岛民们很少关注外面的世界,但十分关心自己的家园。

　　萨摩亚的基层社会组织单位是村,全国共有 362 个村。全国 78% 的土地归村子管理和使用。毫不夸张地说,在这里,每一片山林、每一片海域都有它的主人。漫步在一望无际的海边,经常会遇到巡视的村民,他们由各村乡村议事会自发组织起来,轮流值班,一是照看前来游玩、潜水的外地游客;二是看护海岸,捡拾垃圾,提醒游客不能走入珊瑚区等;三是星期天维护村周边环境的安静详和①。

每一个高速运转的车轮都可能会让人类付出沉重的代价,而每一块净土的守护都要以人类向高度文明迈进的步伐为交换。敦厚善良的波利尼西亚人是虔诚的基督徒,对上帝和自然充满感激之情。他们纯朴和善,内心平和,对生活没有过高要求。他们只希望守护着这一方碧水蓝天,静待花开花谢,坐看云卷云舒,在时光的流逝中聆听潮涨潮落和发自内心深处的呼唤。

第四节 全国唯一的城市——阿皮亚

萨摩亚首都所在的岛屿乌波卢岛是全国第二大岛。该岛东西长约70千米,占地面积约1118平方千米。② 首都阿皮亚位于乌波卢岛北部海岸线的中部,依山傍海。其政府办公大楼就坐落在最北部,北临一望无际的太平洋。从这个中心点出发,向东、西、南辐射出几条街道,就构成了首都。萨摩亚人习惯称之为城镇(Town),这个称谓颇为贴切,因为它确实就是一座小镇而已。

在这座不大的城镇中,集中了所有政府办公机关和外国使领馆③、联合国教科文组织、日本协力组织、亚洲发展银行等相关机构,还有三家大型银行、两家航空公司、一家深水港,以及林林总总的超市、百货商店、服装店、餐馆、酒吧、理发店、蔬菜海鲜市场、保险公司、图书文具商店及几座大型教堂等等,可以说,萨摩亚的政治、经济、外交、

---

① 因星期天是大家去教堂做礼拜的时间,所以在这一天,所有村子禁止大声喧哗,所有海域禁止游泳。
② 在波利尼西亚的神话传说中,乌波卢(Upolu)也是该岛上第一位女性的名字。
③ 中国、美国、日本在萨设有大使馆,澳大利亚和新西兰设有高专署。另外在萨摩亚设名誉领事馆的国家有:智利、芬兰、法国、德国、意大利、荷兰、韩国、西班牙、瑞典、瑞士、英国、墨西哥、巴布亚新几内亚。

商贸、文化中心等都集中在这里了。

图1-6　夜幕降临后在海边乘凉的人们　　（摄影：叶强）

当然，这个中心城镇，没有我们所理解的大都市的热闹和繁华。初来此地的游客，只能从林立的店铺，路边的货架、等客人的出租车司机以及手里拎着草扇和各式挂件的叫卖者身上读出些许城镇的味道。这里没有林立的高楼、七彩的霓虹灯，更没有呼啸而过的机动车和行色匆匆的赶路人。每天下午五点，几乎所有商店都打烊了，当地人陆陆续续回到各自的村子里，静悄悄的街道似乎在等待夜幕的降临。当然，每当圣诞节、儿童节、母亲节来临时，阿皮亚就仿佛焕发了青春，摇身变成了中国式的"庙会"，人来人往、车水马龙，好不热闹。

走出城镇中心，向外延伸的几千米依然是首都的管辖范围，只不过看起来更像是乡村，道路变成了双向单车道，一切都回归了自然和纯朴。其周围还座落着萨摩亚人引以为豪的国家游泳馆、史蒂文森纪念馆、国立大学、南太平洋大学萨摩亚校区、国家自然保护区、阿皮亚公园、高尔夫球场以及萨摩亚最负盛名的啤酒厂,另有几家饮料厂和若干所中小学等。

阿皮亚,这座萨摩亚唯一的城市,是连接萨摩亚与外部世界的桥梁。她没有因外界的喧嚣而急躁,更没有因自身的落后而自卑。她有时像一个小姑娘,活泼、善良;有时像一位少妇,婀娜、沉静。她张开双臂拥抱来自世界各地的旅游者和投资者,她也在努力腾飞,在国际舞台上发出自己的声音。

图 1-7 寂静的黄昏　　　　　　　（摄影:肖燕）

第二章　萨摩亚历史追述

南太平洋地区通常指赤道以南至南纬60度以北的太平洋水域，共有一万多个岛屿，分别属于波利尼西亚、密克罗尼西亚和美拉尼西亚三大群岛。早在3000年前左右，这里就有人居住，现在共生活着30多个土著族群，相应地分属于波利尼西亚族群、密克罗尼西亚族群和美拉尼西亚族群。大致看来，三大族群在体型、肤色、头发等方面有些许不同，但其基本生存环境、社会管理和风俗习惯又有许多相同之处。尤其是19世纪上半期，欧洲传教士来到南太平洋后，基督教几乎成为各岛国的国教。迄今，各岛国的政治体制和社会管理在保留本国传统的基础上，又吸纳了部分英美的君主制或共和制，传统与现代的杂糅并蓄成为南太岛国的一大政治特点。

目前在南太平洋地区，除了澳大利亚和新西兰外，还有27个国家和地区，其中有14个独立国家，未独立者分别属于法国、英国、美国、新西兰等国领地。在14个独立国家中，8个国家已与中国建立外交关系，另外6个国家是中国台湾的所谓"邦交国"。尽管该水域各国岛屿众多，国小人少，交通极为不便，经济普遍落后，但其拥有丰富的政治资源、军事资源和海洋生物资源，近年来广受国际社会关注，国际援助也在持续增加。

第一节　早期的波利尼西亚人

萨摩亚是一个有着3000年以上历史的国家。这里风景秀丽、气候宜人。想当年，身患肺病的史蒂文森就是看中了这里舒爽的气候而从美国移居到此。① 身材高大、健壮、皮肤棕里透红、黑眼睛、黑色卷发的波利尼西亚人是这块土地上的主人。但这里并非人间天堂和世外桃源，一千多年前这里曾遭遇过汤加入侵，近代以来又经历了德国占领、新西兰托管阶段，最终于1962年获得独立。

一 萨摩亚人种的来源

究竟萨摩亚的波利尼西亚人何时从何地而来，考古学家和生物学家各有不同的解释。

新西兰学者布拉泽·佛瑞德·亨利（Brother Fred Henry）认为，萨摩亚人以及其他地方的波利尼西亚人与东南亚一带的东印度群岛，诸如苏门答腊岛、爪哇岛、加里曼丹岛等地的人在外形特征上有一些相似之处。因此，他们认为萨摩亚人的祖先为东印度群岛的马来—波利尼西亚人种。若干年后，他们又从东印度群岛逐渐经过加罗林群岛和马绍尔群岛迁移到太平洋中心地带定居下来。也有人类学家认为，大约在公元前500—前400年之间，波利尼西亚人居住在印度北部宽阔的恒河山谷。这个人种经过来自北部的雅利安人、西藏人、蒙古人以及来自南部的阿拉伯人、埃及人和希伯来人等入侵者的同化，部分地形成了印度—恒河人种。之后又不断东迁直到南太平洋中心一带。因此，波利尼西亚人是上述人种不断东迁、融和的一个复杂群体。②

太平洋岛国以外的考古学家在经历了多年的研究之后认为现在的萨摩亚人来自东南亚。原因是，首先在太平洋各地发现的一种图案和设计角度十分独特的陶器同样也在东南亚一带发现过，而且这种陶器碎片也出现在了英国、汤加和萨摩亚。考古学家们通过碳十四测量法计算，推测其形成年代大约在2990年以前。其次，生物学家通过对比波利尼西亚人的DNA，发现萨摩亚人的祖先是从台湾经菲律宾、印度尼西亚、

---

① 关于史蒂文森在萨摩亚定居详情请参阅本书第六章第三节。
② Brother Fred Henry, *History of Samoa*, Apia：Commercial Printers Limited, 1992, p. 3.

图2-1 太平洋区位图①

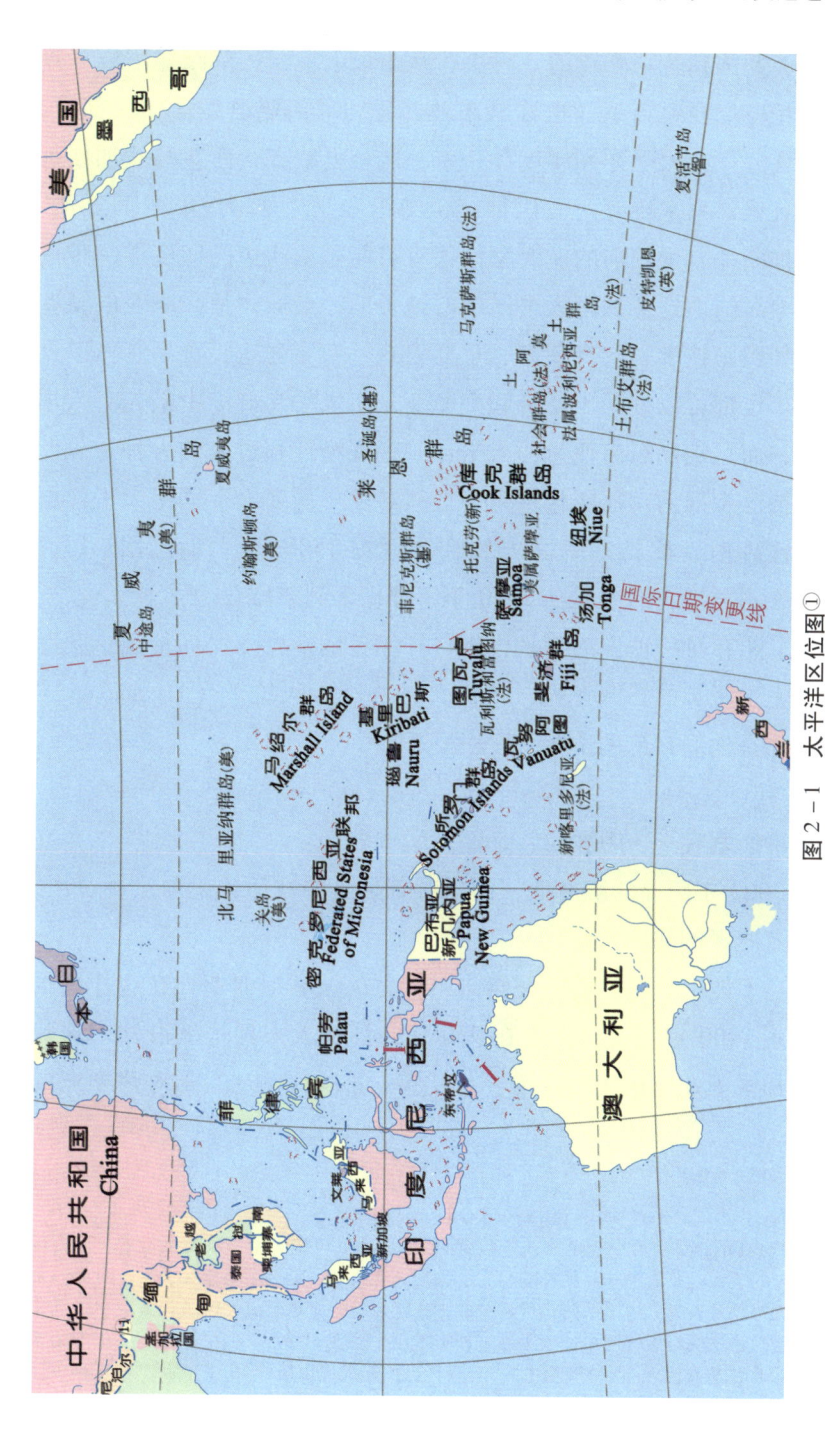

① File: South-pacific-map. jpg, (https://en.wikipedia.org/wiki/File: South-pacific-map. jpg), 访问时间: 2018年10月30日。

新几内亚、斐济到达萨摩亚的。再次，从语源上推断，萨摩亚语属于庞大的奥斯特罗尼西亚语系（也称马来亚—波利尼西亚语系）的一部分，该语系广泛分布在太平洋和印度洋一带，北至夏威夷，西至马达加斯加一带。而且该语系主要有两大语种：台湾语和马来亚—波利尼西亚语。因此可以推断，若干年前的航海家们很有可能是从西边的印度洋一带逐个岛屿逐个岛屿地迁徙到南太平洋中心地带的。最后，从萨摩亚的某些风俗习惯如织布技术、文身图案、重要仪式、房屋建造、食品制作以及航海技术等也都可以推断出斐济和萨摩亚是南太平洋群岛中最先有人居住的国家，而且是从东南亚、西太平洋一带逐渐迁移过来的人种。除此之外，根据已发现的陶器年代推算，奥斯特罗尼西亚人（即南太平洋群岛人）迁至俾斯麦群岛的时间大约在公元前1500年。约公元前1300年，他们来到斐济，约公元前2000年，他们来到萨摩亚。①

当然，还有另一种说法，来自于口耳相传的萨摩亚民间传说：萨摩亚人就是土生土长的萨摩亚人，他们是被塔嘎乐阿拉伊（Tagaloalagi）②创造的，那是他们自己的上帝。③

二 不速之客——汤加

有着3000年历史的萨摩亚，同样有着自己的神话传说和风俗习惯，当然也有着曾经的伤痛。

迄今还不能准确判定自己究竟来自何方的波利尼西亚人在这片岛屿上生活了近1000年之后，大约在950年，汤加人来到这里占领了这片土地，汤加国王在此地大约统治了500年。第一代汤加国王对萨摩亚的

---

① *History Year 12*, Auckland: Egan-Reid Ltd, pp. 7 – 9.
② 在萨摩亚的神话传说中，塔嘎乐阿拉伊（Tagaloalagi）被认为是最高统治者、宇宙的创造者、诸神的统领以及人类和其他神的祖先。他居住在太空，创造了天堂、天空、大海、陆地、淡水、大树以及人类。塔嘎乐阿拉伊希望在太平洋创造一个歇脚点，于是在太空中转动了一块石头，随即将这块石头劈碎撒向太平洋，便形成了萨摩亚、汤加、斐济等太平洋上的诸多岛屿。参见［日］岩佐嘉亲：《萨摩亚史》，马采译，广东人民出版社1974年版，第3—4页。
③ Brother Fred Henry, *History of Samoa*, Apia: Commercial Printers Limited, 1992, p. 5.

统治是明智的，他使萨被占领区人民在恐惧他的统治的同时对他怀有一种依赖感。大约在 1250 年，塔拉奥菲伊（Tala'aofei'i）成为汤加国王。他既骁勇又自傲，且毫无怜悯之心，他无比残暴的统治激怒了敦厚善良的萨摩亚人，最终他们团结起来，爆发了马列托亚（Malietoa）领导的起义。马列托亚的意思是勇士，据说它来自于汤加战败国王塔拉奥菲伊撤退时的演讲。

图 2-2　汤加王宫

在反抗汤加统治的战争中，萨伟阿（Savea）及其两个弟弟图纳（Tuna）和法嘎（Faga）将塔拉奥菲伊驱逐出萨摩亚。当他们将塔拉奥菲伊逼至海边时，塔拉奥菲伊临上船时发表了简短的演讲，他赞扬萨伟阿兄弟的英勇善战，承认自己的失败：

> 勇士们,棒极了,你们打得好!(Ua malie toa malie tau!——萨语)

据说当时图纳和法嘎两兄弟在场,他们为谁能获得这份荣誉而争吵甚至动武。萨伟阿化解了他们之间的矛盾,同时在萨摩亚人心中赢得了至高无上的尊重,成为萨摩亚的统治者,被尊称为"马列托亚",其意即来自汤加国王的赞美之语——勇士。[①]

自此,马列托亚家族统治萨摩亚历经20代,直到1899年。[②]

第二节 欧洲人的到来及三方条约

远在南太平洋深处的萨摩亚最初映入欧洲人眼帘大约是在1722年。当时的荷兰航海家雅各布·罗杰文(Jacob Roggeveen)在荷属印度公司和泽兰资本(Zeeland)的支持下,装备了一支三只船的探险队,绕过合恩角进入太平洋后,于1722年4月到达复活节岛,两个月后到达萨摩亚群岛。罗杰文随即用自己副手的名字巴奥曼(Bouman)命名这个群岛。由于当时测绘技术落后,其在航海地图上标注的位置并不准确。而且船队并没有上岸与岛民进一步交流,而是继续前行。由于罗杰文的航海日记后来丢失,这一发现直到1839年其航海日志被发现才被世人知晓,此时距其航海发现已经过去了117年,而后萨摩亚群岛已经被法国航海家命名为航海家群岛〔Archipel des Navigateurs(法语,即英文的Archipelago of the Navigators)〕了。

1766年12月,法国航海家路易斯·博根威尔(Louis-Antoine de Bougainville)亦选择从大西洋绕过麦哲伦海峡进入太平洋的航线,并于1768年5月3日以"航海家群岛"之名记录下了其发现的这片小岛。之后,欧洲教会官方一直使用这一名称。直到1875年之后,欧洲人陆

---

① 〔日〕岩佐嘉亲:《萨摩亚史》(上),马采译,广东人民出版社1974年版,第21页。
② Brother Fred Henry, *History of Samoa*, Apia:Commercial Printers Limited, 1992, p. 38.

续来到萨摩亚几十年后,航海家群岛的法语音译"萨摩亚群岛"这一名称才在各方文字中逐渐取代了航海家群岛。①

一 英国传教士的到来及三方条约

欧洲人大约是在1800年首次成批登上萨摩亚岛的,当时漂流至此的是一些水手和在英国犯有刑事案的罪犯。这批有前科的罪犯来到萨摩亚后,被当地人奉为头人,并居住在了较为富足的地方。他们当中有少数人与当地人和平相处并且试图对当地人提供帮助;大多数人的结局并不好,要么是作恶多端被当地人杀死,要么是在与同伴的内部冲突中死于非命。②

大约在1830年8月底,传教士约翰·威廉一行作为第二批欧洲人登陆。他们属于伦敦传教会(London Missionary Society)。这个传教会是最早来萨的教会,也是至今萨摩亚人信仰人数最多的教会。他们到来的主要目的就是把基督教传遍南太平洋。他们的第一站是马克萨斯群岛和塔希提岛。之后多年,传教士们经受了异常艰难的岁月和忍受了当地人的迫害,终于确定将塔希提岛作为总部。日复一日,年复一年,他们将福音传向更广阔的海洋,萨摩亚也留下了他们的足迹。

约翰·威廉一行六人来到萨摩亚后即刻会见了萨摩亚最高首领马列托亚,马列托亚承诺给他们提供较大较好的房子,让他们在学校和教会进行服务。自此,伦敦教会在萨摩亚得到官方认可和支持,逐渐传播开来。1832年10月,约翰·威廉再一次来到萨摩亚,这一次,他不仅光顾了萨瓦伊和乌波卢两岛,还走访了其他几个小岛。令他高兴的是,不仅有许多民众信奉基督教,马列托亚本人及其家人也信奉了基督教③。经过威廉及其同仁的努力,到1839年时,岛上基督徒数量达到全岛总

---

① 王华:《萨摩亚争端与大国外交:1871—1900》,中国社会科学出版社2008年版,第40页。
② Brother Fred Henry, *History of Samoa*, Apia: Commercial Printers Limited, 1992, p. 193.
③ Ibid., pp. 213-214.

人数的2/3,① 基督教在萨摩亚逐渐成为国教②,萨摩亚也逐渐被发展为伦敦传教会在西太平洋的"地理中心和精神中心"③。但萨摩亚始终没有沦为英国的殖民地,这主要因为英国在南太平洋上的优势地位一直没有受到威胁,而且萨摩亚距英国太遥远,其自然资源、经济利益和战略地位均不具备诱惑力。直到成立于1766年的德国戈德弗罗伊贸易公司将贸易做到阿皮亚之后,才打破了英国在萨摩亚的垄断,引起了英国对

图2-3 位于萨瓦伊岛的约翰·威廉登陆纪念遗址

---

① Joseph Waldo Ellison, *Opening and Penetration of Foreign Influence in Samoa to 1880*, Corvallis: Oregon state college, 1938, p. 20.
② 萨摩亚没有官方规定的国教,在此笔者之所以这样称谓,是因为其久远的历史和信奉者之众。
③ Paul M. Kennedy, *The Samoan Tangle: A Study in Anglo-German-American Relations, 1878–1900*, New York: Barnes & Noble, 1974, p. 5.

这方水域的重视。① 但彼时的萨摩亚不仅受到德国的青睐，还受到来自美国捕鲸人的厚爱，美国的捕鲸队也正式将美国海军引入萨摩亚。

综上，1830—1899年间，英、德、美等国相继涉足萨摩亚，三方冲突不断，直到1899年三方签订协议，美国占领西经171度以东，德国占领西经171度以西，双方承认英国在太平洋上的其他岛屿权力，作为补偿而将萨摩亚分割成两部分，即现在的美属萨摩亚（通常被称为东萨）和萨摩亚独立国。

二 德属萨摩亚

美德分治萨摩亚后，两地的社会管理截然不同。东萨基本处于美国海军的控制之下，所有的风俗习惯都要遵守美国法律，因此先前的土地争端已基本不复存在。而在德属萨摩亚，德国人最初关心的是如何在和平秩序的环境里进行种植园经营；而当地萨摩亚人则要求受到保护从而防止被占领国吞并。因此，自1859—1900年接近半个世纪的时间里，萨摩亚人与德国人之间的冲突基本没有停息过。伴随着1900年3月1日德国旗帜的升起，由38岁的威廉·索尔夫（Wilhelm Solf）担任首脑的德属萨摩亚行政机构成立了。

刚刚就任的威廉·索尔夫在给德皇的信中，指出由于有些官员不尊重当地法律和风俗习惯导致冲突不断，并希望德皇下令使有关德国治理萨摩亚的条律与当地法律相一致。两个月以后，威廉·索尔夫收到德皇回信后，他召集头人们召开了一次会议，声明德在萨的管理一定会尊重当地的传统，因为它并没有违背《圣经》的宗旨以及个人的利益与安全，他有信心使在萨摩亚的管理为整个国家带来益处以及与萨摩亚人民的观点相一致。自此，索尔夫赢得了萨摩亚人的尊重和信任，与其他殖民统治者相

---

① 戈德弗罗伊贸易公司（Godeffroy），始建于1766年德国汉堡，19世纪中叶以后主要在太平洋地区从事种植业和贸易往来。1858年，该公司收买了乌波卢岛的一部分，随即垄断了该岛所有贸易往来。1860年以后，该公司逐渐将业务扩展到马绍尔群岛、加罗林群岛等地，但仍然以阿皮亚为根据地。1900年德国占领萨摩亚后，该公司主要从中国输入大量劳动力从事种植业。

比，他被广泛认为是与当地风俗和传统习惯协调最好的行政长官，他针对萨摩亚的风俗习惯所进行的管理调整获得了萨摩亚人民充分的信任。①

当然，在索尔夫的执政中，很清晰地表明了他只是迁就了萨摩亚的传统，而且这种迁就并没有与他的合理合法的执政相抵触。但同时，索尔夫也意识到，土地和头衔在萨摩亚人的心目中是至关重要的，而他对这一点又无法进行干预。况且，在萨摩亚人的传统中，并没有一个统一的法律或者条文来定夺是非，凡遇大事，本村的甚至本区的马他伊（Matai）

图 2-4 威廉·索尔夫（Wilhelm Solf）②

---

① Malama Meleisea, *The Making of Modern Samoa*, Sua: Institute of Pacific Study of the University of the South Pacific, 1987, p. 47.

② Wilhelm Solf, (https://en.wikipedia.org/wiki/Wilhelm_Solf)，访问时间：2018 年 10 月 30 日。

便坐在一起开会，对于处置意见，每个人都有发言权，最后由总马他伊（High Chief）做决定，而这个决定往往是大家在商议之中已经达成共识的。当然，马他伊依然享有对于土地的分配权，这一点也是索尔夫无法干预的。于是，索尔夫一方面将萨摩亚传统纳入他的管理系统之中，建立了土地和酋长委员会，另一方面又毫不犹豫地推动种植园农业经济的发展，建立了公共学校系统和医院，培训了萨摩亚自己的护士，加速发展公路和港口设施建设。

应该指出的是，在索尔夫执政期间，由于他积极推进萨摩亚种植园经济的发展，才有了1903年第一批签约华工的到来。1910年，索尔夫卸任。可以说，索尔夫是个开明的德国驻萨行政长官，他赢得了萨摩亚人长期的怀念。

继索尔夫之后，德国在萨摩亚的第二任行政长官也是最后一任行政长官是斯库尔兹（Schultz），他一改索尔夫的宽容温和，力主建立一种神权庇护下的、以法律和制度为依据的强硬的结构体系。事实证明，经过两年的努力，他做到了。但伴随着1914年第一次世界大战的爆发，德国在萨摩亚的统治宣告结束，新西兰的托管时代到来了。

第三节　新西兰托管时期

随着1914年7月28日第一次世界大战的爆发，8月，英国政府要求新西兰控制德意志帝国在萨摩亚的无线电站。当然，趁机占领萨摩亚也正中新西兰下怀。于是，由罗伯特·劳干（Robert Logan）担任萨摩亚探险部队指挥官，组建了1400人的探险队经斐济抵达萨摩亚首都阿皮亚，正式发表声明占领萨摩亚。

一　罗伯特·劳干时期

第一次世界大战爆发期间，萨摩亚的经济主要以种植园经济为主，主要出口作物是用于榨油的椰肉干和作为饮品的可可。但当时大约有60%的椰肉干集中在本地人手里，其余属于德国的 DHPG 公司。①而可可的种植则多数集中于种植专业户和 DHPG 手里。② 劳干一到任，便一改先前德国行政长官对萨摩亚某些传统习惯保持冷漠或者默认的态度，而是采取了强硬政策。他反对萨摩亚人过分赠送礼物给贵宾或头人的风俗，逐渐削减甚至禁止德国种植园主的业务。明令禁止这些种植园主与德国有任何贸易关系，只能与中立国和合作国有贸易往来。到1916年，大多数德国种植园主由于被发现依然与德国保持有贸易关系而破产。同时，他对于华工的政策也十分苛刻，严禁向萨输入华工。但他最终没有逃过1918年的那场流感，流感导致了大约8000人的死亡，相当于当时萨摩亚人口的1/5。这对于萨摩亚的种植园经济来说是一个不小的损失，相反，美国控制下的东萨摩亚并未出现大规模流感。

事实证明，劳干是一位既聪明又有政治头脑的行政长官，他一方面抵制萨摩亚传统风俗中的过分分享，同时继续沿用德国执政官设立的国家法院，以此弱化村及地区的乡村议事会的权力。另外，他还精挑细选了几位赞成其管理方式且与新西兰保持友好关系的地区头人，与他们成为朋友。③ 当然，尽管劳干执政受到了英、法的赞扬，但由于其在处理流感问题上的疏忽大意，其晋升之路并不顺畅，1919年，他回到新西兰。在其执政期间，由于战事紧张，新西兰难以派出合适的和足够的管理人员，致使新西兰在萨摩亚的统治相对松懈下来，这在某种程度上一度使萨摩亚向传统风俗与本土文化回归。④

---

① 即 Deutsche Handles and Plantagen-Gesellschaft，德国贸易和种植园公司，该公司也是将第一批签约华工引入萨摩亚的公司。
② Malama Meleisea, *The Making of Modern Samoa*, Sua: Institute of Pacific Study of the University of the South Pacific, 1987, p. 106.
③ Ibid., pp. 112 – 113.
④ 关于萨摩亚的传统风俗习惯和文化，萨摩亚人习惯用一个萨语词汇：Fa'a Samoa。Fa'a 是萨语前缀，意即这种方式。

图 2-5 罗伯特·劳干（Robert Logan）①

二 马乌反抗运动

第一次世界大战结束后，整个世界面临重新洗牌，各殖民地国家也面临被重新瓜分。1921年，国际联盟仍然将西萨摩亚交于新西兰管理。1923年，乔治·斯帕弗德·里查德森（George Spafford Richardson）被任命为驻西萨摩亚行政长官。在其执政的五年中，其在西萨摩亚推行了一系列改革，促进了萨摩亚的城市建设、农业生产和国民生活水平的提高，弥补了第一次世界大战所带来的各种疏忽。他整顿医学部，建立公共卫生分部，培训医生、护士若干名；在农业方面，注重清除杂草和病虫害预防；在基本生活设施方面，从医院建设、村里水管铺设，公路、桥梁修建到路灯安装以及垃圾处理等都井然有序地运行起来。尤其是在教育方面，他意识到教育是国家发展的中心，教育对于人种健康、个人

---

① Robert Logan photographed during the First World War,（https://teara.govt.nz/en/photograph/617/robert-logan-photographed-during-the-first-world-war），访问时间：2018年10月30日。

教养、国家经济发展的重要性,在年轻人中开展职业能力训练,希望逐渐摆脱欧洲援助。可以说,里查德森的执政理念和付出直到今天看来都是十分必要的。①

图 2-6　乔治·斯帕弗德·里查德森(George Spafford Richardson)②

当然,也有人认为,正是由于里查德森的刚愎自用,才引发了萨摩亚的马乌(Mau)反抗运动。其实该运动起源相当早,但成规模地爆发则是始自 1926 年。马乌在萨语中的意思是非暴力的、毫不动摇的、坚

---

① I. C. Campbell, "New Zealand and Mau in Samoa, Reassessing the causes of a Colonial Protest Movement", *New Zealand Journal of History*, Vol. 33, No. 1, 1999, pp. 97–98.

② George Spafford Richardson, https://en.wikipedia.org/wiki/George_Spafford_Richardson, http://ourboys.recollect.co.nz/nodes/view/5307. 访问时间:2018 年 10 月 30 日。

定的力量等。运动口号是"萨摩亚是萨摩亚人的"。其著名的领导人有拉乌基·那木拉乌卢·马莫（Lauaki Namulauulu Mamoe）和奥拉弗·弗雷德里克斯·尼尔森（Olaf Frederick Nelson）。① 运动的高峰是 1929 年 12 月 28 日发生在首都阿皮亚的流血事件。该事件造成 9 名萨摩亚人被枪杀，50 多人受伤包括萨摩亚最高领导人图普阿·塔马斯·利罗非（Tupua Tamasese Lealofi）三世。这次事件被称作"黑色星期六"。

"黑色星期六"之后，马乌反抗运动进入低谷，但由妇女组织领导的马乌反抗运动继续存在。经过二十多年的持续努力，1954 年，萨摩亚开始实行内部自治，1962 年宣布独立。

非暴力不抵抗运动并非仅在萨摩亚发生过，美属萨摩亚、印度均爆发过此类运动。它是弱小群体寻求自由的不得已的方式。具体到萨摩亚，主要是因为德国和新西兰的统治触动或者说挑战了其传统等级制度的权威性和稳定性，因此，这种反抗是自上而下地爆发，有相当的群众基础。而由各级头人出任领袖，又很容易使民众协调和组织起来，形成强有力的组织。因此，这种组织形式也充分显示了萨摩亚化的传统习俗很难被破除。尽管德国和新西兰的各任行政长官均不同程度地弱化这种贵族式头人制度，试图将西方民主制和议会制植入萨摩亚。例如，他们颁行犯罪条例，将一些触犯条例的头人放逐，或者令他们从城市回到农村，或者强迫他们到不同区域的其他村子，而且均不再享受头人头衔等。② 但这些措施均没有产生实质效果。今天看来，萨摩亚在国家组织形式上采用

---

① 拉乌基·那木拉乌卢·马莫（Lauaki Namulauulu Mamoe，？—1915.12.14），萨摩亚独立运动的第一位领导人，同时也是一位代言马他伊。1908 年其率先在萨瓦伊岛领导独立运动，1909 年 4 月，连同其他 71 名独立运动成员被德国行政长官索尔夫流放到塞班岛，这其中也包括他的妻子和唯一的孩子。被流放者有些死在了塞班岛，有的后来回到萨摩亚。马莫在返回萨摩亚的路上死于基里巴斯；奥拉弗·弗雷德里克斯·尼尔森（Olaf Frederick Nelson，1883.2.24—1944.2.28），是一位成功的商人，同时也是萨摩亚独立运动的主要领导人。为了纪念他，萨摩亚公共图书馆被命名为尼尔森纪念图书馆，1960 年开馆。其唯一的分馆位于萨摩亚另一大主岛萨瓦伊岛上，是萨摩亚的主要公共图书馆。阿皮亚市中心国家办公大楼和中心银行旁边著名的钟塔系其家人捐建。

② Malama Meleisea, *The Making of Modern Samoa*, Sua: Institute of Pacific Study of the University of the South Pacific, 1987, p.133.

了西方议会制,但几千年来的头人制度已深深印刻在每一位萨摩亚人的心中,包括游走在世界各地的萨摩亚人,根深蒂固,无法改变。

图 2-7 尼尔森家人捐赠的钟塔

2002年6月4日，值萨摩亚独立四十周年之际，新西兰总理克拉克就新西兰对萨摩亚的托管统治正式向萨摩亚道歉，包括1918年的大流感造成的灾难性死亡、"黑色星期六"事件以及驱赶马他伊出家园等残暴行为。

第四节 迎来独立

经过半个多世纪的独立斗争，1961年11月24日，新西兰承认西萨摩亚独立，于1962年1月1日生效。① 1975年11月6日，西萨摩亚独立国与中国建交，成为南太平洋岛国中第二个与中国建交的国家。② 1976年12月15日，西萨摩亚加入联合国。1997年7月改为萨摩亚独立国。③

一 萨摩亚的独立

由于经历了长期的被新西兰托管时期，萨摩亚对于西方政治体制并不陌生，其在保留本国传统政治基础的前提下，也在某种程度上选择性地接纳并且实行了西方议会制。萨摩亚议会实行一院制，主要有人权保护党和服务萨摩亚两个政党，下设16个委员会。现在执政党为人权保护党。议会共有49个席位，其中萨摩亚席位47个，必须从头人中选出，非萨摩亚席位两个。2016年3月18日，萨摩亚议会第五位女议员产生，这也使议会成员由先前的49位上升为50位。

独立后的萨摩亚依然是英联邦成员国，与其先前的宗主国新西兰保持友好关系，新西兰是其主要援助国和经济出口国，并且每年向萨摩亚提供1100人的移民配额。目前在新西兰的萨摩亚人大约有14万人，其中5万人左右出生于萨摩亚独立国，不到1000人出生于美属萨摩亚，

---

① 鉴于1月1日逢元旦和圣诞假期，萨摩亚将每年的6月1日定为国庆庆祝日。
② 1975年11月5日，斐济同中国建交，第二天，萨摩亚与中国建交。
③ 这一更改引起了美属萨摩亚的抗议，因为这种更改显然将美属萨摩亚置于独立之外。

图 2-8 萨摩亚国旗

由此也诞生了一个专有名词"萨摩亚新西兰人"。萨摩亚的教育体制也与新西兰基本保持一致。

萨摩亚没有重工业,轻工业和手工业也较少,日常用品主要依赖进口,尽管供给充足,但价格较高,而且有的商品尤其是食品保质期较长。萨摩亚每年接受大量的海外援助。这些援助又分为两个方面,一方面来自亲属,主要是在澳大利亚、新西兰等地的萨摩亚人资助在萨亲属的日常生活以及子女上学、婚丧嫁娶等家族性重要事件。另一方面是国家层面,主要有来自澳大利亚、新西兰、中国、日本等国及欧盟、亚洲发展银行等国际组织的各项援助。

二 开眼看世界——今日萨摩亚

截至 2017 年 8 月,萨摩亚共与 89 个国家建立了外交关系,其中欧亚国家最多。这些国家中有发达国家,也有发展中国家;有在国际舞台上极为强悍的大国,也有非常弱小的国家;既有历史悠久的文明古国,也有在战火中刚刚独立的新兴国家。萨摩亚外交关系的多元化,充分显示了其走出南太平洋、登上国际大舞台的视野和决心。目前萨摩亚在海外的常驻机构有:在中国、日本、比利时、美国设有大使馆,在澳大利亚、新西兰设有高级专员署,并且在悉尼、奥克兰设有总领馆,在斐济设有学生顾问处,在阿根廷、澳大利亚、奥地利、丹麦、德国等设有名誉领事馆。在萨摩亚设常驻使馆的国家有中国、日本、美国,澳大利亚和新西兰设有高级专员署,在萨摩亚设名誉领事馆的国家有:智利、芬兰、法国、德国、意大利、荷兰、韩国、西班牙、瑞典、瑞士、英国、墨西哥、巴布亚新几内亚。

图2-9 萨摩亚独立日庆典活动上身着传统服饰的萨摩亚民众

萨摩亚是太平洋岛国论坛的发起国之一，是太平洋共同体、太平洋岛屿发展计划、太平洋椰子共同体、亚太广播联盟、亚太经社理事会、亚洲开发银行、国际民航组织、世界卫生组织、国际奥委会、世界银行、国际货币基金组织、太平洋移民局长会议、国际劳工组织等组织成员，目前在萨摩亚的国际组织有：联合国开发计划署、联合国粮农组织、联合国教科文组织、世界卫生组织、南太平洋地区环境署、日本协力组织、日本海外协作志愿队、美国和平队、太平洋移民局长会议、亚洲发展银行。除此之外，萨摩亚还积极参加以经济发展、环境保护为中心的各级会议、论坛，承办南太平洋运动会等大型赛事，是《巴黎气候变化协定》的积极推进者。

20世纪初，梁启超先生曾大谈孟德斯鸠的地理环境论，写下了一系列文章。梁氏指出海滨环境独能"发人进取之雄心"，冒险独立之精神，并引用黑格尔的话："水性使人通，山性使人塞；水势使人合，山势使人离。"[①] 反观地处大洋之中的萨摩亚，并未给我们风雨飘摇之感。尽管台风肆虐，地震不断，自然灾害频出，但岛民们不张扬、不妒忌，没有仇恨，也没有争斗。

驱车穿行在萨摩亚的热带雨林中，时光仿佛停滞了一般。结网捕鱼、上树摘瓜，孩子们光着脚在草地上奔跑嬉戏，三五人围坐在一起聊天唱歌，如此恬静、怡然。只有从每个家庭门前停放的机动车和人们手里并不高端的手机能够看到一点儿现代社会的痕迹。与岛民们的自我满足不同的是，萨摩亚政府高层领导十分注重国际关系，在国际社会各方势力的掣肘中寻求发展机会，以力所能及地带领萨摩亚人走向更加广阔的国际舞台，让他们的生活越来越富足、越来越现代。

三 萨摩亚的外交关系

首先，萨摩亚十分注重与周边邻国的关系，对区域政治经济予以极

[①]《地理与文明之关系》，《梁启超全集》第四卷，北京出版社1999年版，第943页。

大关注。萨与澳大利亚和新西兰关系密切，为了与这两个国家更加便利地进行经济往来，萨摩亚于2009年9月7日更改了交规，由左舵右行改为右舵左行，2011年12月29日将时间进行了调整，由原来的全球最后一个进入新的一天的国家改为第一个迎接太阳的国家，这样萨摩亚与澳大利亚的时间差由原来的21个小时缩减为3小时。目前，澳大利亚是萨的第二大援助国，还担负着为萨培训警察的任务。遇有重大刑事案件，澳大利亚负责派遣刑侦专家协助技术侦察。新西兰是萨摩亚第三大援助国和主要出口国，每年为萨摩亚提供学生奖学金名额、移民配额以及短期打工机会。

其次，与美国的关系也是萨摩亚十分重视的。美国在萨摩亚设有代办使馆，由驻新西兰大使兼任。但由于萨摩亚国家被美国人为地分割，使得双方总有些微妙的疏离。美国对于萨摩亚的援助主要是派遣"和平队"志愿者。该项援助始于1967年，迄今共有1830多名志愿者在萨摩亚服务过。其中1967年志愿者开始从事农业推广和农村环境卫生项目，20世纪70年代拓展到教育管理、课程开发、贸易和教师培训，1982年开始，和平队援助重点转向"国家发展优先计划，从学历教育转向农业和职业教育"[①]。自2012年开始于萨摩亚的英语扫盲工作一直是志愿者的服务项目，目前仍在进行中。他们主要是在中小学从事英语教学，服务期限为两年。

近年来，萨摩亚十分注重与中国和日本的关系。1975年，中萨双方正式建立外交关系。近年来，中国加大了对萨的援助力度，由中国政府全资和低息贷款建设的萨摩亚政府大楼、法院和行政办公楼、国会大厦、国家医院、阿皮亚公园体育设施、海洋学院以及八所小学在萨摩亚人心中树立了良好的威信。中国医疗队、农业技术专家、汉语和理科教师在萨摩亚的无私奉献同样赢得了萨摩亚人民的高度认可。2009年6月，萨摩亚在中国和日本设立使馆。2013年，日本在萨摩亚设立使馆。

---

① 吕桂霞：《"和平队"在太平洋岛国的活动研究：以斐济为例》，《聊城大学学报》（哲学社会科学版）2017年第2期。

日本自 1972 年开始向萨派遣志愿者，对萨提供人力资源、优惠贷款、紧急人道主义援助等全方位资助。目前在萨的日本志愿者约有 40 人，主要分布在教育、医疗、工程技术领域。

图 2-10　王雪峰大使及夫人与中国第四批农业技术专家合影

另外，一些国际组织如亚洲发展银行、欧洲发展银行、国际开发协会等也向萨提供了大量援助。亚洲发展银行主要向萨提供优惠贷款。根据 2015 年萨摩亚财政部公布的年度报告，2015—2016 财年（2015 年 7 月 1 日—2016 年 6 月 30 日）萨摩亚接受国外无偿援助 4540 万萨摩亚塔拉①（约合 1816 万美元），约占其财政收入的 7.6%，GDP 的 2.2%，同比增长 10.3%。② 具体来讲，截止到 2014 年 6 月 30 日，萨摩亚接受

---

① 按 2018 年 5 月 13 日的汇率，1 塔拉约合人民币 2.50 元。
② 《2015—2016 财年萨摩亚接受无偿援助占其财政收入 7.6%》，(2016-10-22)，中华人民共和国商务部网站（http：//www.mofcom.gov.cn/article/i/jyjl/l/201610/20161001426639.shtml），访问时间：2018 年 4 月 20 日。

各国际社会货币援助（包括无息贷款和优惠贷款）占总援助额度的比例为：中国进出口银行占36%，亚洲发展银行占30%，国际开发协会占24%，日本协力组织占7%，欧洲发展银行和石油输出国组织各占1%。截止到2015年6月30日，向萨摩亚提供优惠贷款的各国际组织援助数额占萨接受总额度的比例中，中国进出口银行占40%，主要用于萨摩亚法勒奥雷国际机场的升级改造工程；亚洲开发银行占27%，国际开发协会占24%，日本协力组织占6%，石油输出国组织占2%以及其他援助资金占1%。① 另据萨摩亚财政部发布的2016—2017财年（2016年7月—2017年6月）财政预算报告，2016—2017财年萨预计接受国际无偿援助资金2.42亿塔拉（约合9680万美元），约占其预算收入的30%。②

---

① Office of the Minister of Finance, *Ministry of Finance of Annual Report 2014 – 2015*, Apia: Government of Samoa, pp. 23 – 24.

② 《2016—2017财年萨摩亚预计接受国际无偿援助资金约占其预算收入30%》，(2016 - 11 - 15)，中华人民共和国商务部网站（http://www.mofcom.gov.cn/article/i/jyjl/l/201611/20161101759933.shtml），访问时间：2018年4月20日。

第三章　萨摩亚的社会管理

在南太平洋岛国的政治体制中，一个鲜明的特点就是酋长制或者族长制，这是在家族、村落和整个社会管理中是最基本的运行机制，兼具家族性、传统性和权威性。这种传统的政治管理体制，不但维系了整个国家的运转，还在某种程度上节约了处理民事纠纷的成本，其根深蒂固的权威性对整个社会的稳定起到了至关重要的作用。令人不解的是，时至今日，全球一体化、政治民主化已几乎覆盖所有国家，而南太平洋诸岛国仍然按部就班地奉行着上千年的族规族制，仿佛与整个世界隔绝。族长的权威性、整个家族及村落的等级制无不令人望而生畏。在所有的

图 3-1　正在举行家族捐赠仪式的酋长（左）和代言酋长（右）

南太岛国中，萨摩亚的行政管理最具代表性。其整个管理机制由两部分构成，即在基层社会中实行酋长制，在国家层面实行议会制。另外，还有一个隐性的权力阶层——宗教和牧师，介于两者之间。酋长制、议会制和宗教信仰三部分在国家管理中共同存在，相辅相成。

第一节 马他伊和大家庭

萨摩亚是一个家庭观念很强的国家，在这里奉行家庭比工作重要的理念。这主要表现在：第一，家庭生活以大家庭或延伸家庭的共同居住为主，每个大家庭实行马他伊管理制度，马他伊在家族里有绝对的地位和权威，甚至有时候事无巨细均要过问；第二，凡遇家族内的婚丧嫁娶等要事时，全家聚会、集资，海外亲戚回国参加，其持续时间之长、参加人数之众、过程之繁杂、花费之巨大令人瞠目；第三，凡家族内成员有上述事情时可以请假一周甚至更长时间，而且被视为理所应当。①

马他伊（Matai），萨摩亚语为酋长或者族长之意，英语译为酋长（Chief），也有的学者习惯直接翻译为头人。② 萨摩亚的马他伊分为两种，高级酋长（High chief）和代言酋长（Talking Chief）。在一个家庭或者村子里，一般只有一个高级酋长和若干代言酋长，大一些的村子里可能会有两个高级酋长。当然，也有学者认为，高级酋长和代言酋长一般是搭档的，一个高级酋长配有一个代言酋长。在这里，代言酋长的主要职责就是讲话，他们一般受过专门训练，对于传统文化和历史知识了

---

① 以笔者在萨近三年的感受，经常会有老师和学生连续一周不到校，问起来才知道家里有人去世了。2018年10月8号，笔者所在学校第四学期开学第一周，因有一位教师在假期中因心脏病去世，全校师生停课三天，为其送葬。而其家族为其筹办的葬礼则持续了一周。

② 曾经有同事咨询酋长和头人的区别。其实在许多描写南太平洋岛国的书或文章中，有的作者习惯用酋长一词，有的作者习惯用头人，其英语翻译均为 Chief。而且，即使统一使用酋长一词，不同国家的管理机制和风俗习惯也是不一样的。甚至在同一个国家，不同的村子、不同的乡村议事会也存在些微差别。因此，本章直接采用了萨语 Matai 的音译马他伊，希望朋友们从中体会这种管理模式。另外，关于延伸家庭，萨语称为阿伊嘎（Aiga），英语用 Extended Family，有作者翻译为大家庭，本书采用直译为延伸家庭。

解颇多，擅长与人沟通，在为村民服务的过程中逐渐得到认可和尊重。另外，每个家庭都会有预备马他伊或者称准马他伊，他们通常不能参加马他伊会议，这个角色就像是我国古代的太子，需等到马他伊去世后方才可以行使权力。①

图 3-2　2017 年 9 月 23 日拜访勒乌卢木阿·图阿伊（Leulumoega-Tuai）村的代言马他伊皮努阿法（Penuafa）　（摄影：蔡高红）

据 2011 年人口普查，在萨摩亚 187820 人中，拥有马他伊头衔的有 16787 人，约占全国总人口的 9%，其中男性占 89%，女性占 11%，年龄最小者 15 岁。② 也就是说，马他伊是有级别的，最低一级的是管理大

---

① 这种 Chief 称为 Lesser Chief，参见 Lowell D. Holmes, *Somoan Village: Then and Now*, San Diego: Harcourt Brace Jovanovich College Publisher, 1974, p. 27.

② Samoa Bureau of Statistics, *Populationand Housing Census 2011 Analytical Report*, Apia: Government of Samoa, 2011, p. 50.

家庭的马他伊，由大家庭共同推举出的马他伊组成乡村议事会，由乡村议事会推举出的马他伊进入区级马他伊集团，再高一级就是有马他伊身份的议会成员了。

大家庭，也称作延伸家庭，为萨摩亚民众最基本的生活单位，是由父母亲、兄弟姐妹及他们的孩子共同组成的家庭，少则十几人，多则几十人，主要由血缘和婚姻维系。在一个延伸家庭里，通常由几位马他伊共同掌管家庭收入，商讨家庭事务，分配家庭劳动，决定家庭开支，等等。当然，如此庞大的家庭，家庭成员并不是长久的和固定的，因为每个人都有许多亲戚关系，也就意味着每个人有很多个延伸家庭和马他伊可以选择。所以，家庭成员的离开和新的家庭成员的加入对于萨摩亚人来讲司空见惯。

尽管一个延伸家庭是由若干个父母和子女构成的小家庭组成的，但在萨摩亚，小家庭并不是劳动生活的基本单位，每一个小家庭通常也不会独立开火和进行经费开支，他们的财产、收入、日常开支等都由延伸家庭决定和支配。再者，在一个延伸家庭里，能够有固定收入的家庭成员不多，比如政府工作人员、教师、医生、银行、公司职员、个体商户等，他们的收入要供应全家日常生活用品的购买、弟兄姐妹的子女上学、家庭公共建设以及婚丧嫁娶等诸多事项，没有收入的家庭成员则负责料理家务、看管孩子、饲养家畜、种植农作物等。

马他伊一般为世袭制，有着正宗血统的马他伊，他们往往被赋予神话和传奇色彩，被视为上帝的后代。萨摩亚历史上有四大家族，也就是四个最有威望的马他伊头衔，其称号分别为图普阿·塔马斯（Tupua Tamasese）、马列托亚（Mālietoa）、图伊马列力法努（Tu'imaleali'ifano）和马塔阿法（Mataafa）。1962 年萨摩亚独立时，图普阿·塔马斯家族的米阿沃利（Mea'ole，1905—1963）和马列托亚家族的塔努马菲利二世（TanumafiliⅡ，1913—2007）被选为国家终身元首。可见，在萨摩亚，每个家族的马他伊都有一个头衔，单从头衔上就可以分辨出该族长及其所属家庭在历史上和社会上的地位。萨摩亚人也喜欢在名字前面先加上

图 3-3　大家庭聚会

自己的马他伊头衔,也就是头衔+名字+姓氏。许多时候,头衔就是对这个人的称谓了。比如现任总理图伊拉埃帕并非总理的名和姓,而是他的马他伊头衔。随着现代文明的不断渗透,马他伊的地位已经不像过去那么高高在上了,但依然在每个家族和村子里起着关键作用,村子里的土地分配权依然掌握在马他伊手中,新任马他伊的诞生也需要获得高级马他伊的许可。因此在萨摩亚历史上,围绕马他伊的继承而爆发的冲突时有发生。① 尤其是当一个马他伊死亡或者被谋杀后,矛盾则更为突出。避免矛盾常用的方法就是联姻,而这种马他伊的子女或者亲属之间

---

① 由于每个村的马他伊对于本村土地有控制权和分配权,因此萨摩亚法院受理最多的案件是马他伊头衔和土地问题。2018 年 8 月 28—30 日,聊城大学与萨摩亚国立大学合办的第 3 届太平洋岛国高层论坛在萨摩亚国立大学举行。萨摩亚国立大学的校长索欧(Soo)直到会前两天才决定出席,原因是他正在为本家族的马他伊头衔打官司,他不确定有没有时间出席。

联姻一般在出生时就定下了。① 这也颇像中国古代的政治联姻。

与萨摩亚人接触多了，往往发现在许多正式场合，我们平时熟悉的朋友脖子里会戴上一串颇为夸张的由露兜树种子制作而成的项链，神情也比平时庄重一些，举手投足间充满仪式感，尤其是透过其程式化的微笑明显感受到其内心深处的自豪感，仿佛心理上突然与我们拉开了距离。不要疑惑，这是马他伊的正式装束，这表明了他对来宾的尊重，对所参加活动的重视。

马他伊，一个头衔，一个阶层，一个萨摩亚人信任和依赖的家庭成员，一个充满神秘色彩的基层管理群体……

图 3-4 正在主持捐赠仪式的代言马他伊

第二节 乡村议事会

若干个延伸家庭共同组成了村子。尽管在前面的论述中，我们不断

---

① Malama meleisea, *The Making of Modern Samoa*, Sua: Institute of Public Study of the University of the South Pacific 1987, p. 22.

提到延伸家庭，每一个延伸家庭中也有马他伊行使权力，但在萨摩亚的政治体制中，最低一级的行政管理单位是村，再高一级的行政区划是区，区上面是国家。现在萨摩亚共有362个村、25个区。每个村子从几十户人家到上百户人家不等。萨摩亚人没有城市户口和乡村户口之分，所有居民均属于所在村子，即便在首都生活的人们也是如此。大家的日常生活、政治活动、宗教信仰和文化娱乐等都在村子里进行。村一级的行政管理机构是乡村议事会，由各个延伸家庭推举出来的马他伊共同组成，每个村子里还会有一至两个高级马他伊，遇到大事时就召开会议，共同商议，而最后的决定权依然在高级马他伊那里。但这个意见一般也是大家共同商议的结果。

究竟高级马他伊和代言马他伊有无地位上的区别，萨摩亚本国民众也说法不一。2016年9月30日，笔者参观萨摩亚国家旅游局后院的民俗文化村，这是专为游客了解萨摩亚风土人情而举办的民俗表演。主持人克里斯（Cris）的观点是这两种马他伊只是分工不同，没有地位差别。2016年10月2日，笔者询问援教中学雷法阿中学（Lefaga College）的同事马索伊（Masoe），她的回答是高级马他伊比代言马他伊的地位要高。同样，对于土地决定权的问题，克里斯的回答是通过表决，少数服从多数，马索伊的回答是决定权在高级马他伊那里。但通常来讲，大家在会上已商讨多次，基本达成共识，即便高级马他伊行使决定权也不会引起过多异议。

随着与萨摩亚人打交道的时间越来越长，对马他伊的名称和级别也渐渐清晰起来。其实，马他伊在村子里是有级别的，开会的座位也是按级别固定下来的。在关于萨摩亚民俗的书中曾描述过在村民大会上分食烤全猪的规定，一头猪的各个部位划分得很细，具体分给哪一个头衔的人也有严格规定，例如猪头分给负责烤制的年轻人，脖子和前腿分给代言马他伊，猪的背部从前往后分成三部分，最前面的要送给二级马他伊，中间的送给一级马他伊，后臀部分则分给更低一级的马他伊，猪肚子部分送给家族里的马他伊,等等。① 随着时间的推移,现在的年轻人对于这种传统管理模式知道得可能不那么细致了。另外,也有一些村子将这种传统行政管理简化了一些,但对于马他伊的尊重和其权威性的高度认可并没有改变。

前面提到,一个新任马他伊的诞生需要经过乡村议事会召开会议和高级马他伊的认可。整个过程一般是延伸家庭向高级马他伊和乡村议事会提名,村里召开会议,最后决定是否入选。这样的一个过程往往需要耗费数周,召开若干次会议。当然还有一种选举制,就是村子里每个十

图3-5 正在分割烤全猪的小伙子

① 参见 Te Rangi Hiroa, *Samoa Material Culture*, New York: Kraus-Thomson Oganization Limited, 1971, p.121.

六岁以上的村民不论男女都可以参加马他伊选举。但往往参加竞选的人员必须经过本家族同意和推举,这也就意味着家族推荐了。新马他伊一旦产生,就会被敬以卡瓦酒(Kava)以示尊重。[①] 另外,这个家庭还要向乡村议事会赠送礼物以期正式就任。于是接下来,乡村议事会要挑选一个日子来召开会议,新当选的马他伊参加例行会议,喝上一杯卡瓦酒并发表讲话,他的马他伊身份就被正式认可了。

第三节 议会制和总统竞选

2016年3月3日星期四,值笔者抵萨近两个月,同事告诉我,第二天是萨摩亚总统大选日,我兴奋地说:"我也去参加。"

"你选谁?"同事们哈哈大笑。

目前萨摩亚主要有两大政党,人权保护党和服务萨摩亚党。现在的执政党是人权保护党。根据1990年3月通过的《选举法修正案》,凡年满21岁的萨摩亚公民(除服役人员、精神病患者以及刑期超过两年的服刑人员)均有选举权。这次选举大约有116000名市民登记为选民,最后人权保护党以绝对优势赢得胜利。人权保护党获得了49个议席中的35席,总理图伊拉埃帕继续就任,而这一结果也远远高于2011年的大选结果。[②]

萨摩亚议会实行一院制,称立法议会。根据萨摩亚1960年宪法规定,议会由国家元首和立法大会组成,国家元首有召集、休会及解散议会的权力。萨议会下设16个委员会,分别是:议事规则委员会,工程交通环境委员会,外交贸易及税收委员会,选举委员会,章程审议委员会,特权与道德委员会,议会间协会委员会,商业委员会,议会事务委员会,议会办公人员委员会,财政与支出委员会,卫生及社会事务、内

[①] 卡瓦酒(Kava)是南太平洋西部诸岛国招待贵宾的专用饮品,参见本书第五章的相关内容。

[②] 2011年,人权保护党获得了29个议席,服务萨摩亚党获13席。

政、社区及社会发展委员会，教育、科学、通信技术委员会，司法、警察、监狱及土地头衔委员会，初级生产、商业、工业及劳工委员会，政府行政委员会。2016年3月之前设有49个议席，其中萨摩亚席位47个，必须从头人中选出，非萨摩亚席位2个（通常为非萨籍所设，也称为欧洲人议席）。根据2013年的宪法修正案，女性须占10%的议席。因此，2016年3月18日，萨摩亚议会第50位女议员诞生，这也使议会成员由先前的49位上升为50位，其女性比例也符合了修正案的规定。

图3-6　萨摩亚议会①

萨摩亚的国家行政机关为部，目前共设有15个部，分别是：总理内阁部，外交与贸易部，财政部，税收部，教育、体育与文化部，卫生部，商业、工业和劳动力部，妇女、社区与社会发展部，司法与法庭管理部，警察部，农渔业部，自然资源与环境部，通讯与信息技术部，工厂、运输和基础设施部，公共娱乐部。总理兼任外交部部长。由于国小人少，萨摩亚的多个部往往同时兼有几个相近的职能，而且许多部没有

---

① Parliamentary Sitting Summary，http：//www.palemene.ws/new/parliamentary-sitting-summary-2/. 访问时间：2018年10月30日。

下属单位，直接面对基层。例如，目前在萨摩亚有中小学 240 所左右，各学校直接隶属于教育部，校长开会、教师业务培训、学生成绩等一切事务均直接与教育部联系，教育部有关官员也直接到学校进行各项检查和管理。萨摩亚的老师出国学习要先向教育部和外交部提出申请，获批后方可办理手续等。再如我们的许多华人同胞招聘国内的务工人员来萨帮其经营，需要直接到商业、工业和劳动力部和国家移民局办理暂住证等。

在萨摩亚，处处彰显出传统与现代、西化与本土化的结合。每 5 年一次的大选在形式上确实借鉴了英法美等国的选举制度，岛民们颇为重视，整个选举过程隆重而严肃。但有资格参加议员选举的候选人必须具备马他伊头衔，这一点又充分说明其在国家层面实行的现代西方民主制中又渗透着某些根深蒂固的传统。据统计萨摩亚现有 16787 名马他伊，仅占全国总人口的 1/9 左右，从这样一个基数中进行选举，远没有实现绝对的民主。当然了，马他伊又是每个家庭、每个村子、每个地区当之无愧的领袖，他们有着天然的决策头脑和演说能力，是每个集体的精英，从某种程度上说，从他们中产生国家领袖又是理所当然的。

第四节　三位一体的社会管理体制

2016 年 11 月，萨摩亚最高法院宣判了一起 19 年前的强奸案。现年 47 岁的图亚图阿·萨娃·森尼（Tuiatua Saua Sione）于 1997 年 8 月 31 日至 10 月 1 日期间强奸了自己的侄女并导致其怀孕。当时其多数家人为了维护家庭声誉而不想声张，但经过激烈的争议，家人还是选择了报警。法院最终判处被告有期徒刑 9 年。而这迟来的判决反倒引起了家人的抗议和申辩，尤其是强奸犯的妻子在法庭上表示不同意法院的判决，因为村长同时也是国会议员兼主教提供证据说，当时村子里已经做出了处罚，赔款 500 塔拉和两头牛。另外，受害者的父亲也就是强奸犯的哥哥也在法庭上辩称当时家族里已经解决了，但审判法官强调村长并没有处理此类事件的权力。①

上述案件中出现了一个关键人物和三个头衔——国会议员、主教、村长。这同时反映了萨摩亚的社会管理体系，在国家层面上实行议会制，在基层实行酋长制。很多时候，马他伊的决定就代表了权力和法律。犯罪的级别是决定是否动用国家权力的一个标准。一般的案件由马他伊自行处理就可以了，至于人命关天或者说危害十分严重的事件则由法院来裁定。漫长的等待意味着萨摩亚从族规族制走向法律诉讼的艰难过程，家人的申辩则表明了这个国家的普通民众对于传统马他伊体制的信任和固守。而在这两层权力之间还游走着一个特殊的权力阶层——牧师。许多时候，牧师们聪明地进退、取舍，同马他伊之间和谐共存，共同维持一方平安。这种三位一体的社会管理体制产生的原因主要有以下几个方面：

第一，良好的地理环境和热带雨林气候给岛民提供了足以解决温饱的食物，多数人过着"今朝有酒今朝醉"的日子，没有"野心"也就意味着没有改变。众所周知，萨摩亚刚刚摘掉了最不发达国家的帽子，人们的生活水平还处在较为贫穷的阶段，但至少在这个国家没有忍饥挨冻之说。背靠一望无际的大海，家家户户拥有充足的土地资源，高产的芋头和面包果以及大量的香蕉、木瓜和芒果树，都可以让人"坐享其成"，同时也降低了其积攒财物和发展致富之"野心"。加之对上帝的信奉和依赖，养成了他们包容的个性、分享文化以及过分满足的心态。② 因此，在这个国家，你很少看到争吵，诉讼案件也很少，即使有争议，他们也不会任其升级，而是通过自行交涉和交给马他伊处理的方式来解决，很少有案件会被送至法院。而诉讼到法院的案件多数为在萨摩亚人看来十分重要的、关于土地和马他伊头衔的纠纷。

---

① Pai Mulitaloa Ale,"Uncle Jailed from Raping Niece", *Samoa Observer*, 11 Novermeber 2016 (4).

② 前面已经介绍到，萨摩亚以延伸家庭为主要生活单位，大家有福同享，萨摩亚人自称为分享文化。但这种分享也引起了一些负面效果，如降低了个体对于生活质量的追求。有萨摩亚朋友就跟笔者抱怨这种过度分享实际上造成了大家庭的共同贫穷。

图 3-7　轻松欢快的生活　　（摄影：翁维捷）

第二，国家权力机关内部也十分看重马他伊身份。由于长期的殖民统治，在萨摩亚国家层面上，对于西方政治体制并不陌生，其在保留本国传统政治基础和观念的前提下，也在某种程度上选择性地接纳并且实行了西方议会制。但在萨摩亚 50 个议员的议席中，47 个萨籍议席必须拥有马他伊头衔，这本身就在国家权力层面为马他伊的基层权力做了保障。况且，在基层社会组织如延伸家庭和村子里，依然是马他伊掌控一切。如延伸家庭里就餐的顺序和位置，村子里召开会议时就座的位置都有严格的规定，人们对此既十分熟悉又习以为常。而当村民犯了过错时，他们也自觉地接受马他伊的处罚。但当犯罪行为过于严重时，就需要国家法律来进行干预和裁定了，可有时候，这种裁定并不被接受和认可。换句话说，当西方民主与传统族规发生冲突时，人们会自然地遵从马他伊的裁决。随着社会的不断进步和岛民文化水平的提高，新任马他伊的自身素质和教育背景也越来越受到重视，他们更容易在基层管理和国家权力之间起到协调和平衡作用。

第三，被殖民的历史同样也是接受基督教的历史，萨摩亚人对于上帝的顶礼膜拜让他们相信马他伊和牧师都是上帝派来的管理者，代表着神的旨意，不可违背。马他伊身份一旦被披上了富有神话和宗教色彩的外衣，民众对其的膜拜和遵从程度就会大大增加。从基督教在萨摩亚的传播历史可以看出，自 1830 年英国传教士约翰·威廉一行的到来开始，宗教就与政治紧密地联系在一起。约翰·威廉一行一经到萨就拜见了当时萨摩亚最高首领马列托亚并得到他的高度认可。马列托亚给他们提供住房，允许他们在学校和教会服务。而且，马列托亚带领全家信奉了基督教。自此，伦敦教会在萨摩亚得到官方认可和支持，基督教逐渐发展成为国教。① 现在，读经祷告成为萨摩亚人民一切政治活动、社会活动以及文化娱乐前的必然程序。在这些活动中，马他伊和牧师共同参与、相互配合，共同掌控着人们的物质生活和精神世界，无形中更加稳固了马他伊在民众中的形象和地位。

第四，交通的不便使人们更愿意通过协商和马他伊来解决纠纷。尽管萨摩亚很小，但民众分散在不同的岛上，即便在首都所在的乌波卢岛上，出行也是极不方便。虽然现在萨摩亚已开通了通往每个村子的公交路线，公交司机对乘客也十分熟悉，他们能够非常准确地把每一位乘客送到家门口。但是，公交车的运行时间有限，周一至周五过了中午一般就没有开往首都的车了，周六车更少，周日甚至停运。另外，尽管大多数家庭都有一部汽车，但延伸家庭人口太多，燃油费太高，加之萨摩亚的道路狭窄、路面粗糙且起伏不平，急转弯较多，行车速度有严格的限制，首都城区限速 25km/h，乡村限速是 40km/h。在这样的公路上行驶，轮胎、零部件的磨损、耗油量的增加都无形中增加了行车费用。另外，萨摩亚的行政区划是村、区和国家，但区级没有国家行政单位，部级单位直接面对基层民众。例如老师们直接接受教育体育文化部管理，

---

① 萨摩亚没有官方规定的国教，国家宪法规定公民信仰自由，笔者之所以称之为国教，是因为伦敦公理会是最早在萨摩亚传播的宗教，而且也是一直以来信奉人数最多的一个分支。另外，2009 年萨摩亚出台的教育政策规定，自 2010 年始，在小学里开设必修课学习圣经，在中学里开设选修课。另外，中学还会有定期的集中进行圣经学习的时间。参见 Bureau of Democracy, "Human Rights, and Labor", *Samoa 2012 International Religious Freedom Report*, Washington: United States Department of State, 2012, p. 2.

诉讼案件直接由国家法院来处理，等等。也就是说，如果将纠纷扩大至通过法律途径来解决的话，则需要往返首都多次，成本太高。因此，人们自然愿意通过最直接的乡村议事会和马他伊来处理问题了。

图3-8 萨摩亚的乡村公路

第五，过分炎热的气候和过度肥胖的身体降低了生活节奏，也很难让人进入快节奏的争吵和纠纷之中。萨摩亚的成年人普遍过度肥胖，加之他们身材高大、行动不便，而且负重越大，越不愿意活动。据悉，

2011年萨摩亚成年人的过度肥胖人数比例达到86%；① 2014年萨摩亚18—64岁的人口中过度肥胖率达到85%；② 另据萨摩亚国立大学马亚·基斯莱克（Maria Kerslake）博士最新调研，超过90%的萨摩亚人体重过重甚至极端肥胖，其中60%的人患有高血压，30%的人患有糖尿病。③ 尽管至今网络上盛传着南太平洋岛国斐济、汤加、萨摩亚等地均以胖为美。但在社会学家眼里，体型纤细意味着一些积极的人格特点如健康、智慧、吸引人、自尊和自我调控等，身材肥胖则意味着不受欢迎、笨拙和懒惰。④ 在此，笔者无意诋毁肥胖者的人格特点，但肥胖确实给人的工作生活带来极大不便。萨摩亚人过度肥胖的体质很难令他们行动敏捷起来。在他们看来，节奏越慢越好，行动越少越好，一旦麻烦上身自然不愿意花时间、花力气去扩大和解决了，而是更倾向于通过马他伊来自行消解。

第六，国际援助加剧了民族凝聚力和对自身文化的认可度。近年来，中国、日本、澳大利亚、新西兰、韩国及国际组织等持续对萨摩亚进行各项援助。从单纯的货币支持到通过全额出资或优惠贷款形式兴建、改建大型建筑设施再到派遣各类工程技术人员深入基层，对萨医疗、教育、农（渔）业等领域进行面对面帮扶，外加遇有台风、地震等突发事件而临时调配的各类人道主义帮助等，均增强了萨摩亚民众的民族凝聚力，他们以自己是萨摩亚人而自豪。同时，各类国际援助也激发了萨摩亚政府和民众对现代生活的追求，他们与中国华为公司合作升级通信系统，欢迎中国、澳大利亚投资者在萨兴建太阳能发电基地和水

---

① Ministry of Health, *Annual Report Financial Year 2010 – 2011*, Apia：Government of Samoa, 2011, p. 14.

② Desmond Lee-Hang, Jimmy Hatier, Judith Francis, *CTA Technical Brief 1*, Apia：The agriculture-nutrition nexus in Samoa, September 2016, p. 3.

③ 此数值引自于萨摩亚国立大学玛莉亚·克莉斯里克（Maria Kerslake）博士于2017年3月24所作的学术报告《公共健康研究——以萨乐卢阿法塔村为例》（A Community Health Initiative-Saoluafata Case Study）。

④ Peter J. Brown, Svea Closser, *Understanding and Applying Medical Anthropology*, New York：Routledge, 2016, p. 403.

力发电站，积极吸纳外资升级广播电视信号模式，等等，都极大地丰富和改善了岛民生活。

综上所述，马他伊和马他伊阶层是萨摩亚行之有效的基层权力机构，他们管理维持整个家庭和社会的运转，靠着千余年来的祖宗宗法和经验累积治理一方；国家权力机关是法律赋予的最高权力机关，也是富有西方特色的国家机关，它与基层马他伊阶层形成默契的上下级关系。宗教和牧师是游走于这两层权力机关之间的一个特殊群体，它对于民众精神世界的驾驭无形中有力地辅佐了权力运行，在某种程度上维护了社会秩序，强化了基层权力组织，三者的有机结合形成了萨摩亚独特的政治体制和文化生活。

当然，随着现代文明的不断影响，已经有人不满于马他伊的专制管理，质疑村民大会的公正性，在宗教信仰、马他伊的选举和土地分配上，渴望更加开放民主的方式。也已有人因不服乡村议事会的裁决而诉诸国家法院，希望通过法律来保护个体权利。但这也只是个别案例，更多的岛民还是信任、接受和维护马他伊的管理体制。传统的马他伊管理体制有其合理性，其并没有阻碍萨摩亚走向民主，而是与国家权力机构协调共生，共同维护国家的长治久安！

第四章 萨摩亚的教育

2016年1月18至19日,笔者有幸参加了萨摩亚教育体育文化部一年一度的教育大会,今年的大会主题是:此时不做,更待何时?(If not now...When?)在会议大楼入门的宣传牌上,写着醒目的标语:今天的读者,明天的领袖(Today a Reader, Tomorrow a Leader)。这次会议倡导的主题是阅读改变命运。同时,提倡全方位地为孩子提供读书环境和阅读书目,具体倡议是:

图4-1　大家庭的孩子们　　　（摄影：张桂清）

孩子在父母的氛围中被塑造成读者。(Children are made readers

in the laps of their parents.)

一个没有书的家庭就像一个没有灵魂的身体。(A home without books is a body without soal.)

一位伟大的老师会引领学生前行，开阔学生的思想，触动学生的心灵。(A great teacher takes a hand, opens a mind and touches a heart.)

几天的会议下来，大家畅所欲言，主要涉及课程设置、教师水平、教育质量、教学评价以及学生健康知识等几个方面。总体来看，大家认为目前萨摩亚小学阶段（1—8年级）学生的识字能力和数学计算能力过差，中学阶段（9—13年级）学生的科学[1]、数学、英语能力太差，这也与笔者在萨支教工作中的调查结果基本一致。

第一节　萨摩亚学制的演变

地处大洋深处的萨摩亚群岛，有着自己独特的文化传统。随着19世纪30年代后英国人、德国人和新西兰人的相继到来，基督教也在此生根，且已成为全民精神寄托。在新西兰托管时期，萨摩亚已经形成了一套完整的学制体系，在课程设置和中小学生入学率方面奠定了较好基础。至1962年萨摩亚独立时，其小学生入学率已经达到80%。至1986年，小学生入学率高达98%，中学生入学率达到66%[2]。目前看来，萨摩亚教育系统受到四个方面的影响，本土萨摩亚传统文化的影响、19世纪基督教的影响、20世纪新西兰殖民主义的影响以及独立以来各届

---

[1] 萨摩亚科学课程的设置为：9—11年级统称为科学，涉及物理、化学、生物学科的基础知识，12、13年级开始分科学习上述三门课程。

[2] Ken G. Gannicott, *Education for Economic Development in the South Pacific*, Canberra: National Centre for Development Studies, the Australian National University, 1990, p. 26.

教育行政长官的影响。① 其教育体系主要分为四个阶段，学龄前阶段、小学阶段、中学阶段和大学阶段。主要教育模式分为学前教育、小学教育、中学教育、特殊教育、教师教育培训、预备高中教育和培训、部门管理教育以及学校管理教育八种。

学龄前儿童主要指3—5岁的孩子，这个阶段的幼儿入园率很低，孩子们幼儿阶段主要是在大家庭中度过，直到5—6岁开始就读一年级。按萨摩亚教育、体育与文化部规定，萨摩亚幼儿园入园年龄为3—5岁，小学生入学年龄为5—6岁，每个村子至少要有一所幼儿园。但因幼儿教育不是义务教育，所以许多家庭放弃了孩子的幼儿教育。另根据2011年萨摩亚人口普查，5岁孩子的小学入学率仅为60%，6岁入学率则达到96%。② 根据2015年萨摩亚学生注册率统计，该年学龄前儿童幼儿园注册率为40.78%，网络注册率为26.01%。③ 另据萨摩亚2016年人口普查显示，3—4岁幼儿入园率仅为24%，5—12岁小学在校率为94%。④

萨摩亚中小学实行13年学制，具体为小学8年（Primary School），中学5年。1998年以前，萨摩亚所有中学分为初级中学（Secondary School，下简称初中）和完全中学（College，下简称完中）两种模式。初中设9—11年级，完中设9—13年级，当时全国共有3所官办完中，13所教会和私立完中。11年级学习结束后，学生们要参加全国统一考试，以获得完中的入学机会，只有少数成绩优秀者可以进入完中继续学习。自1998年开始，所有的初中均可提供12年级学习，于是自1999

---

① Department of Education, *Educational Policy and Development Looking Towards the 1990s*, Apia: Government of Western Samoa, 1986, p. 4.
② Bureau of Statistics, *Population and Housing Census 2011 Analytical Report*, Apia: Government of Samoa, 2011, p. 53.
③ 《萨摩亚学龄前儿童入学注册信息》，全球经济指标数据网（https://tradingeconomics.com/samoa/school-enrollment-preprimary-percent-gross-wb-data.html），访问时间：2017年5月24日。
④ Samoa Bureau Statistics, *2016 Census Brief No. 1*, Apia: Government of Samoa, 30 October 2017, p. 7.

年始不再为 11 年级学生设全国统一考试，但也并非所有学生都可以直接升入较好或本校的 12 年级，而是根据学生 11 年级的在校成绩决定去留。① 自 2014 年开始，所有初中均升级为可以招收 13 年级。也就是说，现在萨摩亚共计 41 所高中全部设有 9—13 年级。每年 11 月，也就是每学年即将结束的时候，12、13 年级学生要参加全国中学统一考试，历时两周，12 年级学生成绩合格者获得结业证书，可以升入 13 年级，13 年级学生成绩合格者获得萨摩亚高级中学结业证书并依据统考成绩申请大学教育。② 成绩前 10% 的学生可以申请国家奖学金赴澳大利亚、新西兰留学。根据 2011 年萨摩亚人口普查，超过 90% 的孩子升入 9 年级学习，70% 左右的学生升入 12 年级，不足 50% 的学生升入大学或者职业技术学院学习。③ 而在仅仅完成小学和高中 11 年级教育的低学历者的主要群体是目前占萨摩亚总人口 18% 的贫困人口，尤其是在阿皮亚城区和乌波卢岛的西北部，低水平的学校教育与他们所从事的低收入工作有极大关系。④

早在 1976 年，当时的青年体育文化部就意识到国家发展主要依靠新生代力量，将青年技能培训作为国家教育发展的重点，提出了发展学徒教育、业余教育和技能培训计划。⑤ 但仅仅小学毕业和有限的中学教育并不能为年轻人提供职业技能，带来理想的收入。更不能有效促进萨摩亚经济发展，出国打工或者进入白领阶层成了许多青年人的梦想。而

---

① 实际情况是，许多学生 11 年级结束后就不再继续读书了，或者就业，或者暂时回家待业。

② 2013 年以前，萨摩亚中学生 13 年级毕业参加太平洋高级中学统一考试，合格者获结业证书。这是由太平洋教育评估董事会组织的每年一度的高中结业考试，参加国家有：汤加、基里巴斯、萨摩亚、瓦努阿图、库克群岛、图瓦卢、瑙鲁七国。该考试于 2012 年结束。自 2013 年始，萨摩亚自己组织高中结业考试。

③ Bureau of Statistics, *Population and Housing Census 2001 Analytical Report*, Apia: Government of Samoa, 2011, p. 53.

④ National Statistics Office and UNDP Pacific Centre, *Samoa Hardship and Poverty Report, Analysis of the 2013/14 Household Income and Expenditure Survey*, Apia: Government of Samoa, 2016, p. 18.

⑤ Ministry of Education, Sports and Culture, *Corporate Plan July 2006 – June 2009*, Apia: Government of Samoa, p. 4.

从萨摩亚中学①毕业的学生找寻工作的机会远远大于小学毕业或者其他中学毕业的学生，而从事白领工作则需要更高学历。②

图4-2　正在进行橄榄球训练的学生们

为此，20世纪八九十年代，萨摩亚教育部在中学学制和课程设置上做了诸多调整，以满足更多学生的入学要求。主要表现在：在学制方面，调整了义务教育年限，由1986年以前的小学九年制义务教育调整为八年；在教育职能方面，确定了教育的主要职能是培养自食其力的劳

---

① 萨摩亚有三所重点中学，其中乌波卢岛两所，分别是萨摩亚中学（Saoma College）和爱未来中学（Avele College）；萨瓦伊岛一所，即瓦伊普利中学（Vaipouli College），但大家公认的最好中学依然是萨摩亚中学。

② Ken G. Gannicott, *Education for Economic Development in the South Pacific*, Canberra: National Centre for Development Studies, the Australian National University, 1990, p. 25.

动者；在中小学课程设置上，重点开设了生活技能课；① 在学校建设方面，逐步将全国中学全部升格为高级中学，即所有中学均可招收 12、13 年级学生，相当于在某种程度上普及了高中教育。进入 21 世纪以来，随着萨摩亚经济发展的不断好转，其教育理念亦不断与国际社会接轨，教育理念逐渐从培养自食其力的劳动者转变为培养能够独立思考、富有创新精神和终身学习能力的现代公民。

第二节　新世纪以来萨摩亚教育理念的转变

近 20 年来，萨摩亚教育、体育与文化部相继提出了"公平教育""全民教育""教育优先发展"和"可持续发展教育"等现代教育理念。受此影响，教育、体育与文化部相应出台了一系列短期和中长期教育规划及多项教育改革措施，在硬件设施建设、教师专业水平提升等方面收到一定成效。但总体而言，当前萨摩亚中小学教育依然存在观念保守、管理模式落后、失学辍学严重、教育资源匮乏、教师学历结构不合理、课堂教学质量低下等显著问题，与上层管理者提倡的现代教育理念和管理模式存在明显错位。

一　公平教育理念

进入新世纪以来，"实现教育公平，推动教育均衡发展已成为各国教育改革的重要目标和世界教育发展的潮流"②。一些国家在促进中小学生教育公平方面制定了相关法规，如美国总统布什于 2001 年签署通过

---

① 例如在小学开设社会、圣经学习，在中学为女生开设食品制作、草席编织、服装裁剪与制作，为男生开设家具设计制作、基本电动工具使用等课程。现阶段，除了满足最基本的培养适应社会、自食其力的劳动者以外，更加注重的是培养具有自我价值判断、独立分析能力和创造能力的现代公民。在课程设置上，除了上述传统课程以外，又增设了计算机、财会、商务学习等课程。

② 王振存：《论当前国际教育研究现状、实践发展特点及启示》，《河南大学学报》（社会科学版）2010 年第 2 期。

了《不让一个孩子掉队法案》(No Child Left Behind Act of 2001),① 英国政府于 2003 年颁布"每个孩子都重要"绿皮书,② 萨摩亚也在其教育规划中及时提出了这一理念。如在《总体规划（2000.7—2003.6）》中,提出了"为所有的学习者提供每个阶段的学习机会"的号召和"平等、优质、有效、实用"的教育理念,并计划为学生"提供丰富的课程资源"和"建立公正的评价体系"③;在《总体规划（2006.7—2009.6）》中再一次提出了教育公平原则;④ 而在《教育策略和规划（2006.7—2015.6）》中,提出了"为每个人的人生需求奠定包括教育、体育、文化在内的坚实基础",侧面反映了教育、体育与文化部的公平教育和全民教育理念。⑤

二 全民教育理念

全民教育理念于 1990 年在世界全民教育大会上明确提出后,在世界范围内引起了强烈反响,许多国家相继出台法案,用以推进全民教育。如 1991 年美国颁布《全民扫盲法》,1993 年中国发布《中国全民教育行动纲领》,巴西教育部发布《巴西全民教育十年计划（1993—2003）》等。进入 21 世纪之后,联合国教科文组织又在世界教育论坛上推出了 2001—2015 年全民教育行动框架——《达喀尔行动纲领》;2003 年启动"扫盲教育十年"（2003—2012）项目;2006 年实施"为了赋权的扫盲行动"（2006—2015）等教育行动指南。同样,加强全民教育也被萨摩亚政府和教育、体育与文化部列为教育发展的刚性目标。在其 2000 年

---

① National Education Association, *No Child Left Behind Act of 2001*, http://www.nea.org：80/esea/more.html. 访问时间：2018 年 10 月 12 日。
② HM Treasury, *Every Child Matters*, London: UK Government, 2003.
③ Department of Education, *Corporate Plan July 2000 - June 2003*, Apia: Government of Samoa, p. 8.
④ Department of Education, *Corporate Plan July 2006 - June 2009*, Apia: Government of Samoa, p. 6.
⑤ Ministry of Education, Sports and Culture, *Strategic Policies and Plan July 2006 - June 2015*, Apia: Government of Samoa, p. 8.

制定的教育规划中，明确规定了1—8年级小学生、8—9年级中小学生在校率由1999年的80%提高到2004年的85%的目标；为幼儿和特殊需求孩子提供更多支持；① 在其2006年出台的教育规划中，计划到2009年年初，小学1—8年级、中学8—9年级在校率提高到90%，公办小学师生比由2006年的1∶1.96提高到2009年的1∶1.79，中学师生比由1∶1.92提高到1∶1.76。② 值得注意的是，在其2012年出台的教育规划中，其设定的小学、中学8—9年级学生在校率目标均有所下降。体现在至2015年年初，计划小学1—8年级在校率提高到85%，中小学8—9年级在校率提高至89%，小学师生比提高至1∶1.25，中学师生比提高至1∶1.64。③

三 教育优先原则

教育是一个国家和民族的未来，优先发展教育是许多国家长期以来的基本国策。进入新世纪以后，随着科技高速发展，国际竞争日益加剧，知识经济的日益壮大，教育优先发展地位得到进一步强化。欧盟教育委员会于2001年发布的《教育和培训体系的未来具体目标》，世界银行于2005年发布的《教育领域战略更新》，俄罗斯于2008年公布的《教育与创新性经济发展：2009—2012年实施现代教育模式》，英国于2007年发布的《儿童计划：创造更美好的未来》等均将教育列为国家优先发展的战略决策。"为在新世纪抓住发展机遇追赶发达国家"，一些发展中国家如印度、巴西、韩国等国也"纷纷把教育作为优先发展的领域"④。同样，教育优先发展理念也得到了萨摩亚上层领导人的重视，

---

① Department of Education, *Corporate Plan July 2002 – June 2003*, Apia：Government of Samoa, p. 32.

② Department of Education, *Corporate Plan July 2006 – June 2009*, Apia：Government of Samoa, p. 8.

③ Department of Education, *Corporate Plan July 2012 – June 2015*, Apia：Government of Samoa, p. 8.

④ 朱国仁：《新世纪国际教育改革发展动向及启示》，《清华大学教育研究》2010年第3期。

并写入了其国家发展目标和教育规划。在最近制定的《总体规划（2015.7—2018.6）》中，将教育和技能培训上升到国家优先考虑的重要问题，并且强调这是建立创新、民主和民生国家的关键。随着社会发展、经济进步和全球技术创新环境的改变，普通民众的社会角色将会随之改变，"教育应该为这一转变做先期准备"①。为此，该规划也特别提到了教育评价改革。

四 重视教育质量

2003年，联合国教科文组织在巴黎召开教育部长圆桌会议，强调教育质量的重要性，要求把提高教育质量放在优先地位。该组织发表的2005年全民教育全球监测报告，题目就是"全民教育：必须注重教育质量"。在随后的2009年全民教育监测报告中则进一步强调质量在实现教育平等中的重要性，"以教育普及和教育公平为前提，从只重视知识传授和学习质量转向提升人的综合能力和整体素质"②。同样，为学生提供优质、高效的课堂教学和教育资源也是在萨摩亚教育、体育与文化部历次教育规划和策略中作为首要目标提出的。例如在《总体规划（2012.7—2015.6）》中特别强调，对于所有的受教育者而言，教育质量来自于"品质、文化、智力和身体素质，教育、体育与文化部应该保证所有受教育者完成人生选择"③。在《教育计划（2015.7—2018.6）》中具体指出提高教育质量的途径包括：建立教师发展组织、进行学校课程改革、在中小学开设信息和通信技术课程、改革学校评价机制等方面④；在2013年出台的

---

① Ministry of Education, Sports and Culture, *Corporate Plan July 2015 – June 2018*, Apia: Government of Samoa, p. 4.
② 王振存：《论当前国际教育研究现状、实践发展特点及启示》，《河南大学学报》（社会科学版）2010年第2期。
③ Ministry of Education, Sports and Culture, *Corporate Plan July 2012 – June 2015*, Apia: Government of Samoa, p. 4.
④ Ministry of Education, Sports and Culture, *Corporate Plan July 2015 – June 2018*, Apia: Government of Samoa, p. 8.

五年发展规划中,将提高教育质量、为所有适龄青少年提供受教育机会作为首要目标,并且计划至2018年小学数量达到171所,中学数量达到43所。计划通过课程设置、评价机制、学习材料提供和教师培训提高教育质量,尤其是要通过信息和媒体技术,运用电子材料提高教育质量。①

五 可持续发展教育理念

持续发展教育(Education for Sustainable Development,简称ESD),是日本代表团于2002年8月在南非约翰内斯堡参加联合国首脑会议时提出并得到会议审议通过的一项议案。之后,联合国大会决定从2005年起开展为期十年的可持续发展教育活动。② 萨摩亚教育、体育与文化部随即在《总体规划(2006.7—2009.6)》就提出了"给每个人提供选择机会"的口号,并首次在前期总体规划"平等、优质、有效、实用"的基础上,提出了教育的可持续性。具体来说,要充分利用人类、财政和物质资源保证整个教育系统持续平衡发展。眼光不能局限于当下,要有合乎当下发展趋势的对未来的预判,要对萨摩亚物质的和非物质的诸如语言、艺术、文化等加以保护和培育,提高本土文化再生力。③ 在《萨摩亚教育计划(2012.7—2016.6)》和《教育计划(2013.7—2018.6)》中又重申教育的可持续发展目标是"建立持续有效的教育资源管理"④。

综上,尽管萨摩亚地处太平洋深处,与外界交通极为不便,但在其

---

① Ministry of Education, Sports and Culture, *Samoa Education Sector Plan July 2013 – June 2018*, Apia: Government of Samoa, p. 12.
② 参见邢媛媛、张建芳《日本在基础教育中推行的持续发展教育现状研究》,《决策探索》2011年第6期。
③ Ministry of Education, Sports and Culture, *Corporate Plan July 2006 – June 2009*, Apia: Government of Samoa, pp. 6 – 7.
④ The Education Sector Advisory Council, *Samoa Education Sector Plan July 2012 – June 2016*, Apia: Government of Samoa, p. 51; Ministry of Education, Sports and Culture, *Samoa Education Sector Plan, July 2013 – June 2017*, Apia: Government of Samoa, p. 7.

近 20 年的教育规划中，总会特别提到教育质量、公平、有效、实用和持续性等问题，萨摩亚政府高层已充分意识到教育与国家发展的关系，与国民个体生活质量的关系，也一直在通过制定各种规划、策略来规范中小学教育，其公平教育、全民教育、教育优先和可持续发展等教育理念完全与国际接轨。

图 4-3 聊城大学太平洋岛国研究中心的专家学者与当地学生在一起

（摄影：当地学生）

第三节 新世纪以来基础教育的初步成果

经过十几年的努力，加之澳大利亚、新西兰、美国、日本、中国以及国际组织的持续援助，萨摩亚在基础教育设施建设、教师学历水平方面取得了一定成效。

一 学校建设规范有序，基本设施能够保障

截至 2018 年年底，萨摩亚有公办小学 142 所，教会小学 17 所，私立小学 6 所，共计 165 所；公办中学 24 所，教会中学 12 所，私立中学 1 所，共计 37 所。① 私立学校和教会学校在学校基础设施建设和校舍维护上主要依靠社会捐赠和高价学费，公办学校的基础设施建设和物资匹配主要依靠政府划拨、乡村议事会筹资和国际援助。相比较而言，公办学校的硬件设施较私立学校和教会学校差一些，但校舍建设完备，水电通畅，学校运行井然有序，基本上可以满足日常教学运转。例如每所中小学配有复印一体机、电子琴、多媒体教学设备，所有中学建有图书室、微机室，城区几所中学配有少量理化实验用品等。

二 教师专业培训系统化，整体学历水平有所提高

萨摩亚的师资来源主要有两个渠道，一是本土培养，二是海外组织输送。教师学历主要有教师学院结业证、专科学历证和学士学位证三种形式。1997 年前，萨摩亚教师职业教育主要由小学教师学院和中学教师学院两所。小学教师学院招收初中毕业生（即 11 年级毕业生），学制两年，毕业后获结业证书；中学教师学院招收 13 年级毕业生，学制三年，毕业后获萨摩亚国立大学专科学历证书。1997 年，两所教师学院并入萨摩亚国立大学，可颁发学士学位和硕士学位证书，招生对象也提升为高中 13 年级毕业生，且必须经过全国统一考试成绩合格者方可取得入学资格。目前直属萨摩亚教育体育文化部管理的小学教师 1100 人左右，中学教师 550 人左右。小学教师一般持教师学院结业证上岗，中学教师持专科证或学士学位证上岗。截至 2017 年 12 月，萨摩亚中学教师中获得学士学位者不足 200 人。② 自 2016 年开始，教育、体育与文化

---

① Ministry of Education, Sports and Culture, *Samoa Education Sector Plan July 2013 - June 2018*, Apia: Government of Samoa, p. 13.

② 此数据通过 2017 年 12 月与萨摩亚教育、体育与文化部官员访谈获知。

部提高了中学新进教师的学历要求,规定中学新进教师必须获得学士学位。对于在职教师,教育、体育与文化部正在通过各种奖励措施鼓励教师进修,力争至2018年年底学士学位人数达到200人。针对理科教师十分短缺的状况,萨摩亚教育、体育与文化部自2012年开始有计划地选派相关教师进入南太平洋大学和萨摩亚国立大学进行学历深造。2016年,第一批52位教师获得了理学学士学位。

三 全社会对于教育的重视程度有所提高

随着萨摩亚经济的不断好转、与海外的频繁接触、新闻媒体的宣传以及萨摩亚教育、体育与文化部推行的各项政策和措施,近年来,全社会对于教育的重视程度较前有所提高。在2016年1月18至19日萨摩亚教育体育文化部召开的全国校长会议上,来自萨摩亚文具图书公司(Samoa Stationary and Books)的负责人介绍了过去两年中,该公司为提高学生阅读能力所做的努力。报告显示,该公司与萨教育、体育与文化部,两家通讯公司(Digicel 和 Bluesky)以及当地发行量最大的《萨摩亚观察家报》(Samoa Observer)联合开展了周日阅读竞赛活动,包括周末诗歌竞赛、拼写竞赛、短小说写作竞赛等,显示了部分商业、企业机构对学校教育的重视,他们提出的口号就是"教育孩子是每个人的工作"。另外,该公司还为教师提供免费培训、资助萨摩亚作者出版图书等系列活动。①

萨摩亚发行量最大的报纸《萨摩亚观察家报》十分关注教育新闻报道。2016年6月12日该报周日版报道了新西兰向萨摩亚派森嘎·佛乌小学(Pesega Fou Primary)和萨他奥阿小学(Sataoa Primary School)捐赠了一批桌椅。② 2016年8月11日,该报头版头条以"中国为萨摩亚的未来投资"为题刊登了我驻萨大使王雪峰走访萨摩亚两大主岛之一萨瓦伊岛(Savai)萨帕帕力(Sapapali)村子的照片,此次王大使代表广

---

① 2016年1月18至19日,笔者参加了萨摩亚教育体育文化部召开的全国校长会议,萨摩亚文具图书公司(Samoa Stationary And Books)代表在会上做了总结发言。
② "Schools Get much-needed Help", *Sunday Samoan*, 18 June 2016 (8).

东省惠州市人民政府向萨帕帕力村小学的 30 名学生捐助了学习用品。而且自 2016 年年初至新闻刊发之际,中国政府已累计向萨低收入家庭学生捐助了总计 120000 塔拉的援助物资,受援的包括 20 所小学、10 所高中以及 20 名来自萨摩亚国立大学的普通学生;① 2016 年 8 月 28 日该报周日版头版头条刊登了 16 岁高中生阿诺娃(Aunoa)在新西兰举办的纪念第一次世界大战作文竞赛②中获得赴法国旅游的大奖的新闻。③ 2018 年 4 月 5 日,《萨摩亚观察家报》又以"中国给阿瓦奥村带来欢笑"为题报道了王雪峰大使前往位于萨瓦伊岛最西端的阿瓦奥小学,并向该校学生捐赠课桌椅的新闻。④

能够把与教育有关的新闻时常放在头版足以说明萨摩亚政府、新闻媒体等充分认识到了教育的重要性。但与官方媒体和商业公司宣传支持相疏离的是,普通民众对于教育理念、教学方法、教学评价及教育投资的认识不足,仍是一个严重的现实问题。

第四节 萨摩亚中小学教育理念与现实的错位

进入新世纪以来,萨摩亚教育、体育与文化部出台的一系列教育规划策略,体现了国际先进教育理念,但这仅限于上层主管领导的意志和文件表述,在基层教育管理和课堂教学中难以推行,其中小学教育现状与上层意志之间存在明显错位。

一 错位的主要表现

1. 失学、辍学率居高不下,高中教育仍未普及

根据 2001、2006、2011 年萨摩亚人口普查,萨摩亚小学入学率分

---

① "China Invests in Future of Samoa", *Samoa Observer*, 11 August 2016 (1).
② 新闻中指出,之所以邀请萨摩亚学生赴新西兰参加此次竞赛活动,是因为萨摩亚人在新西兰参加了两次世界大战。
③ "Young writer wins trip to France", *Sunday Samoan*, 28 August 2016 (1).
④ "China brings smiles to Avao", *Samoa Observer*, 5 April, 2018 (6).

别是 94%、89% 和 96%，初中 9—11 年级入学率分别是 96%、96%、95%，12—13 年级入学率分别为 63%、65%、70%。另据 2016 年人口普查，其小学入学率为 96%，中学总体入学率为 89%。但这一数据仅仅是学生在校注册的数据，并不等于在校学习的实际数据。萨摩亚每学年分为四个学期，每学期 10 周。据笔者观察统计，每学期中期的学生数量相当于开学之初的 2/3 甚至一半左右，因家庭搬迁、贫困、照顾弟妹等原因失学、辍学、长期请假现象相当严重。而且，从四次人口普查的统计数据来看，高中 12、13 年级入学率仍然偏低，严重影响了国民整体素质和文化水平的提升。

2. 教育投资少、教学资源匮乏

表面上看来，萨摩亚各学校硬件设施已基本满足日常教学，但实际教学用品相当缺乏。学生没有课本，每门课的课本仅在学校图书馆储存了 20 本左右，学生们上课前临时下发，下课后马上交回。作为与教材同步的练习册之类的辅助材料根本没有。理科教学方面，计算机老师缺乏专业技能，不会修复软件故障，致使许多电脑被闲置甚至误以为硬件故障被扔掉。依靠大量实验仪器完成的物理、化学、生物等课程无法正常开设，有的学校勉强开设也仅限于纸上谈兵，无法进行演示操作，更没有供学生操作的实验课。另外，学校图书馆藏书主要依靠建校之初捐赠获得，数量有限，内容陈旧，与现代教育理念和教育内容相差甚远，远远达不到学生的阅读要求，图书馆形同虚设。

3. 教师学历结构不合理，理科师资严重不足

近年来，尽管萨摩亚教育、体育与文化部出台了相关文件强化教师专业培训，另有爱心机构如萨摩亚文具图书公司为老师提供免费培训机会，但教师的整体学历结构仍然不高，持有学士学位的中学教师依然不足 40%。理化生三门课在 9—11 年级合并为科学，教授基础知识，尚可开设。12 年级开始分科学习，属于选修课。许多学校因缺乏专业教师而无法全部开设。有的老师甚至对于基本概念表述错误，基本的四则运算无法完成。数理化、计算机学科教师在授课过程中，通常降低难度，甚

至出现 9—11 三个年级进度相同、水平相似的情况。2017 年 6 月 9 日，由日本协力组织（Japan International Cooperation Agency）在全萨四所中学统一进行的数学计算能力测试就显示了这个问题（图 4-4 所示）。

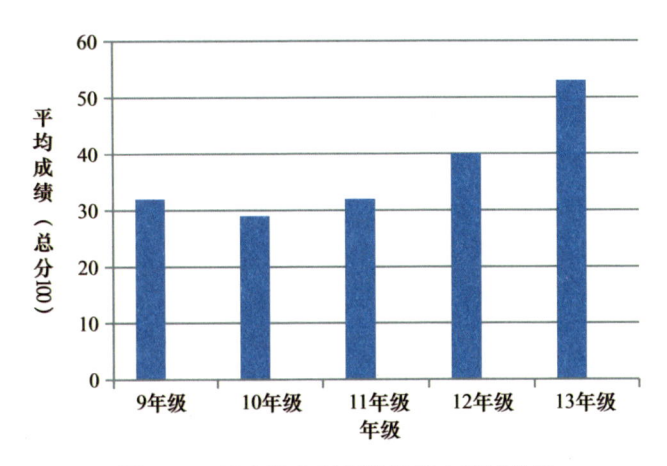

图 4-4　日本协力组织数学能力测试结果

注：此结果由日本协力组织工作人员提供，全国 4 所中学 9—13 年级使用同一份测试题，测试内容为基本的数学计算，相当于国内小学三至五年级水平。

4. 教师待遇偏低，责任心不强

萨摩亚教师工资与职称无关，与学历有关。据了解，取得专科学历者，年薪约 15000 塔拉，取得文科学士学位者，年薪约 20000 塔拉，取得理科学位者年薪约 22000 塔拉。[①] 尽管与国内某些地方教师待遇差不多，但在萨 1700 余位中小学教师中，仅有不足 200 人可以拿到年薪 20000 塔拉左右的薪资，况且萨摩亚物价是国内物价的 2—3 倍，蔬菜价格是国内的 8—10 倍。而且与当地其他公职人员、牧师以及前往新西兰进行果品采摘等职业相比，这一工资属于中等水平。

另外，萨摩亚家族观念重于一切，大家族中的婚丧嫁娶事宜时有发生，且经常来往于澳大利亚、新西兰、美属萨摩亚等地，加之热带雨林

---

① 按 2018 年 10 月 13 日汇率，1 塔拉约合人民币 2.65 元。

气候雨水不断、交通不便等原因,教师缺岗十分严重,临时代课、委托管理已成教学常态。由于代课教师为临时指定,授课内容没有提前交流和准备,代课教师往往只限于维持秩序而已。因此,老师看孩子、孩子混日子现象十分普遍,严重影响了教学进度和教学质量。

5. 教育评价机制不健全,学生成绩不理想

目前萨摩亚中小学阶段共设三次全国统一考试,其中 8 年级小学毕业、12 年级学年结束、13 年级中学毕业各一次。其他考试均为教师自主命题,授课内容、考试内容弹性很大。通常情况下,每位教师自行设计授课内容,自行命题,自行评价。考试过后也很少安排试卷分析、讲评环节,考试成绩既没有横向参照,也没有奖惩措施,也就不能相应地激发教师的教学积极性和学生的学习主动性。以笔者 2016 年援教的雷法阿中学为例,该校位于乌波卢岛西南部,极为偏远,交通不便,笔者采集了 2016 年 3 月 30 日和 9 月 7 日两次全校统一测试成绩,这是专门就学生阅读和计算能力进行的数学、英语、萨摩亚语测试,全校 9—13 年级使用一套试题,考察内容只是最简单的基础知识,满分 50 分,其中单项选择 20 分,解答题 30 分。成绩统计如下:

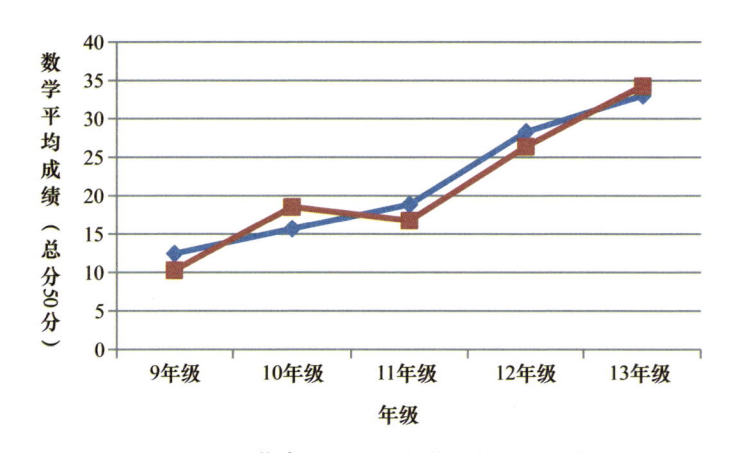

图 4-5　萨摩亚雷法阿中学数学测试成绩

[数据采集时间:2016 提 3 月 30 日(蓝色),9 月 7 日(红色)]

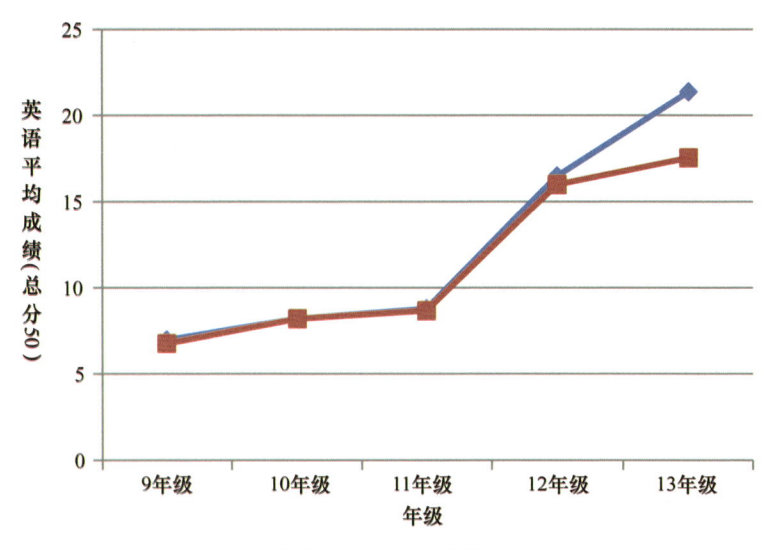

图 4-6　萨摩亚雷法阿中学英语测试成绩

［数据采集时间：2016 提 3 月 30 日（蓝色），9 月 7 日（红色）］

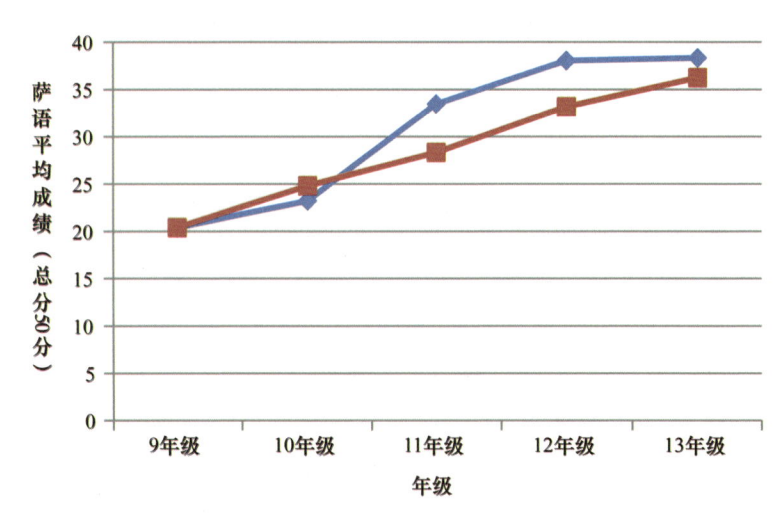

图 4-7　萨摩亚雷法阿中学萨摩亚语测试成绩

［数据采集时间：2016 提 3 月 30 日（蓝色），9 月 7 日（红色）］

上图所示，11 年级数学成绩低于 10 年级，9—11 年级英语平均成绩仅维持在个位数，以及 9、10 年级萨摩亚语平均成绩不及格的现象反映了目前萨摩亚中小学整体教育水平。笔者查阅了自1995年至今萨摩亚教育、体育与文化部发布的相关教育规划策略文件，其中没有任何一项硬性标准来评价教师教学成果，更没有任何一种奖惩措施来考察学生成绩。唯一对学生在校成绩进行表彰的是每学年结束的颁奖活动，这也是全校师生都十分重视的一次活动。大家提前三个星期准备颁奖节目，但受到表彰的仅限于每门功课年级第一的学生，而且所有人都把这次颁奖看成是娱乐活动而非激励机制，精彩搞笑的演出、精心准备的午餐、嘈杂热闹的场面已经让奖励本身失去了严肃性和神圣性。而唯一把全国学生放在一个平台上进行考核的小学8年级毕业和高中12、13年级结束的全国统一考试，各学校亦没有相关统计数据呈现，也没有制定奖惩措施。

二 错位产生的原因分析

由于萨摩亚与英国、新西兰、美国等发达国家有着深厚的历史渊源，其教育规划的制定深受其影响。联合国教科文组织、日本协力组织等国际机构在萨设有办事处，对其先进教育理念的产生亦有不小的推动作用。但传统的头人管理制度和宗教信仰在某种程度上禁锢了民众的怀疑精神和创造力，现有经济基础本身也难以支撑先进教育理念付诸实施，同时众多的国际援助又弱化了其自我奋斗的内部动力。在诸多因素的合力下，萨摩亚教育理念与现实之间产生较大错位。

1. 教育策略的制定者多来自于政府层面和相关国际组织

尽管萨摩亚远离世界舞台中心，但其上层领导人多有海外留学背景，深受澳大利亚、新西兰和美国教育制度影响，有发展国家经济、提高国民素质的眼界和决心。而萨摩亚教育规划和策略的制定均又参考政府规划，与国家策略保持高度一致。如2000—2003年的《合作规划》中提出"教育：萨摩亚未来的投资"口号，就是响应政府"为了萨摩亚经济社会发展"的号召而制定的[①]。在2006—2009年的教育规划中提出的"给

---

① Department of Education, *Corporate Plan July 2000 – June 2003*, Apia: Government of Samoa, p. 6.

每一个人提供选择机会"的目标则是为了响应政府 2005 年 1 月提出的"增加公民的选择机会"而制定的。① 在 2012—2015 年的教育合作规划中明确提出的"保证给每一个学生发展机会"的口号则是基于萨摩亚政府"为可持续发展提高效率"的原则制定的。在《总体规划（2015.7—2018.6）》和《教育部计划（2012.7—2016.6）》中提出的"教育为可持续发展"的目标则是根据萨摩亚政府提出的"所有公民都享有接受教育和公平就业的机会"而制定的②。在 2006 年制定的十年教育策略与规划

图 4-8　笔者在聊城大学—萨摩亚国立大学第 3 届太平洋岛国高层论坛上就萨摩亚教育理论与现实的错位作主旨演讲

(摄影：梁甲瑞)

---

① Department of Education, *Corporate Plan July 2006 - June 2009*, Apia: Government of Samoa, p. 5.
② Ministry of Education, Sports and Culture, *Corporate Plan, July 2015 - June 2018*, Apia: Government of Samoa, p. 4; The Education Sector Advisory Council, *Samoa Education Sector Plan July 2012 - June 2016*, Apia: Government of Samoa: p. 51.

中提出的"公平、质量、恰当、效率、持续"十字目标,也是根据萨摩亚政府的改革目标"为每一个人获得更高质量的生活"而制定的①。

另外,联合国教科文组织、亚洲发展银行、日本协力组织等国际机构在萨摩亚均设有办事处,他们在对萨援助方案、教育规划中均借用了先进的教育理念,对萨摩亚教育规划和政策制定者亦有不小的影响。于是在此基础上诞生了一系列高大上的不接地气的教育规划和教育策略。其实,不仅教育领域如此,在环境保护、海洋治理等领域亦出现了现代理念与实际操作之间的错位现象。

2. 宗教信仰和传统的基层管理方式与现代教育理念相悖

马他伊管理体制是萨摩亚基层社会管理的基本运行机制,家长制的管理作风渗透到萨摩亚基层社会的各个层面,学校管理更是如此。以体罚、呵斥、负面评价为主的学生管理并不能带来教学效率、教育质量的提高,也不能激发学生的学习欲和创新性。而宗教信仰是萨摩亚文化生活的重要组成部分,与政治、经济居于同等地位。其"对于民众精神世界的驾驭"在一定程度上"辅佐了权力运行","维护了社会秩序","强化了基层权力体制"②。但这种传统基层管理和宗教信仰强调的绝对权威和绝对服从与现代理念提倡的怀疑、创新相悖。教师和学生均难以做到在绝对服从和怀疑创新两种身份之间的任意转换,况且慵懒的教风学风更倾向于严苛的军事化管理模式,这远比以启发式、探究式为主的教学管理轻松得多。尽管萨摩亚教育、体育与文化部于2016年2月召开校长会议并下发有关课堂管理和教学方法的建议,提倡以启发鼓励为主的课堂教育改革,但收效甚微。正像米切尔·卡米切尔(Michlle Carmichael)博士在《太多的学校经历,太少的教育》一书中引用米德(Mead M.)的话说:"在萨摩亚学校里,孩子们只是被看到,并不能被听到……我所

---

① Ministry of Education, Sports and Culture, *Strategic Policies and Plan July 2006 – June 2015*, Apia: Government of Samoa, p. 2.
② 石莹丽:《在碰撞和调适中走向现代——萨摩亚酋长制与民主制的冲突与融合》,《太平洋岛国研究》(第一辑),社会科学文献出版社2017年版,第133页。

受的教育就是从来不能对大人产生怀疑,即便他们是错误的。"①

3. 国民经济收入和现有教育资源不足以支撑先进教育理念落地

单纯从入学率等数据统计来看,萨摩亚中小学教育呈一个稳定乐观的态势,但仍有10%左右的学生与学校无缘。这与萨摩亚普通民众的经济收入有直接关系。截至2014年年底,萨摩亚贫困线以下人口比例为18.8%,其中22%的儿童(0—14岁)生活在基本需求贫困线以下,包括8%的残疾儿童。尽管小学生无须交纳学费,但仍需交纳学校运转费、乡村议事会管理费等杂费。加上孩子们每学期的日常交通费、午餐费、橄榄球、网球训练比赛费等费用,每个小学生年均花费在500塔拉左右。中学阶段的学费9—11年每年共计80塔拉,加上各种费用,年均花费亦在500塔拉左右。12、13年级年均学费200—250塔拉,总花费在600—700塔拉。② 私立学校和教会学校的学费相对要贵一些。根据萨摩亚家庭平均人口6.9,贫困家庭平均人口9.3推算,一个家庭要同时供应几个孩子上学就是一笔不小的开支了。更主要的是每周一次的向教会奉献已经给普通民众带来了极大的经济负担,以至于有的家庭无力支付孩子们的教育费用。正如日本协力组织在一项调研中所说,对于中小学生来说,"单纯地每学期10—30塔拉的学校维护费并不多,但是对于那些并不把教育看成是家庭第一要务的家庭来说,向教会奉献、家族事务、村子管理远重于支付孩子学费。因此,学费问题倒成了一个家庭最困难的事情了"③。

不仅普通家庭如此,萨摩亚中小学在学校运转方面也面临严重的资金短缺问题,高昂的水电费、校舍修缮费以及各种活动费已经捉襟见肘,根本无力支付诸如图书、网络、实验室等现代教育的必备设施。

---

① Mead M., *Coming of Age in Samoa*, New York: Harper Collins Publishers Inc, 1928, p. 45. Michlle Liulama Carmichael, *Too much Schooling, Too Little Education*, Dudweiler: VDM, Werlag Dr. Muller Aktiengesellschaft & Co, 2008, p. 8.

② 此数据系通过与部分中小学家长和教师交谈得知。按照2018年3月22日汇率,1塔拉约合人民币2.5元。

③ JICA Samoa Office, *Samoa Education Sector Study Final Report*, Apia: Japan International Coorperation Agency, March 2004, pp. 4 – 5.

4. 过多的国际援助削弱了基层教育发展的内部动力

由于独特的地理位置和自然环境，各南太平洋岛国确实需要国际社会伸出援助之手。已有国际援助在促进这些国家经济发展、社会进步和人民生活水平方面也确实起到了重要作用。但援助同样是一把双刃剑，越来越多的国际援助某种程度上助长了民众的依赖心理，制约了本国的产业创新，也造成了部分人的慵懒懈怠。2017年1月，笔者被分配到位于阿皮亚城区的瓦伊玛乌阿中学（Vaimauga College）。该校是城区五所中学中学生人数最少、成绩最差的学校，整个校舍建设尽管可以满足日常教学，但缺少一个供学生们开会和进行文娱活动的大法雷。[①] 校长与笔者提出希望中国政府援建一座法雷。2017年9月6日，当王雪峰大使陪同参加第48届太平洋岛国论坛的中国代表团团长、中国—太平洋岛国论坛对话会特使杜起文前往该校看望援萨教师的时候，校长又在接待中反复强调此事。2017年11月28日，笔者走访了位于萨摩亚首都阿皮亚东部25千米左右的法雷瓦奥小学（Falevao Primary School），这是中国政府于2013年全额援建的一所小学，从整个学校主体建筑到室内配套设施一应俱全。听说我是中国教师，校长和几位老师十分热情，但她们反复强调学校目前缺少一个储水净水罐，希望能得到中国政府的资助。

另据萨摩亚国家统计局发布的数据，2015—2016财年（2015年7月—2016年6月）萨摩亚政府接受外国政府无偿援助约占其财政收入的7.6%。[②] 而据萨摩亚财政部发布的2016—2017财年财政预算报告，该财年萨摩亚预计接受国际无偿援助资金约占其预算总收入的30%左右。[③] 越来越多的国际援助不但没有催生民众的奋斗热情，反而加剧了

[①] 法雷是南太平洋一带独特的建筑，即只有屋顶没有墙体的房子。基本上每个家庭、每个单位均建有法雷。学校的法雷面积与国内小型礼堂相当，主要用于举办大型会议、文体娱乐等活动。

[②]《2015—2016财年萨摩亚接受无偿援助占其财政收入7.6%》，中华人民共和国商务部网站，http://www.mofcom.gov.cn/article/i/jyjl/l/201610/20161001426639.shtml 访问时间：2017年9月13日。

[③]《2016—2017财年萨摩亚预计接受国际无偿援助资金约占其预算收入30%》，中华人民共和国商务部网站，http://www.mofcom.gov.cn/article/i/jyjl/l/201611/20161101759933.shtml 访问时间：2017年9月13日。

其依赖心理。加之萨摩亚属热带雨林气候，面包果、芋头、椰子、香蕉、木瓜等足以解决温饱问题。① 缺少对高标准物质生活的追求也就自然减少了对教育的重视与投入，这也是许多学校安于现状、日常教学处于应付状态的重要原因。

萨摩亚是个微型国家，身处大洋中心，传统的头人和乡村议事会管理制度使普通民众对权威有着天然的敬畏和绝对的顺从；长期的宗教浸染让他们对上帝产生了过多的心理依赖；大自然赠予的面包果树及各种热带水果可以满足基本的温饱，周围人普遍一致的生活条件又增加了岛民的自我满足感；长年高温湿热的气候、过于肥胖的体态放缓了生活节奏；源源不断的国际援助滋生了某些人的慵懒懈怠。随着全球海洋治理的呼声越来越高，国际社会对太平洋地区关注不断升温，萨摩亚在国际舞台的声音也越来越强。但全民文化水平的普遍过低，教育管理模式的保守和滞后，很难在短时间内有质的修正和提高。公平教育不仅体现在入学率的提升，更主要体现在所有学生均可平等共享教育资源、获得公平教育评价。21世纪的全民教育理念已不仅局限于入学率和在校率的提升，普及识字和计算能力，而是能够让全体公民具备终身学习的能力。教育质量和教育优先原则更要在教育投资、教师职业培训、学历提升、学校硬件建设、多媒体技术的综合运用等方面做出实实在在的行动。只有将上述理念落到实处，才能谈教育的持续发展问题。目前看来，萨摩亚教育现状与先进教育理念之间还存在较大差距。只有从长计议，制定切实可行的教育规划，完善教育改革，转变中小学教师教育观念，改善教师学历结构，提升教育发展内在动力，提高全民族文化水平，唤醒整个民族的自我奋斗意识，才能从根本上与国际先进教育理念接轨。

---

① "A Simple Village Life", *Sunday Somoan*, 28 August, 2016（16）.

第五章 萨摩亚的风土人情

萨摩亚人的日常生活就像这个国家的两座宁静的主岛一样，舒缓而安逸，神秘而祥和。无论外部世界怎样天翻地覆，怎样日新月异，仿佛都与他们无关。萨摩亚人倔强地固守着自己的传统与文化，怡然自得地活在自己的世界里。

第一节 萨摩亚人的日常生活

截至 2018 年 9 月 26 日，萨摩亚全国总人口 198053 人，其中男性 102262 人，占 51.6%，女性 95791 人，占 48.4%，全国平均寿命 72.4 岁，其中男性平均寿命 69.6 岁，女性平均寿命 75.4 岁。初步估算，萨摩亚全国 15 岁以下人口占全国总人口的 35.4%，15—64 岁人口占 59.4%，65 岁以上人口占 5.2%。[①] 这是一个陆地面积不大、人口不多的国家，但这又是一个开放与保守并存的国家，透过他们简单、快乐的日常生活，我们可以感受到这个国家的温和与恬静。

一 幼童轻岁月，谓言可久长——海水里泡大的童年

从人口和年龄结构来看，萨摩亚是个年轻的国家。尽管其人口普查显示，萨摩亚 15 岁至 64 岁之间的人口中，具有识字和计算能力的人口

[①] 萨摩亚人口时钟（Samoa Population Clock），全球人口数据实时网（http://countrymeters.info/en/Samoa#age_structure），访问时间：2018 年 9 月 26 日。

高达99%，但接受高等教育的人口仅占全国总人口的11%。在这样一个地处南太平洋中心水域的国家，青少年的成长、教育、就业等无疑是萨摩亚政府的发展重点，也是国际社会关注和援助的重点。在萨摩亚三年的时间里，我与这些懂事可爱的大眼睛、棕皮肤的孩子们亲密接触后发现，他们的童年单纯而快乐，但又有太多遗憾与不甘，等待我们去走近他们、了解他们、帮助他们。

图 5-1　马诺诺岛的孩子们

　　萨摩亚由活火山喷发而成，岛屿中部是高耸的山脉，岛屿腹地覆盖着茂密的热带野生原始森林，环岛公路依海岸线而修。首都所在的乌波卢岛上，除了几条南北横向的穿山公路外，其主要交通要道是环岛公路。多数居民将房子建在海边，依海而居。面朝大海，背靠青山，抛锚撑船、捉鱼摸虾、捡拾鲜贝、嬉戏玩耍是孩子们的日常生活。这里的许多孩子都是游泳和跳水高手,大海是他们的第二个家。

十分奇特的是,萨摩亚沿岸有许多淡水喷泉,这些喷泉坐落在大海一隅,与海水相连,如果不仔细观察或者没有当地人指点,很难注意到清澈的小水柱从水底温柔地涌出。岛民们十分珍惜这些喷泉,用大大的石头把它们围起来,就成了天然泳池。这些泳池依偎在大海的怀抱里,淡水海水混合在一起,用手指蘸一点儿尝一尝,略带一点儿咸味。池底是天然形成的十分硌脚的火山石,池水深浅不一,有的地方没过头顶,甚至有几米深。明显地,池水比海水清凉了许多,确实是消暑的天然胜地。萨摩亚人会时刻陶醉在这清凉的世界里。大人们一边踩着水一边谈天说地,孩子们则在里面游玩嬉戏,尤其是在海岸

图 5-2 首都阿皮亚东 Purela Cave Pool 玩耍的孩子们

较高的地方，孩子们会从高处一跃而下，一头扎进清澈的水里，几秒钟后才会在几米外的地方露出头来。此崖岸高度目测可达十米左右，堪比国际跳水比赛中的十米跳台。也有大一些的孩子相约三五个人一起跳，场面颇为壮观。

在这个年轻的国家里，大家庭生活和多子多孙是最大特点。笔者见过一对夫妻最多育有十六个孩子。大孩儿照看小孩儿、分担家务理所应当。由于幼儿园属非义务教育，而萨摩亚孩子5岁就可以进入小学接受义务教育，因此，3—4岁幼儿园入学率仅为24%，孩子们5岁之前的生活主要在大家庭里度过。在这样一个大家庭里，孩子们的童年变得十分单纯，与蓝天白云为伴，与海水玩耍，与小伙伴们做游戏，与兄弟姐妹们打打闹闹。大一点儿孩子的主要任务就是看护弟妹，还有的哥哥姐姐领着弟妹上学，小朋友们会在校园里玩儿，溜墙根看哥哥姐姐们上课，等着哥哥姐姐们放学。所以经常会在村口路边看到孩子们怀里抱着、手里牵着、后面还跟着的一个个小分队，他们构成了萨摩亚独特的风景线。

玛格丽特·米德早在1928年完成的《萨摩亚人的成年——为西方文明所作的原始人类的青年心理研究》[①]一书中曾详细描述了萨摩亚孩子们的成长过程。例如妈妈们只负责生孩子，孩子生下来几周，就开始从一只手传到另一只手上被轮番照看了，而且家庭里八九岁的女孩子是照看弟妹的主要劳动力，待长到十三四岁可能要被父母派去做更繁重的劳动，照看弟妹的活儿轮到下一个孩子来做。现在萨摩亚儿童的小学入学率达到96%，照看年幼孩子的工作主要由家里没有工作的成年人来做，但孩子们一旦放学回家，依然是家里的劳动主力。在笔者租住的小区里，小女孩米亚（Meai），今年9岁，会说简单的英语，每天的活儿就是照看不到1岁的弟弟，问她为什么不去上学，她说因为弟弟小，等弟弟长大了再去上学。在笔者班里，有一女孩安托尼娜（Antonina），

---

① [美]玛格丽特·米德:《萨摩亚人的成年——为西方文明所作的原始人类的青年心理研究》，周晓虹、李姚军、刘婧译，商务印书馆2005年版，第71—72页。

显得比别的孩子大一些,也懂事一些。有老师告诉我,她一年以前就在这个学校里上 10 年级,后来辍学回家,现在回来重新上 10 年级。与她攀谈了几句,她告诉我当时奶奶病了,回家照顾奶奶去了。今年 16 岁的她(2002 年 6 月 24 日出生),聪明、好学、理解力强,笔者心里默默希望她有一个好未来。

除了照顾弟妹,孩子们还要担负繁杂的家务劳动,喂猪喂狗、点火烧饭、上树采摘、下海捕鱼、洗碗扫地,他们无所不能。孩子们把饭菜一道道端上桌后就自觉地站立一旁,为大人轰打蚊蝇,随时递上作料、杯碟等就餐用品,无论他们多么饥饿,饭菜多么诱人,孩子们也都已经习惯了屏气凝神地侍奉,不会流露出丝毫渴望和迫不及待。待大人们慢

图 5-3 米亚和弟弟

吞吞地用完餐，他们会很有眼色地端上洗漱水，递上毛巾。刚刚来到萨摩亚住在当地人家或者到当地人家里做客的中国老师们十分不适应就餐时身旁站着一位在中国被当作"小皇帝"一样的孩子，麻利地为自己打扇子、拿餐具、递毛巾，当老师们试图拒绝或阻止时，家长们会很正式地说："让他们来，这是我们萨摩亚的习惯和教育。"

图 5-4　马诺诺岛的孩子们

据萨摩亚统计局 2013—2014 财年统计报告显示（2013 年 7 月 1 日至 2014 年 6 月 30 日），截至统计数据发布之日，萨摩亚超过 1/5 的孩子还处在贫困线以下。可就是在这样一个刚刚从联合国最不发达的国家名单里毕业的南太平洋岛国，有这样一群孩子以最简单的方式快乐地成长着。他们没有丰盛的食物，没有球幕电影，没有二十四小时通宵上网，也没有阿迪达斯和耐克等国际品牌，当然更没有生活和学业压力。

问起他们对未来的想法，高年级的学生会有医生、教师、政府工作人员、牧师、警察等理想，低年级学生则很少思考这一问题。但这却令我们这些援助教师深思：可以说，无论贫穷还是富有，萨摩亚每个孩子都有一个快乐的童年，但在某种意义上又是一种缺失的童年。如何将启发式、探究式的教育理念传递给当地老师？如何让孩子们在快乐中获得丰富的知识、建构起与年龄相当的知识体系？如何理解知识、责任、未来三者之间的关系？如何通过自身发展和国际援助，让现代教育理念在这个国家落地，实现教育质量的真正突破……可以说，萨摩亚教育援助：任重而道远！

图 5-5　**本书作者与在海边玩耍的孩子们**　（摄影：刘燕）

驱车行驶在萨摩亚的环岛公路上，随处找一片海域坐下来，欣赏着那些波涛翻滚的海浪，眺望着水天相接的远处，不禁令人想起电影《楚门的世界》①里最后一个镜头，男主人公竭尽全力找到了通往外部世界的门，在一片遗憾和挽留声中毅然走了出去。萨摩亚，也正在打开一扇扇通往外部世界的门。据统计，仅2017年一年里，中国政府就邀请了300多名萨摩亚各领域人员到中国参观交流学习，为25名学生提供了全额政府奖学金。2018年前9个月，共有22名萨摩亚优秀青年获得中国政府奖学金赴中国留学。200余名萨摩亚政府和私营部门的学员赴中国参加教育、体育、医疗、信息技术、公共管理和烹饪美食等领域的培训。2018年10月，中国政府在萨摩亚举办第二期"创意手工艺品和缝纫技术海外培训班"，在5个村向100名农村妇女传授缝纫技术。②

幼童轻岁月，谓言可久长。每天生活在这些孩子们中间，真心希望他们在快乐成长的同时，拥有一份对未来的思考和憧憬，在将来的日子里，他们能够生活得富足、美好！

二 因荷而得藕，有杏不须梅——萨摩亚人的恋爱与婚姻

前面已经提到，从人口和年龄结构上看，萨摩亚是一个年轻的国家。其实，她还是一个男女比例失调和单亲妈妈众多的国家。自1961年萨摩亚第一次进行人口普查开始，其男女比例一直处于不平衡状态，男性始终占52%左右，女性占48%左右。另据2016年人口普查显示，萨摩亚已婚人口占35%，离异人口由1961年的2.6%提升至3.6%，而且女性更趋向于单身生活。③ 这种情况的产生一方面说明女性的独立意识逐渐增强，同时与男女人口比例失调有极大关系。

萨摩亚人在择偶上实行自由恋爱与家庭干预相结合的方式。岛民们质朴的性格使然，他们在恋爱、结婚甚至性生活上也遵从自己内心

---

① 《楚门的世界》：派拉蒙影业公司1998年出品。
② 《驻萨摩亚大使王雪峰在国庆69周年招待会上的讲话》，中华人民共和国驻萨摩亚独立国网站，http://ws.chineseembassy.org/chn/sgxw/t1600866.htm，访问时间：2018年10月20日。
③ Samoa Bureau of Statistics, *2016 Census Brief No. 1*, Apia: Government of Samoa, 30th October 2017, p. 7.

的感受，单纯而率性。美国著名人类学家玛格丽特·米德在《萨摩亚人的成年》一书中，详细描述了萨摩亚少女的贞操观、婚姻观以及婚恋过程。在其笔下，如果哪一位男性看上了一位姑娘，就会委托其好友前去说和，颇像我国的媒人，只不过，这个前提是先要有好感，再通过中间人进一步交流。每当夜幕降临，就会有男性偷偷溜进女孩子的闺房，如果女孩子也情投意合，双方则会如鱼得水。如果女孩子不同意就会大喊大叫，于是全家都会起来抓"莫托托洛"①。但米德此书毕竟出版于90年前的1928年。在这90年的岁月里，萨摩亚摆脱殖民统治走向国际舞台，从南太平洋水域一个岛国到在世界政治舞台上发声。萨摩亚人的恋爱观、婚姻观，尤其是贞操观肯定发生了极大变化。通过与一些老师、学生交谈得知，现在萨摩亚人更趋向于自由恋爱，一对恋人如果情投意合，可能会面临几种选择，一种是顺利得到父母的许可，在家人隆重的操办中走入教堂；二是其中一方或者双方父母均不同意，被迫分手，哪怕以私奔或者强行结婚的方式也很难获得家族的认可；三是如果婚前女方已有身孕，按照基督教教义规定不允许堕胎，但奉子成婚之事十分少见，如果双方家庭不同意或者男女双方自己不愿意结婚，孩子生下来后随母亲生活，男方只需一次性给几千塔拉抚养费或者干脆不辞而别。

一对恋人如果发展到可以结婚的时候，男方会到女方家提亲。现在的萨摩亚人更加提倡婚姻自由，已不需要所谓的索阿（Soa）或者索阿法菲尼（Soafafine），② 女方家庭会考察男方的家庭、人品、经济实力等，还要核实双方是否具有近亲关系。同样，男方父母也会对婚姻表态，他们一般会尊重男孩子的选择。关于聘礼问题，在萨摩亚是不存在的。一般是婚前女方家庭会拿出一些钱给男方，男方则还之以精美的席子，也就是说，在某种程度上是以女方出资为主。至于双方婚后居住在

---

① ［美］玛格丽特·米德：《萨摩亚人的成年——为西方文明所作的原始人类的青年心理研究》，周晓虹、李姚军、刘婧译，商务印书馆2005年版，第72、75页。
② Soa 意即男性媒人，Soafafine 意即女性媒人。

图 5-6　婚礼现场　　　　　（摄影：肖燕）

男方家庭还是女方家庭,则要根据实际情况而定,更多的是女方随男方生活,住进男方的大家庭里。有资料显示,那些随女方居住的男性,在女方家庭中的地位会有所下降。当然,如果男方是一位有社会地位的成功人士,女方家庭和所在村子则会盛情邀请男方到村子里接受一个当地人引以为豪的象征社会地位的马他伊头衔。因此,经常听说某人同时拥有几个马他伊头衔。如萨摩亚总理图伊拉埃帕这个名字本身就是一个马他伊头衔,另外他还拥有其他七个马他伊头衔。婚礼一般选在教堂举行。整个仪式既有浓浓的传统味道,又融入了西方教堂仪式的庄重和圣洁。婚礼时前来帮忙的有乡村议事会和妇女委员会的成员们,还有一些年轻标致的小伙子和姑娘负责接待。如果婚礼在村子里举行,双方家庭和村里的马他伊都会出席,由村里代言酋长主持整个婚礼。但婚礼致辞一般由马他伊和牧师共同完成。代言酋长身着传统草衣或者麻服,袒胸露臂，充满野性的文身清晰可见，他们左手握着杵杖，右手将一拂尘搭在肩上，透露着勇敢、权威和刚毅。如果婚礼在教堂举行，则由牧师按照西方传统主持婚礼，所有参加婚礼的人也要像周日做礼拜一样身着正装。当然，也有马他伊和婚礼双方亲属发言致谢的环节。但无论在哪里举行，马他伊和牧师都会受到特别礼遇并在婚礼上依次致辞。因为前来参加婚礼的马他伊和牧师不止一人，所以代言酋长会给每个人为新郎新娘送上祝福的机会。而且在萨摩亚，马他伊从小受到演说训练，大家对于公开场合的发言应对自如，每个人都堪称演说家，滔滔不绝。婚礼过程中会有节目表演。有提前排练好的，也有即兴表演的，但无论哪种形式的表演，都会令外来游客大开眼界。因为南太平洋岛民们个个能歌善舞，三五个人随意唱上一首歌就可以形成优美的和声，音乐响起，即兴舞动一段，都是那么韵律十足、百看不厌。男性的野性洒脱，女性的婀娜多姿表现得淋漓尽致。婚礼上的歌曲一般以教堂赞美诗为主，悠扬、圣洁。婚礼结束时，按照萨摩亚的传统方式要向来宾赠送礼物，整个婚礼一般要持续几个小时。①

值得一提的是，现在萨摩亚也有了专业婚庆公司。婚礼多在婚庆公司提供的固定场所举行，彩色气球、拱门、各式鲜花、美味佳肴以及录像设备一应俱全，整个婚礼隆重热闹，但要花费几千塔拉。据婚庆公司负责人介绍，目前定制这样婚礼的新人越来越多，每个月他们都有15—20个订单。

萨摩亚的大家庭生活氛围一直相当浓，在这里一个普遍的观念是：家庭事务和村子里的事务要远远重于或者高于社会工作和个人生活。因此，新婚夫妻的婚后生活依然以延伸家庭和村里活动为主，双方经济收

---

① 赠送仪式是个很复杂的过程。被赠予者要正襟危坐接受馈赠。在他们前面会有一位女性席地而坐代他们先收下礼物。所赠礼物有精美的草席、饮料、牛肉、烤全猪等。首先由账目负责人宣读贵宾名字和所赠物品，紧接着会看到由年轻女性和小伙子们或抱或抬或高举着礼物从房门呼啸而出，他们一边手持礼物，一边高声打着口哨从屋里冲出来送到接礼物的女性面前，声音越大、速度越快则代表对客人越热情。随后由年轻力壮的小伙子将礼物搬到每位贵宾的车上。

图 5-7　婀娜多姿的萨摩亚女孩　　　　（摄影：肖燕）

入也归大家庭共同支配。其实，在某种程度上，大家庭的过度分享、有福同享的观念有时候变成了有难同当、有苦同受，它剥夺了许多年轻人自我管理的权利和能力，泯灭了许多人的创造力和奋斗精神。尤其是热带气候和丰富的食物使人们无冻馁之苦，也就缺少蓄藏之心。所以，许多萨摩亚人都不是好管家，没有计划，更不会精打细算，发薪的时候一醉方休，没钱的日子四处借款是常有的事。长此以往，便养成了散漫慵懒的生活习惯。玛格丽特·米德在《萨摩亚人的成年》一书中这样描述萨摩亚人的分享文化："人们往往把一位亲属看成是这样一个人，可以对他提一系列的要求，赋予他各种责任。人们可以从一位亲属那里得到食品、衣物，得到庇护之地，或在与别人的争斗中获得他的帮助。如果一个人拒绝他人的要求，那么人们会认为他缺乏人情，仁慈不足，而

德行是萨摩亚人最为尊崇的品格。"①

图 5-8　婚礼现场　　　　　　（摄影：柳锦）

萨摩亚的人口增长十分缓慢，但一般来讲，一对夫妻会生育多个子女。那么为什么其人口增长率依然缓慢？这大概主要有两点原因：一是虽然婚后育有多个子女，但萨摩亚总人口中单身人口比例依然有3.6%，影响了其人口增长率；二是到海外留学定居的人口越来越多。尤其是前往澳、新两国留学定居的人数在逐年增长，而且每年新西兰还为萨摩亚提供1100名移民配额。

在萨摩亚居住时间久了，还有一种社会现象不得不说，那就是身边总有许多单亲家庭，主要是单亲妈妈带着孩子在自己的大家庭里生活。

---

① ［美］玛格丽特·米德：《萨摩亚人的成年——为西方文明所作的原始人类的青年心理研究》，周晓虹、李姚军、刘婧译，商务印书馆2005年版，第36页。

笔者曾与两个萨摩亚小伙子交谈过，他们都曾谈过几位女朋友，令人惊讶的是，这几位女朋友都已经生了孩子，现在女方自己带着孩子生活，他们彼此之间已基本不联系了。在华人老板的店员中，我也曾采访过三位单亲妈妈，她们都是带着孩子住在娘家。一位育有一个三岁男孩，是她与一位中国建筑工人所生；另一位育有两个男孩儿，孩子的父亲也已经与她断了来往；第三位母亲也是育有两个男孩子，现都与孩子的父亲失去联系，正在谈第三个男朋友。

在这样一个全民笃信基督教的国家，对于两性关系如此看得开、放得开，生身父亲对孩子如此轻易地放弃也是令人十分不解的。究其原因，大概主要有这样几个方面：一是萨摩亚全民信仰基督教，基督教不允许堕胎，所以一旦怀孕，只能将孩子生下来；二是青春期学生缺少性教育，学校和家庭都避而不谈，导致许多孩子在这方面懵懂无知；三是由于萨摩亚的传统多是从女方生活，加之孩子幼年离不开母亲的照顾，所以女性自然负起了养育孩子的责任。第四个原因也是笔者十分不愿意提及的一个原因，就是来萨务工的单身男性太多，出于生理需求与萨女孩发生性关系不慎怀孕者亦有之，尽管人数不多，但确实是一个不容忽视的现象。或许有些人听信了萨女孩较开放的传言，从而也放纵了自己。但一旦怀孕，并非所有的女孩子和家庭都能够坦然接受，或者说与外国人发生性关系而怀孕者是不能被接受的，此时往往整个家庭甚至女孩所在的村子和教会都会对男方产生敌意。可以说，萨摩亚人无时无刻不在寻求简单的快乐，追求内心的真实。许多时候，看到他们脸上时刻荡漾起的笑容，我们也会不自觉地心生羡慕。但那些对爱情和婚姻不负责任者也不时地以"真实"聊以自慰。殊不知，不负责任地放纵自我只是对生命的辜负，与真实无关。

三 我们是第三种人——萨摩亚的法阿法菲尼

法阿法菲尼（Fa'afafine）是萨摩亚语，前缀法阿（Fa'a）是用这种方式（In this way）的意思，意指特有的方式，法菲尼（Fafine）意思是女性，合起来意指希望成为女性的萨摩亚特殊群体。之所以称作萨摩亚方式中愿意成为女性的男性，是因为在萨摩亚人看来，这个群体并不是我们惯性理解的男同（Gay）或者女同（Lesbian），而是第三种性别。以此类推，还有第四种性别——法阿法他玛（Fa'atama），即喜欢成为男性的女性。一个十分流行的说法是在萨摩亚有四种性别，其中男性（Male）和女性（Female）属医学性别，法阿法菲尼和法阿法他玛属社会性别。但法阿法他玛的比例不高，相较于法阿法菲尼已经形成萨摩亚一道独特的风景线而言，法阿法他玛并未引起公众过多的关注。

与其他欧美国家相比较，萨摩亚法阿法菲尼群体大约有以下几个特点：

第一，人数比例高。据粗略统计，目前萨摩亚约有1%—5%的法阿法菲尼，也有报道称大约3000名。有这样一种说法，如果一个家庭里男孩子太多，家长就会挑选其中一个孩子把他当成女孩子来养，以便让他帮忙照看弟妹和做家务，久而久之这种性别暗示取得了成功。但随着全社会对于法阿法菲尼认可度的上升，这种说法的可信度却降低了。就笔者观察，现在许多家庭里男孩子一样可以照看弟妹和做家务，而且像种植、采摘、磨制椰蓉等体力劳动往往都是由男孩子来完成的。笔者的一位同事有五个儿子，大儿子十岁左右，最小的儿子不到一岁，经常看到老大抱着老小，带着其他三个弟弟一起玩耍，按理说最应该获得性别暗示的应该是老大，但事实并非如此。其中的老三约四岁，特别腼腆和胆小，行为举止已经带有女孩子的一些特点。有一次我试探着与他们的母亲交谈，担心这个孩子将来有法阿法菲尼取向，没想到同事十分认可，也颇为焦虑。已有记者对法阿法菲尼进行了采访，有人清楚地记得从三岁有性别意识开始就觉得自己是女孩子了，甚至还有人成年后收养了两个孩子，成了名副其实的妈妈。而且当政府在她[①]的收养证明上写上母亲两个字时，其内心的满足与愉悦油然而生。

[①] 为了表示对法阿法菲尼的尊重，本书除了涉及法阿法菲尼的生理性别时使用"他"之外，其他地方均使用"她"。

第二，以女性装束出现在公共场合。一般来讲，大多数男同（Gay）或者女同（Lesbian）在个人装束上还是以自己的生理性别出现在公共场合。但在萨摩亚，法阿法菲尼却是穿女性服装、戴女性饰品的。她们的步态腰身、一颦一笑尽显女性妖娆。或者说，由于她们刻意地模仿和表现，比女性还要风姿绰约。在萨待的时间久了，就能很清晰地分辨出哪位佳丽是法阿法菲尼，因为毕竟有男性的生理特点，在个头和身材上比女性高大，尤其是比女性还要艳丽的装束以及尽显女性风情的一颦一笑足可以让人一眼便认出来。回顾自己的成长经历，许多法阿法菲尼感到颇为辛酸和艰难，有的人起初并不被家庭认可，有的父母亲中只有一方认可，有的小伙伴们也不理解，甚至嘲笑她们。因此，她们的成长环境和从业经历没有正常人那么顺利。况且，从她们有性别意识

图 5-9　美丽的法阿法菲尼①

---

① Pai Mulitalo Ale, Special Day for Fa'afafine Requested, http://www.samoaobserver.ws/en/04_09_2016/local/10830/Special-day-for-fa%E2%80%99afafine-requested.htm, 04 September 2016. 访问时间：2018 年 10 月 30 日。

开始，就必须先过自己内心的这道坎儿，身为男儿身，却有着女孩儿情怀，内心的这两种性别必须经过激烈地碰撞，然后慢慢地接受自己的心理性别，这个过程要持续几年、十几年甚至几十年，而且在这个过程中，还要抵抗来自亲情和社会这道坎儿，那些惊艳了自己、惊艳了世人转型成功的法阿法菲尼，其成长经历，个中辛酸也只有自己知道。

第三，有自己的社团组织，基本获得了家庭和社会认可。随着现代文明的不断进步和医学的不断发展，加之法阿法菲尼人数众多，该群体在萨摩亚似乎已经司空见惯，大家对此也已习以为常。尤其是法阿法菲尼协会（Fa'afafine Association）在萨摩亚、新西兰、美属萨摩亚均已成立。该组织为了推动法阿法菲尼获得更广泛的社会认可和法律程序的确认，定期举办社团活动，公布阶段性报告，陈述自己的意见和建议，并希望获得政府法律上的性别认定。在该组织提供的定期观察文件中，明确提出希望政府对那些已经行变性手术的法阿法菲尼给予性别认定。尤其是更改她们的出生证性别，给予她们足够的关怀和人格平等。

今天，男同或者女同已不是什么神秘或者奇异的事情，人们越来越理性地、科学地来看待这一群体，也更加体会到他们比正常性别的人生活更艰难，内心承受的压力更多。已有国家进行了相关法律认定，并且将同性婚姻列为合法。在萨摩亚，法阿法菲尼也已成为一个文化现象，在民间和家庭中获得了普遍认可和尊重。在一些有关法阿法菲尼的媒体报道中，已经在称谓上使用了她（She）而不是他（He）。而且每年都会有法阿法菲尼小姐选美比赛及其他相关活动，这都为大家进一步了解法阿法菲尼提供了机会，也让全社会都来关注这个群体，给予她们足够的关心和认可。

笔者在萨工作的三年中，见到了太多婀娜多姿的法阿法菲尼。看到她们可以遵从自己的内心，随性地打扮释放自己，以最美的姿态出现在世人面前，并且能十分融洽地工作和生活，心里很是为她们庆幸和高兴。给予她们足够的理解和尊重，让每个个体按自己的意愿生活是每一个法阿法菲尼渴望的生活状态，也是我们每个人追求的生活质量。

图 5 - 10　萨摩亚法阿法菲尼协会会标①

四　巧妇可为无米之炊——萨摩亚人的美食

1. 一个美丽的传说——面包果

"一个男人花一个下午的时间种上十棵面包树就可以养家了。"相信许多人都曾为这一句颇具浪漫色彩的描述而神往过,希望到萨摩亚来一睹面包果的芳容。

面包果树是萨摩亚十分常见的乔木,每家的房前屋后都会种上一两棵。成熟的面包果树树干直径二三十厘米,树冠蓬松舒展,叶子肥硕如巴掌大小,呈椭圆形。一棵面包果树一年可以结三次,大约 200 个果实,十棵面包果树一年结 2000 个左右果实,依中国家庭的人口计算,确实可以养活一家人了。但这只是笑谈而已。实际情况是:

第一,在萨摩亚,男子的生活压力不大,他们不负责养家,婚礼以女方家出资为主。许多男性婚后酗酒成性,并不考虑一家大小的生活来源。离婚或分居后孩子归女方抚养。所以可以这样理解,一对父母花一个下午的时间给女儿种上十棵面包果树,就可以养活一家人了。第二,萨摩亚以大家庭为生活单位,新婚夫妻亦与大家庭成员共同生活。一个大家庭的成员一般十人左右甚至多达二三十人,所以十棵面包果树不足

---

① Fa'afafine,(https://ipfs.io/ipfs/QmXoypizjW3WknFiJnKLwHCnL72vedxjQkDDP1mXWo6uco/wiki/Fa%27afafine.html)访问时间:2018 年 10 月 30 日。

图 5-11　雨后的面包果树

以养家。第三，尽管面包果树物美价廉，但现在已经不是萨摩亚人的主食。当地人餐桌上更多的是大米、芋头和鸡肉。面包果更多地作为配餐出现在大型聚会上。

大约 3500 年前，波利尼西亚人的祖先在新几内亚发现了这种不用劳动就可以将果实当饭吃的树，于是他们开始在新西兰和南太平洋一带广泛种植。18 世纪末期，英国和法国航海家把这种树带到加勒比海各岛，现在已有超过 90 个国家在种植这种奇妙的树了。①

面包果树是一种很泼辣的树，只要雨水充足，基本不用照看，只等着果实成熟的时候采摘果实就可以了。在雨水较少的非洲，一棵树一年可结 100 个果实左右，但在南太平洋岛国，每年可以结 200 个左右的

---

① 面包果（Breadfruit），维基百科（https://en.wikipedia.org/wiki/Breadfruit），访问时间：2018 年 10 月 3 日。

果实。

　　面包果的做法很简单，主要有蒸、煮、烤、炸等。在萨摩亚，传统的做法是烘烤。将面包果的外皮打掉，用面包树的叶子将其包裹，放在事先加热好的火山石上，盖上厚厚的香蕉树和面包树的叶子，闷四五十分钟后取出就可以吃了。经这样烘烤的面包果不硬不软，掰开后一股香味扑鼻而来。初来萨的中国人喜欢将其描述为土豆，笔者认为其更像中国的红薯，但少了红薯的甜味，多了些清香。随意地将其掰成大块儿或者小块儿，放进嘴里细细地咀嚼，顿时觉得自己已经是半个岛国人了。

图 5-12　面包果的各种吃法

除了传统的烘烤法外，面包果另一种最常见的做法是煮，但煮过的面包果失去了原本的清香，因渗入太多水分咀嚼起来有些清脆。

2017年4月，笔者利用假期赴汤加考察，在华人同胞的商店里意外地吃到了炸面包果，第一次知道面包果原来还可以这样吃，味道还如此之好。回到萨摩亚后，笔者在炸面包果的基础上，尝试着做了一次拔丝面包果，做法和国内的拔丝山药、拔丝地瓜一样，颇受当地华人朋友喜爱。

面包果是高产作物，在岛国的种植量相当大。过去，当地人有时会把面包果烘干后储存。现在，面包果已经不是主食，也就不用储存了。

2. 鲜嫩爽滑的帕卢萨米（Palusami）和欧咖（Oka）

在萨摩亚所有的植物中，椰子树的利用率最高。椰子汁直接饮用，椰子肉可以制成椰奶、椰蓉或者椰子酱，还可以榨油。椰壳可以制做日常用品和装饰品。高大笔挺的树干、随风飘曳的树冠、椰树下纯净的笑脸构成了萨摩亚一幅幅美丽的画卷。交给主人两塔拉，主人便会麻利地爬上树，扔下一个带外皮的椰子。随即将一根带尖的木棍或铁棍插在地上，用尖尖的顶部将椰子劈开，把棕色干燥的外皮撕下，露出鲜嫩的椰子，用刀将顶部切开或拦腰劈成两半，甘甜的椰子汁便迫不急待地流出来。椰壳内壁的椰肉也颇为鲜美，像小时候常吃的果冻。

椰肉在岛民的日常生活中用途十分广泛，超市里可以看到以椰肉为原料的烹调用油——椰油（Coconut Oil），是当地最常见的食用油，也是笔者最喜爱的一种油，纯净、清爽、不油腻。在岛民的日常生活中，椰肉还可制成椰奶（Coconut Milk）和椰蓉（Coconut Cream）。椰奶和椰蓉均从椰肉中提取，挤压出的汁液经过过滤便是椰奶了，剩下的糕状物则为椰蓉。笔者在萨最喜欢的两种食物帕卢萨米和欧咖均是由椰奶制作而成。

帕卢萨米是一种熟制品。首先用鲜嫩的芋头叶将加了盐的椰奶紧紧包裹住，外面再裹以厚实的香蕉叶和锡箔纸以防止汁液流出，然后或煮或烤20分钟即可。剥去锡箔纸和香蕉叶，芋头叶和椰奶已经完全融合在一起。只是每次吃到的帕卢萨米都有些咸,或许是因为岛民们只是用来当佐餐吧,常常看到他们将各种肉、香蕉、芋头、面包果等蘸着这种酱食用,既营养又易消化。

图 5-13 帕卢萨米的制作过程

欧咖(Oka)是岛民们另一种不动火的美食。将新鲜的金枪鱼、黄瓜、洋葱切丁,配上小葱,有时候再放一点儿炒熟的花生米,然后放在椰奶中搅匀,依个人口味加少许盐或糖或胡椒粉,就可以享用了。这一款蔬菜沙拉最诱人的地方莫过于新鲜的金枪鱼了,入口细嫩爽滑,让人颇为陶醉。

图 5-14 欧咖

3. 宴席上的大件——烤全猪

来到萨摩亚，印象最深刻的莫过于这里妇女的体重和岛民们对于鸡肉的偏爱了。每餐必有鸡肉的饮食结构让我们不得不反思岛民们体重严重超标的一个很大原因就是鸡肉吃得太多。并不是岛上少有牛羊肉，而是因为鸡肉比猪羊牛肉便宜了许多，这里的人们已经习惯了将鸡肉作为日常食物，也熟悉鸡肉的各种烹饪方法。其实，萨摩亚牲畜的饲养量颇为可观。行走在乡村公路上，会随处看见田野里、山脚下放牧的羊群和牛群。根据萨摩亚 2016 年农业普查，在全萨 28862 个家庭中，20% 的家庭养牛，43% 的家庭养猪，55% 的家庭养鸡，只有 0.8% 的家庭养羊。另外，也有专业牛羊饲养户。对于普通家庭来讲，家中的猪牛是有特殊用途的，不能随意宰杀和享用。凡遇有婚丧嫁娶、马他伊会议、亲人祝寿等重要活动，猪羊牛肉必不可少，烤全猪则是馈赠上等宾客的必需品。

图 5-15　各种型号的烤全猪

烤全猪不仅仅是萨摩亚人的传统，在世界各地均有烤全猪的习俗，包括中国。只不过在萨摩亚，它的烤法独具南太平洋特点。这种特点主要体现在猪的尺寸和烘烤方法上。一般所说的烤全猪通常选用一年左右的公猪，但在萨摩亚从三个月的小猪崽到成年公猪均可。三至六个月的小猪一般是宴请宾客所用，成年公猪则是礼品专用了。

萨摩亚的烤全猪主要有两种方式，一种是敞开式地架在火上烤，另一种是传统式的盖在滚烫的火山石上烤。架在火上的烤法在许多地方均有。用来烘烤的木炭可以在市场上买到，也可以现场制作。一般来讲，将刚刚摘下的椰子剥下外皮并点燃,然后将明火吹灭便是透着红红色泽的炭火了。将猪崽架在这样的火上烤几个小时,外焦里嫩、棕红透亮、热气腾腾。用火山石烤制食品是萨摩亚的传统做法,当地人称为乌木(Umu)。萨摩亚每个家庭均有一处这样的烘焙之地。把小猪、芋头、面包果、帕卢萨米等放在滚烫的火山石上,再盖上二十层左右的香蕉叶子就可以坐享其成了。这样烤制的猪肉多了一些烟熏味,外表也不怎么光亮好看,但味道还是蛮不错的,喜欢熏制食品的朋友就可以大饱口福了。只不过萨摩亚人不喜用调料,包括盐也很少放,只在进食的时候再酌情添加,很是令笔者遗憾。

图 5-16　摆放在火山石上的小猪和帕卢萨米　　（摄影：叶强）

萨摩亚是一个善于分享的民族,也是一个爱面子、懂礼节的民族,向重要宾客赠送一只烤全猪是无上荣耀之事,同时大家分享一只烤全猪也是十分开心的活动,但分割和赠送部位却是有讲究的。猪头要分给负责烤制的年轻人,脖子和前腿分给代言马他伊,猪的背部从前往后分成三部分,最前面的要送给二级马他伊,中间的送给一级马他伊,后面的送给妇女。猪肚子部分送给家族里的马他伊。腹部最底端很小的一块分给村子里的未婚女子。① 当然，一只猪能否完整地分割要看烤制的火候，如果烤得过火了，肉皮脱落了，也就不能进行分割仪式了，所以在重要场合进行烘烤的技师一般有两人，一人实际操作，一人查看时间和火候，其技术性还是蛮强的。

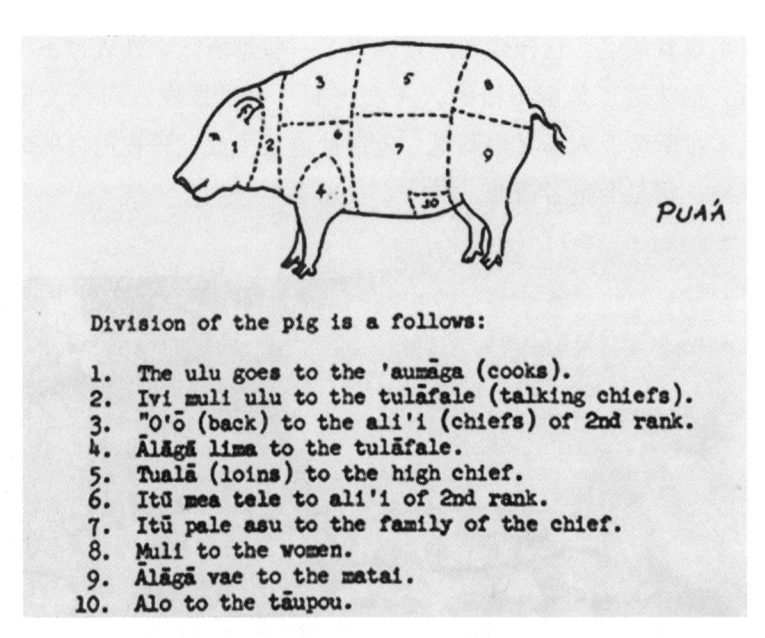

```
Division of the pig is a follows:

1.  The ulu goes to the 'aumāga (cooks).
2.  Ivi muli ulu to the tulāfale (talking chiefs).
3.  "O'ō (back) to the ali'i (chiefs) of 2nd rank.
4.  Ālāgā lima to the tulāfale.
5.  Tualā (loins) to the high chief.
6.  Itū mea tele to ali'i of 2nd rank.
7.  Itū pale asu to the family of the chief.
8.  Muli to the women.
9.  Ālāgā vae to the matai.
10. Alo to the tāupou.
```

图 5-17　烤全猪分割图解②

4. 唯有饮者留其名——卡瓦酒和诺丽酵素

卡瓦（Kava）酒是南太平洋诸岛国如汤加、萨摩亚、斐济等国招待贵宾的专用饮品，卡瓦一名来自汤加语和马克萨斯语，本身是一种胡椒灌木。卡瓦可以提神，但又不同于咖啡、烟草、酒精、大麻等物品，也不会成瘾。这种植物在南太平洋诸国相当受欢迎。其中瓦努阿图的种植量最大，被誉为卡瓦之乡。其他种植国和地区主要有夏威夷、斐济、汤

---

① Te Rangi Hiroa, *Saoma Material Culture*, New York: Kraus Reprint CO., 1971, p.121.
② John William Hart, *Samoan Culture*, Virginia: Idaho, 1984, p.25.

加、密克罗尼西亚等。

图 5-18　卡瓦树

卡瓦不仅用来招待贵宾，更广泛的用途是其药理作用，它是南太平洋岛国的传统用药组成部分，主要作用于神经中枢系统。① 它的根通常与镇静药和止痛药一起被制作成一种饮品，起镇静抗焦虑的作用，还可治疗更年期情绪失调，而且不会产生依赖性，没有副作用。②

---

① Kava, https://en.wikipedia.org/wiki/Kava. 访问时间：2018 年 10 月 3 日。
② Dr. Edward Group DC, NP, DACBN, DCBCN, DABFM, What's is Kava? 10 Must-Know Facts, 全球治疗中心网站（http://www.globalhealingcenter.com/natural-health/10-facts-to-know-about-kava/），访问时间：2018 年 10 月 3 日。该文同样提到 Kava 可以引起肝中毒和皮肤病（干燥、多鳞），但作者又不确定，因此亦列举了观点相左的文章，如 Kava 可以保护肝脏等。

卡瓦的食用方式主要有咀嚼、捣碎和制作卡瓦饮品。新鲜的卡瓦根茎中含有80%的水分，晾干后水分缩减一半左右。大家常常听说的卡瓦酒是用晒干的卡瓦根茎制作。之所以称之为酒，只是因为几百年来，它是南太平洋一带各国的重要礼仪馈赠佳品，是用来敬赠头人和招待贵宾的必选饮品，但其制作并没有经过发酵等复杂工艺，不含酒精，当然，大量饮用后亦会出现精神亢奋的现象。

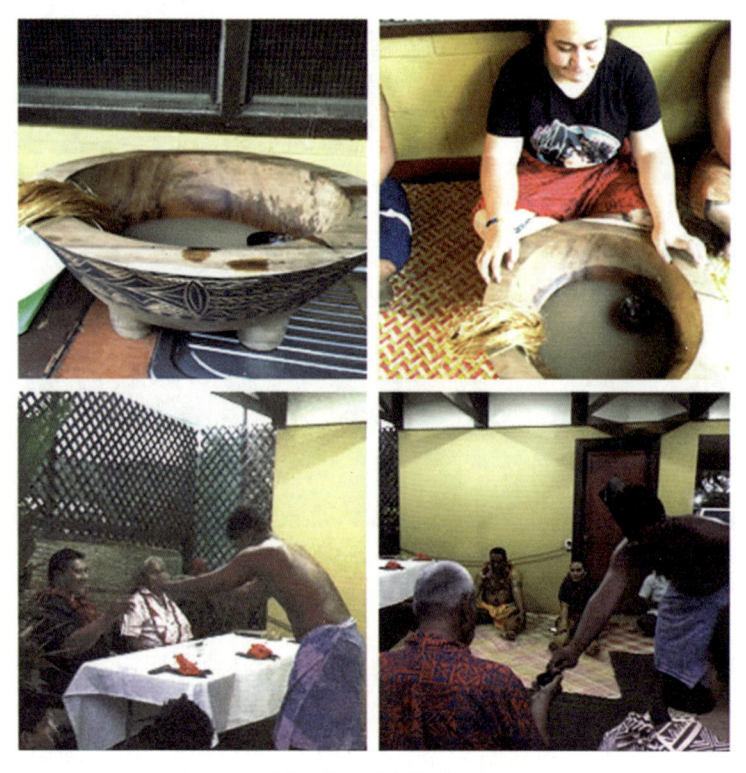

图 5-19 卡瓦酒仪式

卡瓦酒的制作十分讲究。首先，要选用生长期4—5年、高2米左右的植物，这样的树枝蔓较多，叶子平滑，呈心形，颜色类似于桑树叶。选取好的卡瓦根茎，洗净后放在太阳下晒干，等待使用。制作卡瓦酒的人员也是精挑细选且经过培训的固定人员。

一般来讲，每个村子有专门的制作团队，成员一般是没有马他伊头衔的比较聪明伶俐的年轻人。在卡瓦仪式上亲自将卡瓦酒送到贵宾跟前的是精心挑选出来的一个男孩或者女孩，如果宾客很多，则可能会同时有几位这样的男孩或女孩。在萨摩亚的传统中，马他伊的女儿要学习卡瓦酒制作。因此如果在敬献卡瓦酒仪式上看到制酒师是一位女孩子，她一定是马他伊的女儿或者近亲。

　　将制成粉末的卡瓦与水混合，经过过滤便制成了卡瓦酒。这是一种泛着月白色的粥样的液体，品尝起来没有特别浓的味道，当然，更没有大家想象中的期待的美味，有些发涩，略带土腥味，据说喝下去后会气定神闲、心情愉悦。用来装卡瓦酒的容器叫塔诺阿（Tanoa）。将卡瓦酒从塔诺阿里盛到半圆形的小碗之中。这种小碗由木材或椰壳制成，讲究的人家会在小碗上雕刻上精美的图案。一般在哪位马他伊家里举行仪式，就用哪家的器皿了。将卡瓦酒从盆里盛出后，负责送酒的小伙子往往先把酒杯高举到头顶以示尊敬，然后一只手托举着酒杯，另一只手背在身后毕恭毕敬地将酒送到客人面前。

　　在萨摩亚，等级制度相当严格，每个人都会心悦诚服地服从等级管理，对马他伊更是毕恭毕敬，因此，各级集会也都有严格的就座、发言和就餐顺序。卡瓦酒的奉敬更加注重身份等级。仪式一般在法雷里举行。所有参与人员围成圆形盘腿席地而坐。法雷的前方中央是高级马他伊的位置，旁边是代言马他伊的位置。坐在马他伊身后的是卡瓦酒的制作者，在他（她）的身前会摆放着用来品酒的容器。制作者旁边坐着的是辅助人员和行奉敬仪式的人，靠近他右边的人则负责加水。那么，既然大家围成圆形而坐，如何区分前面和后面呢？通常认为，正对着村子主路的和离主路最近的地方是前方，远离主路的是后面。如果周边没有路，主要位置就是靠近大家公认的村子的前面①。第一碗卡瓦酒当然是要奉敬给马他伊，接下来依座次进行。当然，在萨摩亚也有一种卡瓦头

---

① Samoa'ava ceremony，学术网（http：//en.academic.ru/dic.nsf/enwiki/11508138），访问时间：2018年10月3日。

图 5-20　萨摩亚游客中心敬献卡瓦酒表演

衔称为酒衔（Kava Title），只有拥有马他伊头衔的人才可以获赠，而且一般是在授予马他伊头衔的时候同时赠予。当然，偶尔也有先行授予卡瓦头衔的，但也一定是马他伊头衔已经确定了只是没有宣布就职而已。可见，卡瓦头衔是十分尊贵的。如果你来到南太平洋岛国被奉敬了一杯卡瓦酒，说明你在当地人心目中是一位尊贵的客人，受到了最高礼遇。

说到诺丽果（Noni），这几年十分风靡，它是海巴戟（Morinda Citrifolia）的俗称，别名海巴戟天，为茜草科，巴戟天属植物，主要产地为南太平洋各岛国如斐济、瓦努阿图、萨摩亚、库克群岛等。这是一种常绿小型阔叶灌木，果实大小如土豆，形状也颇像土豆，只是通体泛着草绿色，看上去像长了许多"粉刺"，不是那么美观。据研究，其富含酵素和矿物质，可以帮助消化，治疗皮肤损伤、关节炎和肺炎等。据说早在两千多年前，南太平洋各岛国就长有诺丽果，而且岛民将其当作治疗和保健神果。但直到近十余年，诺丽果才被开发成商品，开始将其果实制作成诺丽汁和诺丽粉出售到亚洲、欧洲等地。

行走在萨摩亚的村落里，随处可以看到诺丽果树上挂满了果实，未成熟的诺丽果呈草绿色，硬硬的，无法食用。成熟后的果实由淡黄色慢慢变为乳白色，便可以采摘了。一起来萨支教的老师曾尝试用诺丽果煮水加糖饮用，但其保健效果不知如何了。将长至五六个月成熟的诺丽果采摘下来后放在密封的容器内发酵三至六个月，然后经过液体提取和消毒就成为著名的诺丽酵素了。目前在萨摩亚的诺丽果加工厂主要有6家，其中本土萨摩亚人经营4家，中国经营者有2家，每年共销售约240吨，主要出口美国、中国、日本、德国等国家，其所用原材料均为

图 5-21 诺丽果树

天然野生诺丽果。

目前用诺丽果开发的产品除了保健品诺丽酵素外，还有香皂、乳液等洗化用品，神奇的诺丽果给南太平洋岛国带来了巨大商机，也更增加了它的神秘色彩。

5. 每年的两次约会——Palolo

每年的 10 月和 11 月，有一种海虫子会光顾萨摩亚，当地人称之为巴卢卢（Balolo）或者帕卢卢（Palolo），中文学名矶沙蚕（英文为 Palolo Worm），这是一种体形细长、身体呈褐色或绿色的海虫子，浑身光滑无鳞，色彩斑斓，味道鲜美。

图 5-22　萨摩亚人在捕捞帕卢卢[1]

帕卢卢是热带海域特有的多毛类海虫，它们一般附着在深海的珊瑚礁石上，只有每年固定的两次时间浮到水面上来产卵，在海面上待几小

---

[1] PhD Research on Samoa's Treasured Palolo and Climate Change，Radio531 pi 网站（http://radio531pi.com/blog/phd-research-on-samoas-treasured-palolo-and-climate-change），访问时间：2018 年 10 月 3 日。

时到几个夜晚说法不一。帕卢卢的历史可以追溯到史前时代，而帕卢卢这个词在意思上类似于斐济语中的 10 月到 11 月。据了解，在南太平洋海域，帕卢卢光顾的国家有印度尼西亚、瓦努阿图、斐济、汤加、萨摩亚及美属萨摩亚。

图 5-23　开心的萨摩亚人[①]

由于地理位置和海潮的时间不一样，在萨摩亚，帕卢卢到岸的时间是在 10 月和 11 月满月后的第八天或者第九天。每当这两个月来临时，

[①] Environmental protection sees bumper palolo harvest at Return to Paradise,《萨摩亚观察家报》网站，http：//www. samoaobserver. ws/en/16_11_2017/local/26733/Environmental-protection-sees-bumper-palolo-harvest-at-Return-to-Paradise. htm；http：//www. samoaobserver. ws/en/23_06_2016/Samoana/7759/O-le-Tala-i-le-Palolo. htm. 访问时间：2018 年 10 月 3 日。

人们就掐指算着这种神秘来客的造访时间,还会通过观察月亮的变化来进行确认。在它们到岸的前一天,人们会在岸边看到少量的帕卢卢,这也是一个信号,预示将会有大量的帕卢卢到来。但其实这不是完整的帕卢卢,只是它们脱落的生殖器官。第二天,大群的帕卢卢来到岸边。岛民们会在天亮之前,全家出动,带上强光手电和一个大笊篱,有人还会穿上会发光的衣服来吸引小鱼儿,据说谁的照明工具好,谁捕的帕卢卢就多。雄性的帕卢卢身体呈红褐色,雌性的帕卢卢呈绿色。帕卢卢到来的时候是岛民收获的时节,因为在这一天他们不仅能收获帕卢卢,还可以捕到大量的鱼。正像岛民在等待帕卢卢的到来一样,许多鱼也会在每年的这两个早上饱餐一顿,所以一年中的这一两天是捕鱼的绝好时刻,既是鱼群集中的时候,又是鱼最肥硕的时候。当然,受海潮的影响,帕卢卢光顾的地点也会不同,有的地方全家出动,空手而归也是有的,但岛民们是天生的乐天派,他们丝毫不会被这种自然的力量所左右,一个玩笑便将所有的不快驱赶得烟消云散。

五 从左舵右行到右舵左行——萨摩亚人的出行

萨摩亚的道路交通规定右舵左行,这一规则是现任总理图伊拉埃帕于2009年9月7日力排众议推行的,当时还引发了大规模的抗议和游行,因为推行新规耗资巨大,包括路标、信号灯、车辆方向盘位置都要更改。尤其是公交车乘客的上下车门必须要改。其实,自2007年该更改计划提出以来,抗议之声一直持续不断,但总理图伊拉埃帕考虑得则更为实际和长远。

萨摩亚人的主要交通工具是汽车,基本上每个家庭均有一部,但几乎所有汽车都是二手车。之前萨摩亚的二手车主要从美国进口,但美系车偏贵,为左舵右行车。而长期与萨摩亚保持友好关系并提供大量援助的澳大利亚、新西兰两国均为右舵左行车。另外,澳、新两国是萨摩亚学生留学的首选国家,每个家庭也都有亲属在这两个国家。改为右舵左行后,一是可以直接从这两个国家进口较便宜的汽车,另外许多家庭也可以从亲戚那里获得廉价二手车。

为了让司机适应新规并保证交通安全，萨摩亚全国禁酒三天。如今七年过去了，萨摩亚街道上行驶的车辆已很少看到美系车了，而是以丰田、尼桑、马自达等日系车为主。当然，现实也并没有像图伊拉埃帕总理当初预期的那样，主要从澳洲进口二手车，日本理所应当地成了萨摩亚人二手车的主要来源国。行驶在萨摩亚的柏油路上，看着来往穿梭的车辆，司机娴熟的驾驶技术丝毫看不出有什么不妥。问起当地人对于改道的看法，他们仿佛已经忘记了当初的困惑和抗议。

图 5-24　萨摩亚的公交车

萨摩亚人的温和敦厚体现在方方面面。在这里，没有突然变道、强行超车、闯红灯、强行加塞等不良驾驶行为，礼让行人、礼让女士、彼此礼让是每个司机的必修课。不论在哪里，只要路边有行人欲横穿马路，司机就会主动停下来示意让其通过。当你驾车试图转弯、调头时，其他司机也会主动停下来。在许多路口甚至转盘并没有信号灯，机动车礼让行人，辅路让行主路，右转弯让行左转弯，转盘左侧车辆让行右侧车辆，大家严格遵章又彼此礼让。在这个国家里，你可以听到来大自然的各种声音：风声、雨声、海水的咆哮声、鸡鸣狗吠、壁虎的嘶叫声，但你最难听到的是汽车的笛声，当然，更不会有摇下玻璃的怒吼声。

第二节 萨摩亚人的民风民俗

驱车穿行在萨摩亚的热带雨林中，仿佛感到时光停滞了一样，一切都是那样祥和，那么平静，原生态的生活随处可见。萨摩亚没有重工业，轻工业和手工业也较少，日常用品主要依赖进口，尽管供给充足，但价格较高，因此，多数萨摩亚人更多地选择更加贴近自然的生活。其在饮食、服饰、建筑、娱乐等方面浸透着浓郁古朴的传统文化。

一 我的青春我做主——萨摩亚人的文身

萨摩亚是个崇尚图腾的国家，文身在这个国家十分普遍，几乎每个人身上都会有几处文身。他们把文身看作是对亲人的思念，对家庭的热爱，对大自然的感恩。用来文身的图案各种各样，动物、植物、渔网、家人的名字等等。有些图案是经过若干年的筛选保留下来的，有的图案则因为文身时太过疼痛而没有流传下来。没有人能够说得出文身起源的具体时间[1]，甚至最初由谁来设计这些图案也众说纷纭，有人认为是原始的图腾文化，比如海鸥、渔网等，也有人认为是头人根据自己的喜好而自行设计的。

在萨摩亚支教的三年时间里，所接触的萨摩亚男性均有文身，女性文身也十分常见。但所文部位和图案讲究很多。男性一般文在肩膀、腰

---

[1] Carl Marquardt, *The Tattooing of both Sexes in Somoa*, Papaqura: R Mcmillan Publisher, 1984, p. 6.

部和大腿，面积较大，图案较密，颜色很深；女性不像男性一般要彰显阳刚之气，而是以秀美灵巧为主，所以一般图案清晰，面积较小，以花朵、家人的名字为主，大多文在肩膀、手臂、手指、小腿和脚踝处。传统的女性文身文在大腿处，面积较大，但图案依然清晰灵动。现在少数女孩子文有彩色图案，显得更加精致。随着现代文明的不断渗透，越来越多的女性不再那么迷恋文身了，一般文在大腿处的传统文身是可以被社会接受的，而文在手臂、后背、肩部的显露部位且比较个性的文身也因大多不被接受而不十分常见了。有些在新西兰留学、打工或者居住过一段时间的女孩子也会带回来新西兰风格的文身，她们多数文在上臂和后颈，色彩艳丽，图案张扬，更加富有个性。

图 5-25 萨摩亚男子文身的主要部位和图案

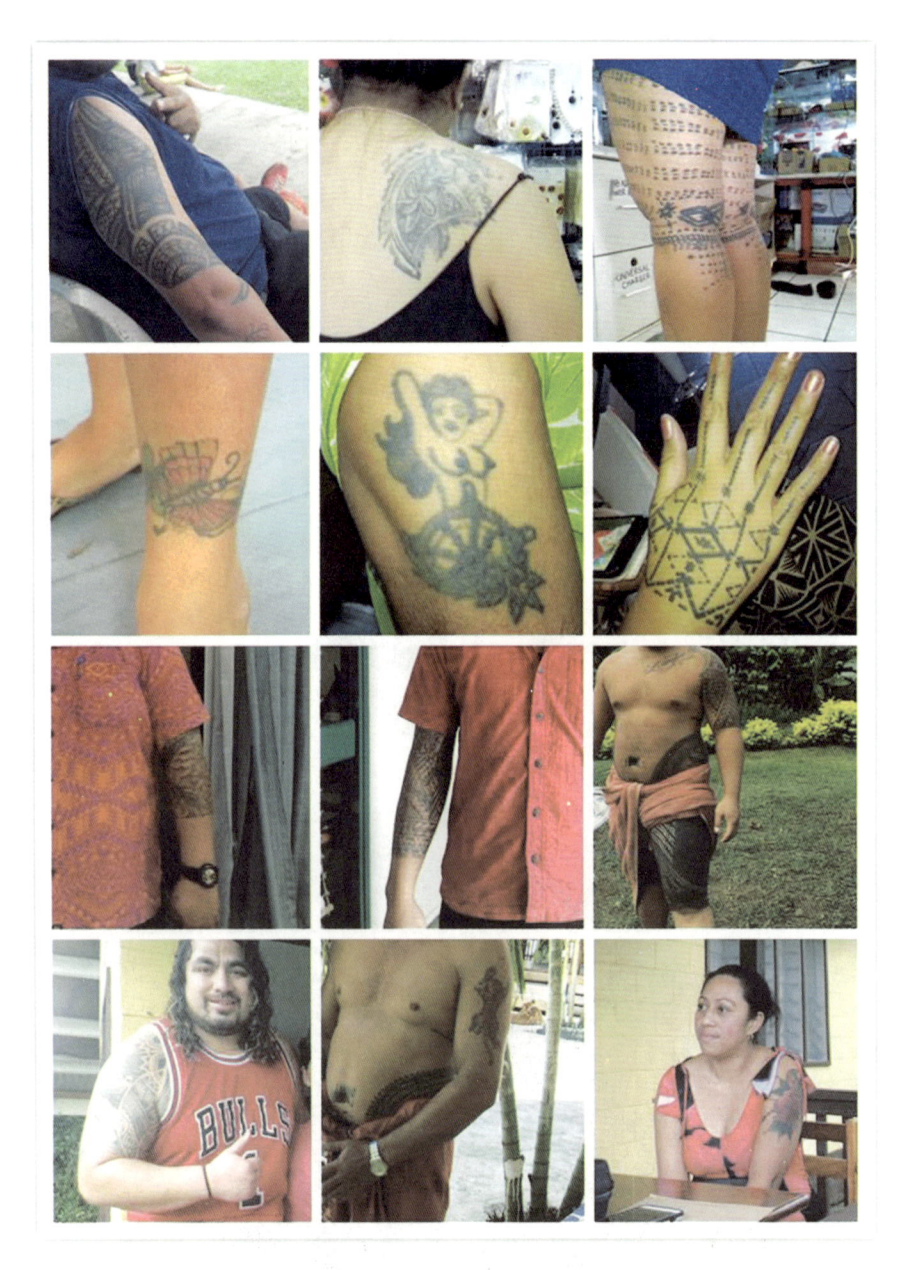

图 5 – 26　形彩各异的文身

文身并没有具体的年龄要求，对于青少年来讲，一般可以承受疼痛以后就可以接受文身了,所以在13—18岁之间的高中学生中也不乏有文身者。但一般所文图案较小,并不显眼。对于一个萨摩亚成年男性来讲,文身本身是勇敢和力量的象征,可以引起异性的注意和好感。尽管没有研究证明文身和青春期的到来有直接关系,但随着第二性别特征的快速发展,吸引异性目光的渴望越来越强烈,文身在年轻人中间也最为流行,那些没有文身或者文身不全者,女孩子们多不愿意与他们建立恋爱关系,女孩子的父母也不愿意将女儿的手交付在他们的手中。

萨摩亚人能歌善舞,所有的活动均有歌声和舞蹈做伴,早期的文身也是如此。在进行文身手术的过程中,会有亲人或者头人在旁边为其歌唱,一是鼓励受文者更加坚强,二是可以让其在歌声中忘掉疼痛。有一首歌是这样唱的:

Patience, only a short while, and you will see you tattoo which will resemble the fresh leaf of the ti-plant.

I feel sorry for you, I wish it was a burden which I could take off your shoulders in love and carry for you.

O, the blood! It springs out from your body and every stroke, try to be strong.

Your necklace may break, the fau-tree may burst, but my tattooing is indestructible. It is an everlasting gem that you will take into you grave.

Chorus: O, I am sad, you are weak, O, I feel sorry that the pain follows you even in you sleep and you resist it.

耐心点,很快你就会看到新鲜的叶子代表的文身。

我感到抱歉,我希望我可以用我的爱替你卸掉肩上的担子。

哦,鲜血!伴随着每一次的敲击,它从你的身体里流出,坚强!

你的项链或许会坏掉,大树或许会燃烧,但文身是永不会毁灭的,它是被你带入坟墓的永恒的珠宝。

（合唱）我为你的柔弱感到难过；哦，我为跟随你进入梦中的疼痛感到难过。①

笔者搜集到另一传统文身歌曲是这样的：

It is all known, of how the Samoan tattoo started.
It was the journey of two ladies who swam all the way from Fiji.
They brought a basket of tattooing needles.
Those women are to be tattooed and men are not.
But men are now tattooed, when the ladies song went wrong.
They saw an cnormous grant clam,
they dived trying to take it up.
And that made their song wrong, that men are to be tattooed.
And women are not.
See that man lying, The artist has started his work.
Oh, he's crying bitterly,
The big tattooing needle has eaten his body.
Tattooing is a manhood game. Even though it's really hurt,
you will be proud of it at last.

众所周知，文身是怎么兴起的，
是两个从斐济游泳而来旅游的妇女，
她们带来一篮子的文身针，
那两个女人被文了身，男人们没有。
但是男人们没有文身。
当那两个女人唱错了歌的时候，
他们看到了巨大的蛤，

---

① Carl Marquardt, *The Tattooing of both Sexes in Somoa*, Papaqura: R Mcmillan Publisher, 1984, p. 11.

于是他们潜入水中试图去搬动它，
　　所以歌唱错了，男人们被文身了，而女人们没有。
　　看那个躺着的男人，
　　艺术家已经开始工作，
　　哦，他轻声地啜泣，
　　大大的文身针刺进了他的皮肤，
　　文身是男人们的游戏，
　　即使那真的很疼，你最终会以此为荣。

　　没有人能够清晰地说出，萨摩亚文身的传统究竟起源于何时，经历过哪些图案的变化，但文身的象征意义确有许多，例如文在手臂内侧的一般是家人的名字，男性文在腰部的和女性文在大腿处的是传统图案，等等。最初一些传教士不赞成文身，在他们看来，文身是违背上帝旨意的不信神的表现。一些教会学校也不允许青少年文身，所以，有些已经被教会学校选中为教会服务的男孩子，因为违反该项规定而被迫离开。[1] 但随着时间的推移，有的传教士意识到可以借助这种风俗来进行宗教传播时，他们开始支持并参与到这种活动中来。而且在一些萨摩亚人看来，这是上帝赐给他们的永恒珠宝，是两位传奇女子从斐济带过来的礼物。[2]

　　在萨摩亚旅游局的后院里，设有一个民俗文化村，每逢周二、周三、周四都会有民俗表演，包括萨摩亚歌舞、面包果的烘焙、木刻和树皮画工艺、手工染印等，其中最引人注意的当属现场文身表演了，也只有这一项表演对游客限制颇多，不允许拍照，游客必须席地而坐且不能坐在正对受文者面部的地方，也就是不允许看到受文者痛苦的表情，整个过程要保持安静，等等。

---

[1] Carl Marquardt, *The Tattooing of both Sexes in Somoa*, Papaqura: R. Mcmillan Publisher, 1984, p. 8.
[2] Ibid., p. 15.

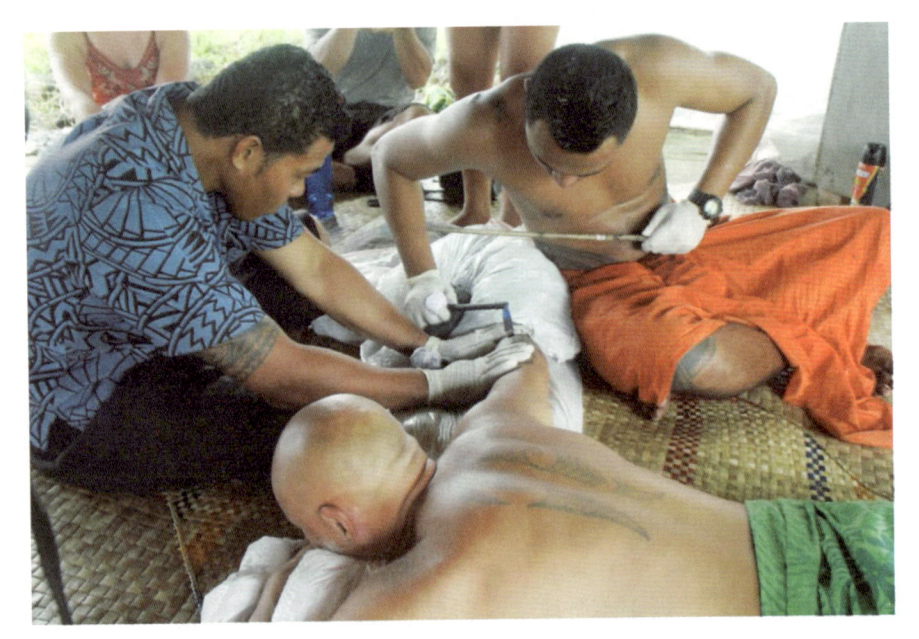

图 5-27　全神惯注地进行文身

文身，在笔者看来，更像是一个手术过程，施文者一般由三人组成，有操刀的，有递工具的，有为受文者擦汗打扇子的，每当一根针蘸着黑色的颜料钉进肉里时，受文者都会眉头紧皱，强忍痛苦。待木制小槌快速敲击的时候，受文者更是紧闭双眼，紧咬牙关。在萨摩亚，所有的生产、生活、劳动工具基本上都是天然材料制成的，文身所用工具亦是如此。这种工具由一个长约三十厘米左右的丁字形木制手柄连接一个锯齿状的龟壳做刀片，一套文身工具根据刀片宽度决定锯齿的个数，大约由 8—12 个不同齿数的工具组成。最窄的只有一个锯齿，最宽的有十个锯齿。一般男性大面积文身要用一周至半月时间，女性的局部文身一天就可以完成了。文身者每隔四小时就要去冲洗身体，一边冲洗一边用力刮擦所文部位，以便使图案更清晰，保证没有杂乱图案和颜色掺入。其疼痛度可想而知。有的男孩子甚至因为忍受不了疼痛而半途放弃，而这样的男孩子也往往不被女孩子青睐。而那些通身布满藏青色图案的小伙子们则颇有让女孩子产生"陌上谁家年少足风流，妾与将身嫁与一生休"之感。

由于与国内巨大的文化差异,初来萨摩亚时,看到满身刺青的小伙子们,不免有些胆怯而拒之于三尺之外。时间久了,当你试图走近他们,与他们攀谈合影时,就会感到小伙子们的单纯和善良了。他们不但要将自己最自豪的部位摆在你的镜头之下,还总是习惯性地把手搭在你的肩上,耐心地等待镜头记录下他们最自豪的样子。温柔的眼神、善解人意的举止同他们健壮的身体和野性十足的文身一样令你难忘。

图 5-28 我的青春我做主

二 我很胖,但我很温柔——萨摩亚人的服饰

初识萨摩亚,除了辽阔的天空、湛蓝的海水和茂密的丛林以外,最令人惊讶的当属这里女性的体重和服饰了。

有研究称,全世界 BMI 的最高值在南太平洋岛国一带,而萨摩亚人的肥胖度在南太平洋各岛国和属地中居第六位。2011 年萨摩亚成年人的过度肥胖比例达到 86%；2014 年萨摩亚 18—64 岁的人口中过度肥胖率达到 85%。不过，笔者曾到汤加、斐济和瓦努阿图考察过，不夸张地说，萨摩亚人的肥胖度比其他三个国家更要张扬一些。外界每每提起南太平洋岛国总是冠以"以胖为美"四个字，仿佛更增加了岛国的神秘色彩。尤其是至今网络上还盛传着这样一种说法，在汤加，女性胖不到一定程度就嫁不出去，甚至有人还会用布一层一层地将自己裹起来以求达到一定的胖度。

图 5-29　笔者和同事　　　（摄影：当地学生）

其实，随着岛国与外界接触越来越多，女性们已经开始意识到肥胖带来的危害并试图管理自己的身材了。2017 年 4 月 7 至 27 日，中国政府在华东师范大学组织了发展中国家农村教师综合措施研修班，萨摩亚有3位教育部官员和5位校长参加了此次培训。经过此次中国之行，大大改变了校长们的教育理念和审美观。我的副校长——一位年近五十、个头不高、体重严重超标的中年女性回来后开始注意饮食结构和适度节食，并向我询问茶叶的有关知识，希望通过有规律地饮茶来减轻体重。

近年来，在各类选美比赛中（如萨摩亚小姐、太平洋小组、萨摩亚法阿法菲尼小姐等），获胜选手也均是身材高挑匀称的女孩。这充分说明了岛民们审美观的变化和健康意识的不断增强。只不过，天然的肥胖基因、不健康的饮食习惯、慢节奏的工作生活令她们很难在短时间内有所收获。

尽管如此，萨摩亚女性对于美的追求从没有因为肥胖而打折。她们每天换着各式服装，精心打理那一头卷而密的秀发，高高盘起的发髻上插上一朵鲜花，佩戴夸张的项链和耳环……无不令你感慨：萨摩亚，就是一个可以自由自在地彰显美的国度。尤其是别在耳畔的那一朵精致的小花更令你感到她们柔软的内心和源于骨子里的自信。

萨摩亚女性服装以传统的布利塔斯（Puletasi——萨语）为主，即两件套的套装，上身称为托普（Top），一般为中长款紧身短袖，长过臀部，下身称作拉瓦拉瓦（Lavalava，简称 Lava），即用一块长方形布围裹起来的裙装，直达脚踝。在这样的基础上进行花样花色和图案设计。例如领口做成方形或圆形，袖口七分或五分，领口、裙边饰蕾丝花边，腰部提高并收紧，等等。上身的工艺十分复杂，要完全按照女性的形体曲线设计裁剪，一套布利塔斯上身，女性丰满的腰身曲线便可尽收眼底。拉瓦拉瓦的做法较为简单，将一块长方形布缝边，加上系带就完工了。也有人直接将一块长方形布系在腰里，省去了带条。男性的拉瓦一般将缝隙系在身前，显得野性和粗犷，女性则留在左腿外侧，显得婀娜一些。

萨摩亚女性是十分愿意购买布料裁制服装的，首都最多的商店是布店、染色店和服装店。因为这里的女性身高、体重、体型差别过大，成

图 5-30　即将参加复活节演出的孩子们

衣店里的服装也只是为大家提供样式和图案。染色店和服装店一般合二为一，顾客们自行购买了纯色布料后再选择印染图案和样式进行加工制作。

萨摩亚的印染别具特色，是世界上少有的保留手工印染工艺的国家。每家印染店会自行设计并定期推出新图案。妇女们可根据自己的审美喜好选择图案并且自行设计染料和印染部位。因此，经自己亲手选择布料、式样、图案和颜色的服装就是独一无二非你莫属了。当然，手工印染在花色和图案上不如机器印染丰富，也并不是所有场合都需要穿这种正式的印染服装，现在也有许多机器印染面料供大家选择。这些布料主要来自中国、印度、菲律宾、越南和夏威夷等国家和地区，女性们同样很喜欢。但凡是比较隆重的大型场合如婚丧嫁娶、各种节日游行等还是要穿上一套手工印染的布利塔斯盛装出席。

萨摩亚男性的服装也颇具特色，一般由短款衬衫和拉瓦拉瓦组成，上衣肥而短，但图案极具萨摩亚风格，有的以传统的图腾图案和文身图案为主，有的则是极具表现力的热带风光。下身的拉瓦拉瓦一般以深蓝色、灰色或黑色为主，并无特别式样。同样喜爱张扬的波利尼西亚男人有时也会在耳畔别上一朵花或者系一根夸张的皮带来显示他的与众不同。

图 5-31　波利尼西亚风格的服装

萨摩亚人在生活中特别注重仪式感。所有的集体活动包括家庭的一日三餐都会按照传统仪式按部就班地进行。而每一次集体活动的服装是一定要统一定制。国庆节、教师节、年终的颁奖典礼等等都要集体设计一套服装，从布料的选取、图案的设计、印染颜色等要经过全体会议商定而成。在笔者工作的学校里，每周一的升旗仪式老师们也都要穿统一制服。而且发薪水的周一着橘色制服，不发薪水的周一着蓝色制服（萨摩亚教师每两周发一次薪水）。"三八"妇女节那天大家也统一穿上了橘色制服。开心的时候选择暖色调，否则选择冷色调，萨摩亚人总是将自己的喜怒哀乐毫不掩饰地表现出来。

图 5-32　发薪水的周一

初来萨摩亚，所见所闻都会令人吃惊，这也包括每个女孩子的一头秀发。接触了那么多萨摩亚人，从没有看到秃顶的男士，女性的头发也都十分浓密，不禁令人羡慕。记得舞蹈艺术家杨丽萍老师曾有一秘方可以让头发又黑又多，就是用发酵的淘米水洗头。在这里，人们也有一个小偏方，就是用柠檬汁洗头。这种柠檬并非国内常见的椭圆形淡黄色的小柠檬，而是类似于橘子样的大柠檬，味道极酸，却是碱性极高的水果，人们常拿它来泡水喝。刚摘下的新鲜柠檬，将汁液挤出，直接涂抹于头发上，不用任何化学洗发露，洗出的头发柔顺亮丽。当然，柠檬汁并不是岛民拥有一头秀发的主要原因，况且也不是每一个人都用这种传统方法护理头发，关键还是没有空气污染，食品也相对比较安全，生活压力较小等因素，这听起来多么像国内朋友们每天传播的心灵鸡汤，但在这里却是事实，是岛民们真实的生活状态。

由于天气炎热，成年女性喜欢将头发高高地盘在头顶或者脑后，也就是现在时尚的丸子头。而在中学里，对女生的发型有着严格的规定，那就是必须将头发梳成蝎子辫。这是在中国发型店里才可以搞定的许多中国女孩子只能偶尔奢侈一下的发型，在这里却是每个女孩子每天早上必须完成的功课之一。没有任何饰品，只是将头发从头顶一绺一绺地编下去，直到发尾，无论长短，都梳得一丝不苟。在每周的仪容仪表检查中，哪个女孩子的辫子梳得稍微松散一些，或者额前飘着刘海都要受到老师的责罚。千辫一律的蝎子头，配上统一的校服，看得出来在这里对于学生进行的半军事化管理。问起几个老师，这种统一发型规定有多长时间了，大家都说不上来，有的说几百年了，有的说从独立开始，总之，或许自从有了记忆就有了这种发型。即便有的女孩子参加工作了，她们还会经常梳起这种发型，尤其是在参加聚会等正式场合。

当然，在学校中也偶然会看到男孩子留有长长的头发，并且编成辫子，看起来很是前卫，起初以为是法阿法菲尼（Fa'afafine），但仔细观察其肢体语言并不像，问起来才知道，男孩子可以蓄辫，但到21岁必须剪掉，改成男性发型。当然，法阿法菲尼除外。学校对于男孩子的发型也有严格规定，头发长度不超过两厘米，鬓角也必须短而窄，耳后必须剃净，脖颈处必须整齐，有的男孩子为了追求时髦故意在头顶涂上摩斯或者发油，在脖颈处留有少许头发或者剃出几何形状，这些都会受到严厉的责罚。

正值青春期的女孩子们是十分爱美的，每天固定的校服和发型不免令孩子们有些倦怠。能够充分释放孩子们爱美天性的时间莫过于学校的捐赠日了。捐赠日并不固定，每每遇到诸如男生橄榄球队、女生网球队外出比赛等活动时，就要动员学生们捐款了。这一天，孩子们可以穿上自己认为最漂亮的衣服,梳起最闪耀的发型,愉悦之心油然而生。

萨摩亚的女性是温柔的,她们说话的声音低得需要你侧耳细听;萨摩亚的女性是豪放的,她们会不分时间、不分场合肆无忌惮地开怀大笑;萨摩亚的女性又是自信的,她们会毫不掩饰地释放自己的爱美之心。"清水出芙蓉,天然去雕饰",萨摩亚女性——让你见证另一番芙蓉之美。

图 5-33 蝎子辫(右下图为男生)

三 我歌月徘徊,我舞影凌乱——萨摩亚人的歌舞

生活在太平洋水域的波利尼西亚族群、美拉尼西亚族群和密克罗

尼西亚族群人人是能工巧匠，个个都能歌善舞。来到这里，如果不会唱首歌，不会跳两段舞，会是很尴尬的事情。在萨摩亚的日子里，深切感受到了岛民对于音乐舞蹈的热爱。这里每个人都是天生的歌唱家，从三五人到几百人，都可以唱出优美的和声。教堂聚会、大型会议时，浑厚的美声唱法、胸腔产生的共鸣足可以让歌声飘出几百米；而在家庭中的晨读和晚祷中，三五个人也可以和出优美动听的和声。歌声和舞蹈是岛国人民日常生活不可或缺的组成部分，他们用歌声来表达日常生活的所有，喜怒哀乐在歌舞中传递，悲欢离合用歌舞来抒发。

萨摩亚人的舞蹈更具岛国特色。男性的野性阳刚，女性的甜美柔和均可以通过舞蹈表现得淋漓尽致。萨摩亚人的舞蹈大致有三种类型，一是传统舞蹈，二是年轻人爱跳的现代舞，三是即兴表演的带有宣泄暗示性的舞蹈。

传统舞蹈的服装，男性主要将树叶做成的简易装饰品裹身，或系在腰里，或缠在小腿处，这种装饰专为演出而制作，真材实料，绿色的树叶垂在膝盖以下，上半身露出宽厚的臂膀和野性十足的文身，还有粗壮的胳膊上鼓起的肌肉，处处彰显出男性的强壮。女性的服装一般分为两种，普通舞蹈者的服装就是统一的传统套装布利塔斯。有时候正中领舞者的服装非常艳丽出众，树皮画做成的拉瓦围裹在胸部以下，配以贝壳、羽毛做成的头饰，戴上银白色的王冠，不禁令人浮想联翩。她的舞不一定跳得最好，但她的父亲一定是一位马他伊。只有马他伊的女儿才享有这样的礼遇，否则她是没有资格站在这个位置的。

传统舞蹈的动作男女截然不同。男性动作激烈有力，在节奏感十足的鼓声中，他们浑身涂抹上椰子油，让臂膀显得更加粗壮。女性动作则十分柔和，动作幅度很小，只是脚下轻微地挪动，手指轻柔地屈伸，她们和着音乐翩翩起舞的样子充满了母性的慈爱和温柔。在这种传统舞蹈中，可以品味出岛民的历史和风俗：男性快节奏的刚性动作体现了同大自然做斗争的决心和力量，女性的轻柔则体现了对上天的敬畏和祈祷。

敬天悯人、天人合一是他们的传统习俗，也是他们今天的生活理念。

图 5-34 传统男性击打舞

　　萨摩亚流行的第二种舞蹈是现代舞。一般只有年轻人在一些非正式场合才会跳起这种舞蹈，尽情地释放自己，颇像国内的迪厅。没有固定的动作和舞伴，只要卡准节奏就可以手舞足蹈地随意扭动了。

　　萨摩亚第三种非常流行的舞蹈介于现代舞和传统舞蹈之间，也是颇为时兴的舞蹈。玛格丽特·米德在《萨摩亚人的成年》一书中称为暗示性舞蹈。如今距米德出版此书已经有91年了，这种暗示性舞蹈依然十分流行。暗示就是性暗示，舞者一般会做出有关性爱的动作来挑逗观众和对方，但只限于在公开场合的舞蹈中完成的动作，没有人会觉得不可理喻，更没有人会生气，大家都会报以开怀大笑，随着音乐的结束，一切回归正常。有时候看着他们即兴地舞动，不免联想起《圣经》第一章《创世纪》中,亚当和夏娃在伊甸园里偷吃禁果的时候是否也跳起了这样的舞蹈呢?

除了上述舞蹈外,火舞也是萨摩亚男子的传统舞蹈,令人百看不厌。只是百思不得其解的是为什么他们手心上、嘴巴里明明有明火在燃烧,却没有被烫伤。而且曾有火舞演员将燃着火的手伸向我一同事,示意同她握手,那位同事胆战心惊地快速握了一下便抽回来,可什么也没有发生,不热、不红,只是手心留下了一层黑。跳火舞的小伙子们大都从小学习,方可游刃有余地舞动起带火的棍棒,如同中国武术中的三截棍,左盘右绕,上下翻飞。听说在我国云南西双版纳的某个景区里就有一个来自萨摩亚的火舞表演队。

图5-35 火舞表演的小伙子们和游客热情地合影留念

每场惊心动魄的演出结束之后,萨摩亚人还有一个习俗,就是最后要跳一支答谢舞，同时也希望来宾奉献爱心。音乐响起，一位身着萨摩亚传统礼服的姑娘缓缓舞出，她头戴一顶高高的王冠，身上裹着一张精美的草席或者树皮画，在音乐声中翩翩起舞。舞台的正中会放一个木盆，来宾们可以奉献上一份爱心，多少不限，还可以走上台去和着音乐随意地扭动腰身，舞上一会儿，享受南太平洋一带独特的风情。待全部演出结束，演员们会在舞台上耐心地与宾客们合影留念，他们的宽厚、热情、真诚和异域魅力令每一位游客流连忘返。

图 5-36 演出最后一个节目一定是向游客展示身着萨摩亚传统服饰的女性舞蹈，这也是希望游客稍献爱心表达谢意的时刻

《诗经》上说，"言之不足，故嗟叹之。嗟叹之不足，故咏歌之。咏歌之不足，不知手之舞之足之蹈之也"。早在上古时期，舞蹈就充当人们交流思想感情的工具。它是随着人们的生产劳动而产生的。其动作

和节奏与劳动密切相关,手用以拍打,脚用以踩踏,在连续重复某种动作的过程中,就产生了有规律的节奏,再伴以呼喊或打击石块和木棍,最原始的舞蹈就产生了。因此,舞蹈是人们在生产生活中集体愿望的载体和个人情感的宣泄。喜怒哀乐都可以用舞蹈表现出来。萨摩亚人的歌舞也充分体现了其地域特点和民风民俗。

相比较舞蹈的原始自然,萨摩亚的音乐主要以赞美诗为主,学生们从小在教堂和学校里学习的均是教会音乐,家庭聚会里演唱得也均是圣经歌曲。教堂歌曲的特点就是舒缓悠扬,以歌颂赞美为主,沉浸在这种歌声里,气氛宁静而祥和,每个人内心充满谦卑和感激,在歌声中感谢上帝的恩赐,在歌声中寄托对家人的希望。当然,岛国的歌曲决不仅仅是教堂歌曲,萨摩亚人会在不同的场合吟唱不同的歌曲,比如国歌是在萨摩亚听到最多的歌曲,每周两次的升旗仪式、每个单位大小会议都会唱起那首《自由的旗帜》。还有在接受文身手术时家人会唱起传颂已久的《文身之歌》。另外,他们也听欧美风的乐曲,并能伴着音乐舞出动人的舞姿。

萨摩亚的原创歌曲相当丰富,而且有专业演出团队和歌手,歌手唱功十分不凡。但非常遗憾的是,即使是萨摩亚最优秀的民间舞蹈表演团队,也仅仅限于舞蹈动作更加整齐、舞姿更加优美一些,并没有专业舞蹈基本功,更谈不上舞蹈技巧。一些西方传统经典舞种如芭蕾、华尔兹、拉丁、恰恰、伦巴等在萨摩亚根本见不到,更谈不上时下非常流行的排舞、水兵、曳步舞等。"不管风吹浪打,胜似闲庭信步。"萨摩亚人从来都是怡然自得地活在自己的世界里。

四 亲人没有远去——萨摩亚人的墓葬安放

在萨摩亚人的心中,人的离世如同降生一样,是上帝的旨意,死亡意味着上帝的召唤。大家坚信基督徒死后可以升入天堂,一个基督徒的去世并不会给家人带来过度的悲哀,相反家庭成员中非基督徒的去世才会引起家人的极度焦虑和悲伤。

在萨摩亚人所有的集体活动中，葬礼应该是最受重视的一项，一般要持续一周左右，整个葬礼如同其他集体活动一样，传统仪式与宗教信仰相结合。葬礼具体事宜由乡村议事会和妇女委员会操办。在凝重庄严的仪式中，马他伊、牧师和牧师的妻子在前方就座，代言马他伊手持权杖、肩搭拂尘主持整个仪式，① 但整体上自始至终充满着圣灵的气氛，牧师读经布道、大家吟唱圣经歌曲、马他伊致辞、亲属发言等环节一一进行。

葬礼过程中，家庭成员中所有海外亲属无特殊情况均要回国参加，所有家庭成员要凑钱操办葬礼。而且这笔花费相当可观。一个葬礼算下来一般要花费五万至八万人民币左右。也许有人会问，有没有随份子的习俗呢？有，单位同事、亲属朋友都会以现金或者物品的方式表达哀思。但是在萨摩亚，收到礼金后是要返还的，而且返还的礼金和实物往往比实际收得还要多，这无形中更增加了财务负担。由于婚丧嫁娶等庞

图 5-37　主持葬礼的代言马他伊

---

① 在所有的仪式中，马他伊的妻子从不以夫人的身份与马他伊坐在一起，她们往往是乡村议事会的主要领导人，率领其他女性在后面忙碌；而牧师的妻子一般会与牧师一同出席，而且只有牧师的妻子在盘起的发髻外面可以罩上一个黑网罩，以示与其他女性的区别。

大的家庭开支，许多人不得不找信贷公司借款或者在所在单位的集体账户借款。那么如此巨大的开支都用在哪里了呢？

第一，就餐。在萨摩亚，大型活动的饭菜准备十分隆重。比如大家庭中的婚丧嫁娶、村子里的马他伊会议、村民选举、欢迎重要来宾等都要准备丰盛的食物。主要有：牛肉、烤全猪、香肠、炒鸡蛋、鸡腿、鸡块、米饭、面包果、芋头、萨摩亚当地的帕卢萨米（Palusami）① 和金枪鱼沙拉等，另有水果、饮料、啤酒、糖果等。萨摩亚的就餐一般以餐盒形式派送，前排就座的牧师和马他伊会最先得到盒饭，装盒饭的盒子很大，食物足足有十多种；其次是普通宾客，盒子小了许多，约有三四种到五六种，这样的盒饭依宾客人数要准备上百盒。另外还要发放饮品和水果、糖果若干。单就这一项花费就要合人民币上万元。

第二，礼品。在家庭的各项主要活动中，赠送仪式必不可少。这也是花费最多的一项，除了常规的赠品如啤酒、饮料、牛肉、烤全猪、罐头和现金外，最珍贵的莫过于精美的席子了。席子的尺寸大小不一，从三米乘两米到四五米长、三四米宽不等，尺寸越大价格越贵，接受赠送的宾客地位也越高。这样的席子一张 1000—3000 塔拉，也就是 2600—8000 人民币不等。笔者曾参加了同事哥哥的葬礼，单就送出去的席子就多达二十床以上，赠送仪式持续两三个小时。所以这一环节保守地估计需要人民币 3 万—5 万元。

第三，亲人往来的车船、机票、住宿等费用。同其他南太平洋岛国一样，萨摩亚几乎每个家庭都有海外亲属，其中在澳大利亚、新西兰的居多，也有的定居美属萨摩亚和美国，每当家庭里有大型活动时，亲人们会不辞劳苦、不计成本地赶回家来，而且往往在家居住半个月以上，这其中的交通、食宿以及误工费也是一笔不小的费用。但他们丝毫没有犹豫和可惜，因为他们根深蒂固地相信，家庭的事务高于一切。

俗话说，十里不同风，百里不同俗。同样是在乌波卢岛上，笔者参

---

① 参见本书第五章第一节有关帕卢萨米（Palusami）内容。

图 5-38　参加葬礼的贵宾

加的两次葬礼的仪式也有些微差别。这跟每个村子管理有关,也跟每个村子操办葬礼的程序有关。在葬礼上最让人心痛的莫过于告别仪式了。有的告别仪式设在教堂里,有的则是在入葬后封盖前。笔者第一次参加葬礼时的逝者是一位在东萨摩亚去世的四十多岁的中年男子。家人们先是在教堂进行一系列的纪念活动,然后将尸棺运回家中,行入殓仪式。尸棺的盖子分为前后两部分,可以分别掀起。入殓师将尸棺放置在事先修砌好的墓穴中后,打开尸棺前半部分露出死者的脸部,亲属以长幼为序俯下身子亲吻死者的脸颊以示告别,整个过程宁静、肃穆、温暖。告别仪式结束后开始将墓穴盖上水泥盖子,四周密封严实,葬礼宣告结束。第二次葬礼逝者是一位九十岁的老奶奶,家人们用的是一个简易的黑色公共棺木,盖子也是一体的。放入棺木前家人将尸体停放在屋里,亲属轮流上前行在其脸颊上亲一下以示告别,然后用一块大大的树皮画将尸体裹起来放入棺木运往教堂。教堂仪式结束后回家入殓。因使用的是公共棺木,所以亲属直接将裹着树皮画的尸体放入事前修砌好的墓穴,封盖,四周用水泥砌好,仪式结束。

　　萨摩亚实行土葬,而且将逝者埋葬在房子前面,家人每天可以清扫、装饰墓园,以此缅怀亲人。行走在萨摩亚的大街小巷,几乎有房子的地方就有墓地。有的年代久远的墓葬仅用石头或黑砖砌成,没有墓碑,日复一日,墓葬材料已经变了颜色,四周杂草丛生,透露着荒凉与沧桑。但多数修在自家门口的墓地是十分考究的,有的墓园会直接设在法雷里或者后期补修上一个房顶,显得更加庄重。萨摩亚人对于墓葬的大小、高矮,墓碑的材质、颜色及内容都十分用心。并排几个墓葬中间高高大大的、墓碑精美的一定是父亲或者祖父、外祖父的,其余可能是母亲或其他亲属的。每当夜幕降临,每个家庭最明亮的地方就是亲人的墓地了。尽管萨摩亚能源极度缺乏,电费很贵,岛民们在日常生活中十分节约,但每天晚上亲人的墓地却是灯火通明,他们会坐在上面乘

图 5-39　修砌在家门口的墓葬

凉、聊天。而每天清晨打扫墓地也是必不可少的工作，还会摆放漂亮的鲜花，仿佛亲人并没有远去。

中国古代最凄凉的悼亡诗莫过于苏轼的那首《江城子》："十年生死两茫茫，不思量，自难忘，千里孤坟，无处话凄凉"，道尽人间多少无奈和哀思。在中国古代传统文化中，许多人忌讳谈论死亡，只有在特定的日子才会在某一个特定的地方追忆亡灵。抛开环保和卫生条件，单说萨摩亚的这种墓葬方式在某种程度上确实体现了令逝者安息，生者慰藉的人文情怀。

第三节 萨摩亚人的文化遗产

一 南太平洋的独特建筑——法雷

萨摩亚地处热带，建筑以简易、通风为主，法雷就是南太平洋岛国的主要建筑之一。每个单位、每个村落、每个家庭、每个度假酒店等均建有各式各样的法雷。也许是萨摩亚接近赤道、天气极为炎热的缘故吧，与其周边国家斐济和汤加相比，萨摩亚人对于法雷的需求和重视程度更大更强一些。在斐济和汤加，许多家庭会把房沿建得宽大一些充当乘凉设施，而在萨摩亚，法雷的建设不亚于一套房子的花费。或者说许多家庭的法雷比有门有窗的房子建设得更加精致和用心。现在许多房子已开始用简易的现代建筑材料了，而法雷的用料则非常考究。当然，萨摩亚人超强的仪式感也直接影响到了他们对于法雷的要求，毕竟法雷是他们日常活动的主要场所，相当于集会议、会客、餐厅、娱乐、休息于一体的多功能厅。

尽管法雷是萨摩亚人日常活动时间最长的地方，但从遮风挡雨角度来讲，主要还是依靠有门有窗相对密封的正式房屋，[①] 所以法雷的面积

---

① 之所以说相对密封，是因为热带地区不用考虑御寒问题，所以建筑材料以轻型节俭为主，墙体较薄，窗户较多，而且多数窗户没有窗纱，黄蜂、蟑螂、壁虎、蜥蜴、蚂蚁、蚊子等各种小动物、小昆虫时有造访。

大点儿小点儿、式样新点儿旧点儿、建筑材料原始一点儿还是现代一点儿等均不是问题。传统的简易法雷以简单的几根原木柱子支撑着一个铺满茅草的圆顶或长方顶为主，面积从几平方米到十几平方米不等，颇像中国陕西半坡遗址的原始草屋，但法雷内里设有高一米左右的木制长凳，既起到了加固法雷的作用，又可以休息乘凉，颇为方便，迄今在偏远农村和几个小岛上仍有居民使用这样的法雷。当我们驱车沿海岸行使的时候，在许多海滩仍随处可见类似的简易法雷，方便游客休息和就餐。这种颇带原始风味的建筑并未让人感到与自然环境的不和谐，反而加重了它的历史感，令人对这个国家、这个岛屿产生无尽遐想，它们点缀着碧海蓝天，令人神清气爽。

图 5-40　萨摩亚国立大学法雷，也是目前萨摩亚最大的法雷，相当于国内学校的礼堂

随着生活水平的不断提高，岛民们建的法雷更趋向于高大上，即具

有大面积、高顶子、外形复杂、精致、有台阶以及普遍使用现代建筑材料等特点。而这样的大法雷，它的防风防漏措施也做得很好，岛民们还会在里面安置沙发、草席、床等简单家具，多半生活都是在里面度过的。上千年的建筑历史使萨摩亚人在建这种没有墙的房子上积累了丰富经验，那就是各式各样的顶部设计，它不同于国内现代普通平房的顶部处理，形状、大小、高矮、房沿的宽窄等式样繁多，同时内部纵横交错，将成千上万根粗细不同的木棍编织起来，像一个大大的鸟巢。有一种顶笔者十分欣赏，其顶部颇像中国汉代的官帽形状的梯形，整个顶部可以占到房屋高度的一半，这样的顶部在萨摩亚并不多见，其耗时耗材均较多。但萨摩亚人个个是能工巧匠，即便是建造如此高大上的厅堂，

图 5-41 传统法雷内顶结构

建筑师傅也并非专业建筑队,而是村民们自愿前来帮忙。2016年4月,笔者走访萨摩亚八个小岛之一的马诺诺岛(Manono),碰巧有一户人家正在建造一个新法雷,大致目测了一下该法雷有100平方米左右,使用了水泥、沙子等现代材料,用于支撑顶部的立柱都是就地取材,用了大约二十根直径20厘米的树干。与建筑师傅们简单交谈之后得知,建造这样一个法雷大约需要两个月的时间,花费合人民币几十万元。师傅们都是本村的亲戚朋友。

除了每家每户建有各式各样的法雷外,萨摩亚的各大机关单位、中小学等几乎均有法雷,主要用于各式集会,类似于国内的小型礼堂。尤其是一些度假区的法雷,用于支撑的圆柱均涂了油漆并且精雕细琢,显得既豪华又古朴。中小学的法雷则以简单实用结实为主,以笔者2016年援教的雷法阿中学为例,整个法雷大约长30米,宽15米,高4米,前方有一8米×6米×0.4米的主席台,学校的所有活动如师生大会、文艺演出、学生就餐等均在此进行。当然,由于学校的设施相对简陋,法雷里并没有桌椅等装饰,学生临时铺上草席就可以席地而坐了。由于这个学校地处偏远,笔者只能住在学校里。每到傍晚时分,笔者都会独自坐在法雷里面朝大海、看书消遣、品茶沉思,别有一番滋味。

再如笔者2017援教的瓦伊马乌阿中学没有法雷。2017年4月24日,笔者陪同几位国内专家到学校考察,校长专门在全校大会上让学生好好表现,希望中国专家回国后可以将学校的困难汇报给中国政府,资助他们建一个法雷。老师们一见到中国专家说的第一句话也是"我们需要一个法雷"。可见,法雷对于岛民的日常工作和生活多么重要。

当然,由于法雷的隐蔽性、私密性太差,又是大家庭生活起居的主要场所,在偏远的农村,性侵事件亦有发生。作为一个外来人,每当形态各异的法雷映入眼帘,我们总会默默祝福居住在法雷里的人们永远幸福,发生在法雷里的故事永远美好……

图5-42 现代建筑材料建成的法雷

图5-43 乌波卢岛东南海岸白沙滩海边的法雷 （摄影：买婷）

二 织女下凡——精美的草席编织

前面已经提到,萨摩亚是个仪式感非常强的国家,凡诸如婚丧嫁娶等大型聚会都有一套烦琐的流程,其中一项就是向马他伊、牧师和重要宾客赠送礼品。在所有的礼物中,草席的用量和耗资相当大。

萨摩亚人十分喜爱草席。法雷里铺上几张草席,一大家子人就可以纳凉闲谈了。卧室里没有床,一张草席足可以让家人安然入睡。每个学校里都开设草席编织课,桌椅不够了,随手拽出几张草席,盘腿而坐一样可以聚精会神地听上几节课。每周的全体学生大会,整个大法雷里铺满草席,全体学生席地而坐,不失为萨摩亚的一道独特风景。

用来编织草席的植物叫露兜树,一种常绿野生灌木或小乔木,叶片由根部逐渐变尖,长 80—100 厘米,宽 4—5 厘米。将长至一定长度和

图 5-44 露兜树

宽度的叶片采摘下来,浸泡在热水里 24 个小时以上,捞出晒干卷起来,就可以留待日后编织使用了。

草席分为两种:一种是比较粗糙的席子,材质厚而硬,编织粗糙,只是简单地将露兜树的叶片割成宽约一厘米的长条进行纵横编织或者呈 45 度角斜线编织,没有图案花纹,可以直接铺在地上,称作地席。这样的编织技巧女孩子们从小跟随长辈学习,均能掌握。编织这样的一张 2 米×1 米的席子一般一周左右就可完成,所有场所地面上铺的均是这一种,因此被称作地席。另一种是选材细腻、柔软,图案精美,织法细致,四周进行花边装饰,称作睡席或者精席,这种席子必须铺在地席上面,在仪式上赠送的都是这样的睡席。相对而言,精席的制作十分考究,叶片割得越窄,编织要求越高,耗时越长,价位也越高。一张席子

图 5-45 坐在草席上开会的学生们和学习草席编织的女生

会耗时三五个月甚至更长时间。待编织完毕，还要在四周缝上羽毛。从前，羽毛主要取自飞鸟，现在岛民们主要用鸡毛代替。其实，萨摩亚人很少使用精席，他们往往只把它作为馈赠佳品，从一家传递到另一家，有的精席可以保存若干年。由于萨摩亚的大学入学率仅为11%，所以中学教育主要以培养技能为主。其中学课程就有专为男生开设的木工、车工等技能课，为女孩子开设的草席编织、食品加工、服装裁剪制作等课程。女孩子们编织的草席一般介于地席和精席之间，叶片不会太细，但也足见精致。

在中国传统文化中，女性总是被赋予温柔贤淑、勤劳智慧等人格魅力。更有《孔雀东南飞》中对焦仲卿之妻赞誉道："十三能织素，十四学裁衣。"我想说，在萨摩亚，每一个女孩子都是如此，她们可能书读得不多，琴也不会弹，但透过她们清澈的眼神可以感受到她们善良的内心，而那些穿过指尖的露兜树的叶片也足见她们的勤劳和智慧。

三 天生我材必有用——树皮上作画

来到萨摩亚，一定要吃面包果，一定要穿拉瓦，一定要去图苏阿（Tu Sua）的心形海沟游泳，一定要参观巴哈伊教堂，一定要去感受萨瓦伊的风洞，一定要欣赏这里的混血美女，还有，一定要带走一张树皮画。

在树皮上作画是南太平洋岛国最古老的传统工艺，广泛流行于南太平洋各岛国中，是这方水域最具历史感和地方特色的艺术品。用于制作树皮画的是一种叫作构树的特殊树种，这种树主要生长在亚热带和热带地区，树高可达10—20米。一般用于制树皮画的树干取自10—14个月、直径2.5—5厘米左右的幼苗。

具体来讲，先用一把锋利的小刀把树皮整个剥下来，再把绿色的树皮和内层皮分离开来。接下来把剥下的内层皮铺在一块硬木板上，用蛤蜊壳沾水反复刮洗，把树皮里的汁液挤压出来。为了保证将不同方向不同结构的汁液全部挤压出来，操作者要用三种不同型号的蛤蜊壳反复洗刮。这样，树皮在外力的作用下，纤维逐渐拉伸拓宽，最后长度和宽度

图 5 - 46　用来制作树皮画的构树

都要比刚刚割下来的树皮胀出 1/2 左右，树皮也会变得柔软一些。为了使其更加柔软和富有韧性，接下来便将其折叠起来，成一立方体，用一木槌反复捶打，确保树皮内部的纤维均匀并富有充分张力后，将其摊开晾干，一张树皮便做好了。

相比前期树皮的制作过程，图案的印染则是一道精细活儿。一般来讲，树皮画的制作有两种方式，一是用固定的图案模板，二是自由发挥。现在市面上出售的树皮画均是根据模板制作而成，与国内的木版年画相似。模板的大小一般有两种，30 厘米见方或者 60×30 厘米的长方形，树皮画的制作并不复杂，对技术也没有太高的要求，如果想制作尺寸大一些的，也只是将上述的小图案重复印染。但制作一张如席子般大小的树皮画也是颇能考验人的耐力的，因为每张树皮的宽度有限，图案大小有限，所以对于接缝处的要求自然也就高一些。这样的树皮画售价也相当不菲，市面上见到的不多，笔者见过两张大约 2 米 × 2 米甚至更大的树皮画，都是在非常隆重的仪式上，询问了树皮画的主人后，被告知价值5000塔拉左右。能够赠予或用得上这么高大上的树皮画也说明了其家族的兴旺和对仪式的重视。

图5-47　正在制作树皮画的妇女

图5-48　树皮画图案：捕捞海龟的网和风中摇曳的椰树

图5-49　树皮画图案：编织草席的露兜树的根叶和含苞待放的香蕉树

图 5-50　树皮画图案：自由翱翔的小鸟

艺术源于生活。树皮画的图案是经过若干年流传下来的经典图案，多与岛民的日常生活有关，如用于捕捞海龟的网、风中摇曳的椰树、编织草席的露兜树的根叶、含苞待放的香蕉树、自由翱翔的小鸟等。①

工匠们将树皮铺在带有传统图案的木板模具上，拿一块小椰壳或者干燥的露兜树的树籽蘸着染料一点一点地印染图案。用于树皮画的染料并不丰富，主要有红色、砖红色、黑色和黄色，均取自于大自然。红色主要取自一种叫作血树（blood tree）的树干，将树干的内皮撕下，将染料挤出；黑色主要通过焚烧一种叫作石栗树的种子外壳，将这种木灰掺水混合而成；砖红色主要取自于一种叫作唇膏树（lipstick tree）的种子，将种子剥开，小心翼翼地将里面的粉取出掺水融解；黄色主要取自姜黄根。

---

① Siapo，皮画网（http://www.siapo.com/dyes.html），访问时间：2018 年 5 月 14 日。

图 5-51　印染树皮画的染料①

给树皮画上色是需要极大耐心的。由于树皮疤痕和薄厚度不同，时常会有漏洞和破损现象，因此同样的图案需要在三层树皮上同时完成。待第一层图案上完色之后，随即铺上第二层树皮，重复印染，接着是第三层树皮，这样一张完整的树皮画一般至少需要由三层带有相同图案的树皮叠在一起。完工后的作品需要进一步的晾干，才可以出售或者继续用作其他工艺品的原料。

同精美的草席一样，树皮画是南太平洋岛国如斐济、汤加、萨摩亚等国的身份象征和标志性礼品。这一传统工艺品主要由妇女制作，而制作者往往没有享用它的权利。一般来讲，在大型聚会活动如新的马他伊

---

① Siapo，皮画网（http://www.siapo.com/dyes.html），访问时间：2018 年 5 月 14 日。

图 5-52　树皮画制作流程

当选或在贵宾的迎送仪式上，才会由马他伊的女儿将树皮画或者精席裹在身上向客人敬献卡瓦酒或者表演舞蹈。所以，在一支舞蹈队伍中，站在中间的那位不一定是表演最出色的，但一定是地位最显赫的，也只有她才有权利裹上树皮画。当然了，现在岛民们会用树皮画做成装饰用的腰带、女式手包、沙发或汽车靠背等，有的甚至拼接成更大的床席。总之，能够用上树皮画的人家一定是富足和讲究之家。

　　初来萨摩亚，听人提起树皮画，以为那只是一种叫法而已，不是真的在树皮上作画。而当你参观了岛民们制作树皮画的过程后，便深深地为他们能够发掘和传承这种传统工艺而赞叹。说句真心话，树皮画图案色彩单调，树皮粗糙且不够方正，丝毫不能带给人愉悦之感，不能说有多少艺术价值，但可以肯定地说，它有极高的文化价值。一张张树皮画仿佛在向你述说着这个国家的风雨历程,还有岛民们的纯朴和智慧。

四 刻刀下的风土人情——传统木器制作

萨摩亚的热带植被非常丰富。迄今为止,萨摩亚人仍保留着就地取材的传统,日常生活的所有物品皆取自大自然。他们是天生的能工巧匠,树干、树皮、贝壳、椰壳甚至杂草在他们手里都可以被打造成精致的装饰品和日常用品,其中木制品的制作与雕刻就颇具特色。其木材的使用量也颇为可观。不同的木材有不同的用途,萨摩亚人对于木材的质地、用途了如指掌。

由于炎热的天气,大大小小的法雷成了萨摩亚颇具特色的风景,而

图 5-53 各式立柱

用以支撑法雷的圆木不仅起着立柱顶千斤的作用，还是传统工艺的最佳展示地。岛民们常常使用一种叫作桃花心木树（mahogany）的树种来造房子。诸如房顶的大梁、橡子、法雷的立柱等。这种木材树干笔直，密度大，支撑力度强，所以是岛民的建房首选。一根圆木立柱一般直径在30厘米左右，在这样的圆柱上，刷上棕红色或黑色的油漆，雕刻上有棱有角的动物或人体等各种极具岛国原始风味的图案，既增加了历史韵味，又让人望而生畏，凭空产生某种敬畏之感。

萨摩亚人的生活特别夸张。他们穿色彩艳丽的服装，戴奇大无比的项珠和耳环，开让人脸红的玩笑，不分时间地点肆无忌惮地尖叫。这种夸张同样也体现在他们的雕刻艺术作品中。尽管萨摩亚全民信教，而且98%信仰基督教，但基督教的到来和传播也只是近200年左右的事情，在他们的历史长河中，一直充满了图腾文化和图腾信仰。木器雕刻、贝壳制作、树皮画、椰壳工艺、包括传统印染等都浸润着一种极为夸张的图腾符号。

用于雕刻这种巨大而夸张的装饰木材是榕树（Aoa）[①]的一种。与其他硬木不同的是，这种树木在生长过程中极易开裂，许多树从底部就开裂，但生长依然旺盛茂密，其树干层峦叠嶂，树冠重重叠叠。萨摩亚人往往将这种树根用作雕刻大型装饰品，巧妙地利用树的自然形态勾勒出千姿百态、丰富多彩的日常生活。展翅欲飞的小鸟、自由游动的鱼、随风摇曳的树枝、婀娜多姿的少女等雕刻得惟妙惟肖。这种壮观的大型工艺品主要用于酒店、机关单位的门厅。

在萨摩亚，还有一种专门精雕细刻的容器——卡瓦酒盆，一般以马胡列（Maholiant）[②]和柑橘（Tanberine）树为原料。这些树种均生长缓慢，树木质地坚硬、密度大、造型容易、不易腐烂，因此售价也颇为不菲。卡瓦酒盆不论大小均由一块木材制作完成。传统的卡瓦酒盆底呈尖

[①] 此处为萨语，这种树在萨摩亚用途十分广泛，是榕树的一种，是百姓建房造船的常用树种。

[②] 此处为作者走访萨摩亚国立大学艺术专业教师所得，但无法获知其汉语译名。

图 5-54　萨摩亚 EFKS 博物馆里的大型木雕

形,有四个脚向中间聚拢,后来逐渐改良成根据盆的大小来决定脚的多少,且通体圆柱形。这种圆形盆口的直径为 12—30 英寸不等,盆底均匀分布着圆柱形的与盆身一体的支撑腿儿,4—24 个不等。卡瓦酒盆的盆沿、盆身内外都雕有各种图案,主要以萨摩亚的传统图案为主。另外还有颜色搭配,显得更加立体和丰富。

值得一提的是,卡瓦酒盆现在已经不仅仅是招待贵宾的专用容器,还是一种装饰品和工艺品了。在许多单位的迎宾厅或者前台都会摆放着一个大型的卡瓦酒盆以彰显品位。作为工艺品的卡瓦酒盆的雕刻更加精细,装饰性更强。同树皮画一样,已成为萨摩亚的旅游主打产品。

图 5-55　卡瓦酒盆

　　萨摩亚的木器制作从定型到雕刻基本都是纯手工完成。工匠们利用各种工具如锤子、钻头、刻刀等从一整块硬木上挖制雕刻出各种工艺品。萨摩亚人用椰壳、贝壳的能力非凡。在许多木制工艺中会镶嵌着各种贝壳,与中国古典家具的嵌贝类似,令人既感亲切又耳目一新。

　　目前萨摩亚国立大学艺术学院设有雕刻专业,学生们创作的作品就体现了较为浓厚的生活主题。马、狗、蟹、猪以及各式鲜花都是他们的创作素材,体现了当代萨摩亚大学生的活泼、前卫和创新。

图5-56 萨摩亚国立大学艺术专业学生在制作木雕作品

一方水土养一方人，木材的选取使用、木器制作与雕刻给了萨摩亚人相对方便舒适和艺术性的生活。但当外部世界正在飞速变化的时候，当许多传统手艺正在大量失传的时候，当联合国不得不启动非遗项目来阻止那些优秀传统流失的时候，在中国政府已经启动国家级、省级、市级和县级非遗项目申报并寻找传承人予以资助的时候，在这个小岛上，有这样一个民族，他们不为外界华丽的世界所诱惑，以自己的方式、自己的节奏，守护着自己的文化，过着自己的生活。难怪许多人来到萨摩亚后会发出这样的感慨：

萨摩亚，是一方净土！

萨摩亚，是全世界最后一个未被开发的国家！

萨摩亚，是一个可以让时间停下来、任由你发呆的地方！

萨摩亚，是一个你寻梦的地方！

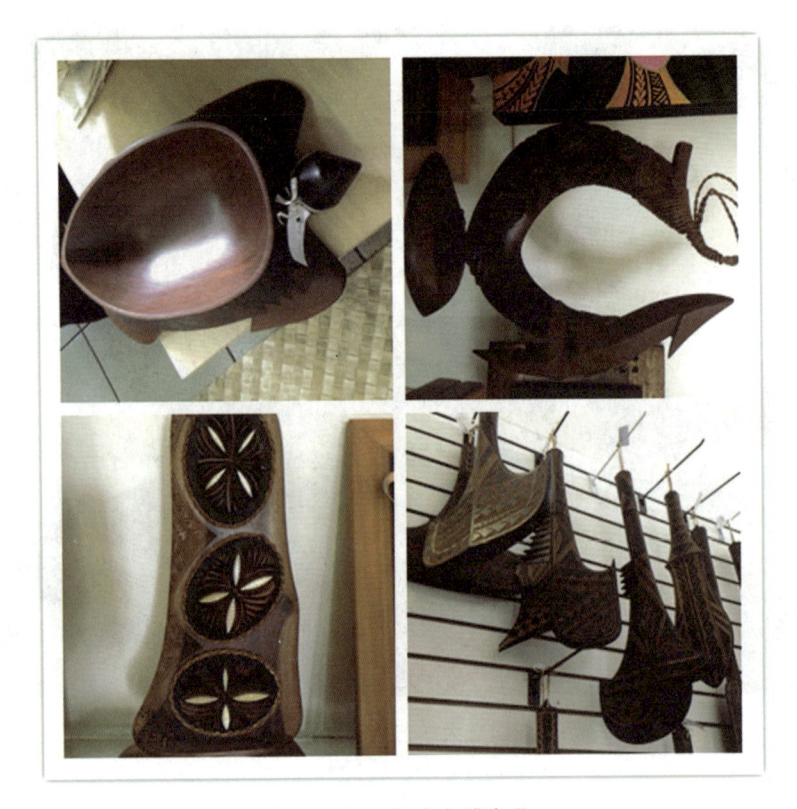

图 5-57 各式木雕商品

第四节 萨摩亚人的宗教生活

萨摩亚是一个全民笃信宗教的国家,宗教已经成为人们日常生活不可或缺的精神支柱。从政府部门到地方村落的大小会议,各级学校里面从校会到班会,每个家庭从起床就寝到饭前饭后,从子女结婚到家人过世,等等,人们唱诗颂读、祈祷感恩,牧师的讲解与信徒的歌声轮番交替,时而庄严,时而轻松,时而笑声不断,时而又低吟啜泣,他们每时每刻都与神联结在一起。

一 萨摩亚的宗教分支

根据 2016 年萨摩亚人口普查,在全国 195843 人中,没有信仰者

381人，没有明确表明有信仰者94人，信仰宗教的人数达98.8%，而且绝大多数信仰基督教。根据统计，目前在萨摩亚共有24种宗教，其中3大宗教信仰人数最多，也较稳定，这3大宗教均是在早期基督教的基础上分化而成，主要有伦敦公理会、罗马天主教、摩门教。另外，目前在萨摩亚有极少数的印度教、佛教和犹太教徒，并有一个小型的穆斯林社团和一座清真寺。① 详情见表5-1。

表5-1　　　　　　　　　萨摩亚宗教信仰一览表

名　称	2001年人口普查	2006年人口普查	2011年人口普查	2016年人口普查
伦敦公理会	34.8%	33.8%	31.8%	29%
罗马天主教	19.6%	19.6%	19.4%	18.8%
摩门教	12.7%	13.3%	15.1%	16.9%
卫理公会	15.0%	14.3%	13.7%	12.4%
神召会	6.6%	6.9%	8.0%	6.8%
基督复临安息日	3.5%	3.5%	3.9%	3.5%
其他	7.7%	6.6%	7.9%	12.6%
无信仰者	0.1%	2%	0.2%	0.0%（94人）

注：本表根据萨摩亚统计局2001、2006、2011、2016年人口普查报告整理而成。

行走在萨摩亚的大街小巷、城镇乡村，见到最多的也是最精美的建筑物就是教堂了。可以说，萨摩亚人一出生宗教就伴其左右，他们把宗教看成是天然的和理所应当的，丝毫不去怀疑，更不敢去试探。因此，在萨摩亚的权力行使中，还有一种相当重要的隐性权力阶层——教会和牧师。② 一般来讲，每一个教堂有一个常驻牧师，负责整个教堂的日常

---

① Bureau of Democracy, Human Rights, and Labor, *Samoa 2012 International Religious Freedom Report*, Washington: United States Department of State, 2012, p. 2.
② 在萨摩亚，每一个教派都有一个总部，对神职人员进行统一管理。首先，牧师被认定为一种职业，必须毕业于神学院，然后到各自总部注册，被分配到地方教会，一般还要定期轮换。大部分教会定期给神职人员发放薪水，也有教派的神职人员属无偿奉献，没有任何报酬。

事宜，包括星期天的读经祈祷，信徒的婚丧嫁娶、捐赠的善款和物品等。除此之外，村民们遇有婚丧嫁娶等大事，还会请临近的牧师或要好的牧师前来参加，因此，牧师们会经常忙于参加这种大型活动，牧师所受到的礼遇、尊重与敬畏丝毫不亚于马他伊，[①] 牧师对人们精神世界的控制丝毫不亚于马他伊对村民的管理。

尽管萨摩亚国小人少，但由于交通不便，信仰者主要是在各自村子里进行活动。因此，现在每个村子里至少建有三个教堂，就是信仰人口占前三位的伦敦公理会教堂、罗马天主教堂和摩门教堂。当然，如果村子大、人口多又较为富有的话，即使同一教会也会有两个甚至多个教堂。每个人的教会和教堂一般是固定的，定期奉献教费、参加聚会。因此，每一个村民除了从属于自己的大家庭和村子以外，还从属于所在的教堂。他不但要接受大家庭和马他伊的管理，还要接受教会的管理。当他犯了错误后，除了接受家庭和村里的处罚（特别严重的要接受国家法律的制裁）外，还将面临教会的处罚。而且从某种意义上来讲，教会的处罚应该是最严重的处罚，这并非是诸如罚款之类简单的事，而是教会及其亲属对他的不认可。

总之，宗教信仰是萨摩亚国家管理和文化生活的一个重要组成部分。它不仅是岛民的精神寄托和心理依靠，而且在某种程度上，业已成为萨摩亚权力阶层的一个重要组成部分，有力地协助基层政府对岛民进行约束和管理，从而降低了岛国的犯罪率，也降低了萨摩亚政府机关的运行成本。当然，宗教信仰在某种程度上也制约了岛民的进取心，一味地依赖上帝的恩赐和国际援助，把大量时间和金钱花在了读经祷告和宗教仪式上，缺少自我奋斗的自觉意识，贻误了经济发展的时机，弱化了自我发展的有效机能。

[①] 活动结束时，主办家庭会有一个隆重的馈赠仪式，向马他伊和牧师赠送现金、草席及各种食物、饮品，价值不菲。萨摩亚神职人员由教会总会定期发放工资，教会所有捐赠收入一律上交总会。但神职人员参加各项活动所接受的馈赠物品是不用上交的。目前看来，神职人员在岛民中属于比较富有的一个阶层。

图 5-58　每周升旗仪式上的学生们

二　萨摩亚的教堂

来到萨摩亚，除了享受蓝天白云等自然景致外，印象最深刻的莫过于不断跳入眼帘的教堂了。大大小小的村落里，路两旁，每隔几步路就会有一座教堂，有的精美华丽，有的简约朴实，有的年代已久，有的刚刚落成。与学校、民居等建筑相比，教堂就是这里最精美的建筑了。从教堂的数量和建筑质量上可以明显地感到，宗教已深深地根植于萨摩亚人的血液中，成为他们本土文化的一部分。

在萨摩亚，每个人都有属于自己的教堂，教堂是岛民们精神世界的载体和主要活动场所。前面已经提到，萨摩亚的教堂主要分属于三个都会：伦教都会、天主教和摩门教，除此之外，还有卫理公会、神召会、后期圣徒、七天复临安息日等教堂，但前三种教堂居多。在萨摩亚住的时间长了，远远望去，单从教堂的建筑风格和色彩就可以大致分辨出是哪一个教派的教堂了。

图 5-59 萨摩亚首都阿皮亚的天主教堂

在所有教堂中，有一座教堂非常著名，那就是巴哈伊教堂。巴哈伊教是全世界最年轻的宗教，信徒不超过 800 万，该教不接受馈赠，所有经费依靠教徒捐赠，信徒主要在家里举行聚会。因此，尽管目前在全世界预留了 120 个以上的场地用来建筑巴哈伊教堂，但已建成的仅有 8 座。①

这 8 座教堂的大小、高度、占地面积不同，但有一个共同的特点，就是都有 1 个圆形拱顶以及 9 个对称的门，象征着所有的门对全世界所有的宗教信徒开放，表明了巴哈伊教的包容性和天下大同的教义。萨摩

---

① 这 8 座教堂分别坐落于：美国伊利诺伊州威尔梅特、乌干达坎帕拉、澳大利亚悉尼、德国法兰克福、巴拿马巴拿马城、印度新德里、智利巴哈、萨摩亚阿皮亚。

亚首都阿皮亚就建有一座这样的教堂。巴哈伊教在萨摩亚信奉者为数很少，但这座巴哈伊教堂确实是这个国家最具规模的教堂。该教堂位于首都阿皮亚瓦伊阿山（Vaea）的山顶，占地面积约20英亩，院内栽有超过60种萨摩亚本土特有的植物。石头铺成的小道、木制小桥、绿色的植被、阳光透过树梢播撒下来斑斑驳驳的光影，无不彰显着它的与众不同。教堂内部更是富丽堂皇。整座教堂内高28米，由上下两层构成。教堂雄伟壮丽，现代化的钢筋水泥与古朴的优质原木浑然一体，金碧辉煌。

图 5-60　位于萨摩亚首都南部瓦伊阿山山顶的巴哈伊教堂

在萨瓦伊岛，有一座纪念教堂，也是该岛最大的教堂，为了纪念1830年初次登陆萨摩亚的约翰·威廉而建，也是萨瓦伊岛伦敦教会总部所在地。整个教堂威武、华丽，教堂对面便是约翰·威廉的墓园，教堂旁边则修砌着马列托亚之墓，三者相对独立又相互联系，充分表明了

图5-61　萨瓦伊岛的伦敦教会总部

图5-62　马列托亚之墓

伦敦教会初入萨摩亚之际,受到岛民的抵触、疑惑和接纳的过程,尤其是当时的总马他伊马列托亚不但带领全家人接受了基督教,而且为传教士提供了住所、食物等帮助,对基督教在萨摩亚的落地生根起到了决定性推动作用。

刚来萨摩亚就听一些华人朋友说,来到萨摩亚你如果发现不了她的美,那是白来了! 的确如此。萨摩亚的美来自于她的天然去雕饰,处处皆风景。在萨三年时间里,除了有限的几处叫得上名字的景点外,更多的是大家随性又随意地出发,找一处空地席地而坐,任凭或温柔或肆虐的海风吹送,大家或思念沉默或谈天说地,让自己完全放飞在这碧海蓝天之间。当然,引起你更多疑惑的还是那些宁静而庄严的教堂,还有教堂看护人员的热情和虔诚。可以说,在某种程度上,宗教带给了萨摩亚人宽厚仁爱的性格,沉静平和的内心,还有不攀不比的生活状态。

三 萨摩亚人的礼拜天

毫不夸张地说,萨摩亚人自出生之日起,宗教教育就伴其左右。尽管萨摩亚没有官方规定的国教,国家宪法规定公民信仰自由,但 2009 年萨摩亚出台的教育政策规定,自 2010 年始,萨摩亚小学阶段必修课开设圣经学习课程,同时在中学里开设选修课。[1] 另外,中学还设有定期集中进行圣经学习的时间。学校里的一切集体活动前均要唱诗、祈祷、讲道,音乐学习主要以圣经歌曲为主。每个家庭每天早晚要集体祈祷,吟唱圣经歌曲。每个村子傍晚时都会响起钟声,提醒大家开始祈祷,禁止喧哗。星期天是的的确确的礼拜天。这一天,所有商店歇业,出租车、公交车停运,所有海域禁止游泳,游客进入村子需要保持安静甚至有的村子禁止游客进入。去教堂做礼拜者要盛装出行,所有人均着白色衣服,多数女性还会戴白色礼帽,颇像欧洲中世纪的宫廷女郎。在教会中学习、为教会服务的孩子也会一袭白色正装,早早地到达教堂。

---

[1] Bureau of Democracy, Human Rights, and Labor, *Samoa 2012 International Religious Freedom Report*, Washington: United States Department of State, 2012, p.3.

图5-63　位于首都阿皮亚的摩门教总部

星期天的活动分上午、下午两次，内容不一，时间自由选择，许多信徒两个时间段都会参加。笔者刚来萨时，住在校长家里，校长的儿子迈瑞可（Mereko）——一个15岁的中学生，就是一位虔诚的教徒。平时每天早上起来后都会看到他的身影，但星期天早上我没有见到他，原以为他在睡懒觉，后来得知，他一早就去教会开办的星期天学堂学习去了。他介绍说自己已经在星期天学堂里读了11年了，明年毕业。问到他是否厌倦和觉得浪费时间，他摇摇头，说很喜欢，因为上帝救过他的命。① 教堂规定孩子们要在"星期天学堂"里接受为期12年的圣经教育，时间为每周日上午8点至9点。学习结束后直接参加聚会。孩子们

图 5 - 64　在塔菲力卢皮他马列·塔乌法弗（Tafililupetiamalie Taufafo）老人的百岁生日聚会上，端坐在重要位置的牧师和夫人

---

① 据校长介绍，他刚出生不久得了新生儿肺炎，住院治疗，但家人和他本人一直坚信是上帝救了他的命。

一般从 3 至 4 岁开始去星期天学堂学习，最初两年主要学习书写和语言。从第三年开始进行圣经学习。

图 5-65　星期天去教堂做礼拜的学生

萨摩亚人的家庭观念很重。在他们看来，家庭事务重于一切。因家庭成员的婚丧嫁娶请假一周甚至更长时间的情况司空见惯并被认为理所应当。这个时候也是全村人最忙碌的时候，家人甚至要倾其所有操办得红红火火，远在海外的亲属也要不远万里回到家中。村子里的乡村议事会帮忙张罗，进行为期一周甚至更长的烦琐仪式。整个仪式是传统与西方的结合，既有马他伊主持和操办一切事物，更有牧师前来带领大家读经唱诗，而且从牧师的就座位置和就餐顺序可以看出其享受贵宾礼遇。

　　在萨摩亚，牧师的妻子也是倍受瞩目和尊重。牧师妻子的发型与众不同，她们在高高挽着的发髻外面套上一个黑色的网罩，再配上白色的礼帽礼服，显得颇为高贵和神圣。而陪同她出行的当地女性神情上也往往显得格外自豪和满足。可见，宗教信仰已经深深地植根在萨摩亚人的日常生活中了，它同萨摩亚其他传统文化一样得到延续和尊重。

图 5-66　复活节演出的学生们

在萨摩亚，一年中有几个非常重要的法定节日：圣诞节、复活节、国庆节、母亲节、父亲节和儿童节。母亲节与欧美国家一样，在五月的第二个星期天，父亲节在八月的第二个星期天，儿童节则定在每年十月的第二个星期天，因为星期天是去教堂做礼拜的时间，所以这几个节日都被称作白色星期天，他们庆祝节日的方式也都与宗教有密切关系，那就是每个家庭成员都会穿上漂亮洁白的礼服前往教堂做礼拜，庆祝节日。

2016年的母亲节和儿童节，笔者恰好在一家华人百货商店做调查，感触颇深。整个阿皮亚镇中心人山人海，商店里人头攒动，水泄不通，等待结账的队伍排得很长很长。子女买给妈妈的礼物，父母买给孩子的礼物，有的很昂贵，约一两百塔拉，有的则只花三五塔拉，但每一份礼物都浸透着亲人浓浓的爱意。无论收到什么样的礼物，妈妈们、孩子们

图 5-67　庆祝儿童节的孩子们　　　　（摄影：肖燕）

都会十分欣喜，很少见到他们互相攀比、妒忌和气恼。

2018年的母亲节是笔者最难忘的一个母亲节。5月11日——星期五——早上九点钟，萨摩亚瓦伊马乌阿（Vaimauga）中学庆祝母亲节的活动开始了。一位男教师举行完祷告仪式后，校长主持邀请每一位女教师上台，在一片尖叫欢迎声中，孩子们为每一位女教师佩戴上至尊的花环，每个班轮流为自己的班主任献上礼物，朗读他们自己写的诗歌，走到面前亲吻自己的老师。多数老师都感动得流下了眼泪。

关于儿童节的来历，有两种说法，一种说法是这是上帝的安排，为了庆祝丰收或即将到来的丰收；另一种说法是为了纪念在1918年爆发的大规模流感，因为这场流感夺去了萨摩亚近1/5的人口，其中包括许多孩子。①

平心而论，离家万里，来到这一方小岛上，内心的孤独感不时袭来，看到萨摩亚人在极简的生活环境里还可以如此满足和放松，有时候不免心生羡慕。但更多的时候，还是希望他们可以在固守自己的传统文化和生活方式的同时，多多地走向外部世界，感受现代科技，享受一种既现代又传统的生活。

---

① 有关当时大规模流感和时任行政长官劳干（Logan）详见本书。

第六章　萨摩亚的旅游资源

萨摩亚被誉为南太平洋的水上明珠，以其浑然天成的自然景观和浓郁的文化风俗而著称于世。近年来，萨摩亚一直致力于打造旅游业，并且将目光瞄准了中国市场。早在 2016 年 10 月，萨摩亚就与中国政府签订了直航协议，但鉴于游客数量较少，一直没有直飞航班。①

第一节　萨摩亚的地文景观

一　土苏瓦心形海沟

在首都阿皮亚所在的乌波卢岛东南海岸，有一个心形深坑，被誉为萨摩亚最著名的景点，当地人称之为土苏瓦海沟（To Sua Ocean Trench）或者巨形游泳天池（Giant Swimming Hole）。从高处俯视，整个海沟颇像一个心形，华人同胞习惯称其为心形海沟或深坑。整个海沟深约 30 米，水域面积 200 平方米左右，周围被茂密的热带植被环绕，没有任何攀爬扶手，只有一个深约十几米、宽约六七十厘米的直梯通往沟底，梯子很是陡峭，上下只容得下一人，上行与下行均要先观望一下上下有无来人，有时顺势跟随前面的人上下也相当危险。

之所以被誉为最令人神往和迷人的景点，乃因此沟天然形成，与大海相隔数米，底部凹凸不平，沟底有通道与大海相通，沟内水深大约两

---

① "Door Opens for Direct Flight between China and Samoa", *Samoa Observer*, 25th October, 2016（1）.

图6-1 土苏瓦心形海沟

图6-2 左：从高处一跃而下的勇士 右：通往深坑的的梯子

米，海水清凉无比。外来游客攀爬扶梯进入深坑都须小心翼翼，但本地的小伙子们则会相约一起跳下去。从 30 米的高度腾空跳下是他们的乐趣和荣耀，堪比高台跳水，令人瞠目结舌。但由于水深随着每天的潮涨潮落有较大起伏，有经验者会先下去打探一番方才决定是否玩这种刺激性游戏。

二　萨瓦伊岛的风洞

风洞，是笔者于 2017 年 4 月前往汤加考察时在当地向导带领下感受到的大自然又一魔幻。而在萨摩亚最大岛屿萨瓦伊岛上，同样有这样一处大自然的神来之笔。

萨瓦伊岛西南部塔阿（Taga）村是著名的观洞村，通过村子直达海边便可欣赏这神奇壮观的天然喷泉。村口的一个简易法雷里长年坐着这个风洞的主人——一位年过 50 岁的中年妇女。[①] 沿着岸边坑坑洼洼的泥路走进去大约一千米便来到喷射最高的地点。蓝色的大海卷起白色的浪花从远处袭来，猛烈拍打岸边岩石的刹那，令人在心中不觉吟诵起苏轼的那句"乱石穿空，惊涛拍岸，卷起千堆雪"。但其令人震撼的地方并不在于这千堆雪，而是波涛汹涌的海水撞在黑色的岩石上，瞬间从成百上千个岩洞中喷薄而出，有的像喷泉，仿佛一柱擎天；有的则绽放出大团大团的浪花水雾；也有的像涓涓细流温柔地流出。脚下由活火山喷发而成的坚硬黝黑的海岸与喷向天空的洁白的水柱相映，形成鲜明对比。放眼望去，绵延的海岸上水花此起彼落，怎一个壮观了得。

碰上海水涨潮、风大浪急的时候，主人会向你竖起大拇指，意思是你们真是好运。这时游客们也会顺手捡起一个椰壳远远地投入洞里，待海浪一波一波地涌来，便屏气凝神地望着洞口，看着随着那一柱浪花喷薄而出的椰壳便会开怀大笑，心情大好。

[①] 萨摩亚的土地大多属村子所有，由村里的高级马他伊分配给村民使用，因此，许多景点均归私人所有，风洞即是如此。

图6-3 壮观的风洞

三 罕见的瀑布

由活火山喷发而成的萨摩亚岛,整体地势不高。其全国最高点位于萨瓦伊岛腹地，高约1813米。因此，尽管在气候上，萨摩亚属于热带雨林气候，但能够形成壮观瀑布的地方十分有限。在萨摩亚待得久了，能够欣赏到一抹瀑布还是十分欣喜的。萨摩亚最负盛名的瀑布是乌波卢岛东南部乐土法嘎村（Lotofaga Villege）的索普阿嘎瀑布（Sopoaga Falls）和福伊披萨瀑布（Fuipisia Falls）。这两处瀑布距离很近，位于该岛东部穿山公路的中南段，也应该是萨摩亚最为壮观的瀑布了。公路旁会有关于瀑布的指示牌，每一处瀑布均有人守护，也是私人所有。两处瀑布隔着一处山涧遥遥相望，从百米左右的山顶倾泻而下，流入谷底的一方池水里。飞流直下、水花飞溅，却又遥不可及，令人望瀑兴叹。可以与这两处瀑布相媲美的、距离首都阿皮亚最近的是帕帕帕帕伊塔伊瀑布（Papapapaitai Fall），也是最为壮观的百米瀑布之一。

图6-4 福伊披萨瀑布（Fuipisia Falls）

如果想近距离地感受瀑布,可以去萨瓦伊岛的阿福阿乌瀑布(Afu Aau Falls)。该瀑布位于萨瓦伊岛东南角,交通便利,更难能可贵的是瀑布直接流入一天然水池,游客可直接感受到飞流而下的瀑布从头顶浇下的清凉与刺激。

此外,萨摩亚较为著名的瀑布还有乌波卢岛上的帕帕森阿石头滑梯(Papaseea Sliding Rock)和托根托根嘎瀑布(Togitogiga Waterfall)。这两处瀑布落差均不大,但可以人瀑共舞,从高一些的地方顺着瀑布的水流滑进水池和从高处纵身跳下与瀑布一同钻进池水,令人惊心动魄。

在萨三年的时间里,每年都会接待几拨短期来萨的朋友,他们会迷恋白沙滩的清纯,会沉思黑沙滩的神秘,唯独不会被萨摩亚的瀑布所触动。也许是看过了国内各地宽阔宏大的瀑布之后,确有千帆过尽的高冷。但精致小巧的萨摩亚瀑布,无关世事,无关风月,它们处在某一个角落,属于某一户人家,倒是颇有一种:你来,我张开双臂;你走,我挥一挥衣袖的洒脱。

第二节 萨摩亚的水域风光

萨摩亚,这颗南太平洋上的明珠,被誉为人间天堂。而其最负盛名和引人入胜的还是她那变幻莫测的水域风光。

一 天生丽质白沙滩

在萨摩亚,只要有朋友来萨,我一定会带他们去一趟白沙滩。因为,那是萨摩亚最美丽的地方,最自然的地方,最纯净的地方。白沙滩,当地人称之为拉勒马努海滩(Lalomanu Beach),位于乌波卢岛东南海岸,以其沙滩的细腻柔白而闻名。每一位到达此地的游客,无不被那湛蓝的海水和细腻的白沙迷得如醉如痴。尤其是当你眺望平静的大海时,你无论如何也想象不到为什么海水会从岸边的绿色逐渐过渡到湖蓝色至深黑色,许多游客禁不住张开双臂扑进去,去拥抱她的美丽,去享

图6-5 静静的白沙滩

图6-6 人与自然和谐共处

受她的纯净。而当你赤着双脚缓缓走在细腻的白沙之上时，炽热的细沙钻入你的脚缝，咬噬着你的每一根神经，顿时有一种飘然之感……

白沙滩不仅因其美丽恬静吸引众多游客前来旅游，其岸边一个个原始古朴的法雷也是其颇负盛名的招牌。需要注意的是，萨摩亚所有的景点、山地均属于不同的村子，再由村子中的马他伊分给村民，因此，这里的法雷也分属于村民。往往一个家庭建几个法雷用以出租。法雷四周有简单的布帘，白天卷起，夜晚可以放下。像这样的一个简易法雷，白天简单的停车休息仅需花费几十塔拉，如果想享受清凉的海风和柔美的月光的话，则需要200塔拉一晚。

二 深沉宁静的黑沙滩

如果把白沙滩比喻成一位羞涩少女的话，黑沙滩则像一位沉稳的长者。黑沙滩，当地人称为阿嘎诺娃黑沙滩（Aganoa Black Beach），位于乌波卢岛南海岸中间位置，这是一片宁静的海域，在一条茂密的原始热带植被中开辟出一条公路，离主路有几千米车程，但只有四驱车方可进入。村口依然会有守门人若无其事地聊天和等待，每辆车仅需付10塔拉停车费，游客便可在那一湾静静地水域放飞自我。据说，从附近的马尼诺阿（Maninoa）村乘船也可进入，但笔者没有尝试过。

黑沙滩，环抱在一片半圆形的海域之中。蓝色的天空，洁白的云朵，高大笔直的椰树，更衬托出黑沙滩的神秘之感。一波一波的海浪冲向海滩，洗刷着岸边的岩石，许多珊瑚礁被冲刷得通体泛着白光，唯独黑沙滩，依然静候在那里。来到这里，你会失去在白沙滩一头扑进海水的热情，只有徜徉漫步的闲致，一波海水扑打过来，你身后的脚印荡然无存，不觉让你陷入某种富有哲理的沉思。听一位在萨摩亚打拼多年的华人朋友说，他一个人到过黑沙滩20余次，每一次的感受都不一样。我想也许每一次，他都带着不一样的心情来到这里，但他一定会被黑沙滩那宁静沉稳的脾性所感染，带着一颗博大宽仁的心离开。

图6-7　黑沙滩

图6-8　黑沙滩

三 浮潜和冲浪盛地

南太平洋各岛国一项重要的旅游体验便是浮潜和冲浪,各岛国均有几处著名的浮潜冲浪之地,萨摩亚亦是如此。

回到天堂(Return to Paradise)是一家享誉萨摩亚的度假酒店,位于乌波卢岛西南海岸的马塔乌图村(Matautu)[①]。是1951年好莱坞导演马克·罗伯森(Mark Robson)拍摄电影《回到天堂》的取景地。这是一片时而宁静时而波涛翻滚的海域,与白沙滩和黑沙滩不同,这里的岸边布满了黝黑发亮的火山石,退潮时,踩在滑滑的石头上面,眺望远处的海浪一波一波地向你涌来,再慢慢地向大海深处游去,小心翼翼又充满期待。待穿过巨大的岩石之后,奇妙的世界便展现在你的眼前,一丛一丛的珊瑚群,形态各异,五彩斑斓,游得飞快的热带小鱼从你的指间瞬间溜走,仿佛真的置身于人间天堂。

说起浮潜海域,在首都阿皮亚东部海岸也有一个隐藏之地,这是一户人家的私人海域,帕卢卢深海保护区(Palolo Deep Marine Reserve)[②]。因其门票为5塔拉,当地华人朋友习惯称之为"五块钱的海滩"。与其他海域不同的是,来这片海域的人们是为珊瑚而来,被海水冲到岸边的珊瑚遍布整个海滩,已经遮盖了海岸原本的样子。因珊瑚属二类保护动物,所有浮潜观赏珊瑚的人士需佩戴浮潜专业用具,漂浮进入珊瑚区。

萨摩亚著名的冲浪胜地位于南海岸中部和东部,但一般由专业冲浪公司经营。玛诺阿游客冲浪中心(Manoa tours surf samoa)和萨拉尼冲浪度假村(and salani furf resort)就是两家集冲浪、住宿和餐饮为一体的综合度假区,可以为游客提供冲浪设施、教练员和专业看护,让游客放心地畅游太平洋。

---

① 与萨瓦伊岛的马塔乌图村重名。
② 参见本书第五章第一节中对于帕卢卢的有关介绍。

图6-9　水下拍摄　　　　　（摄影：秦建波）

第三节　萨摩亚的人文景观

一　阿皮亚的民俗文化村

在首都阿皮亚游客中心后院里，有一个大约由30人组成的萨摩亚传统文化展示小组，每周二、周三、周四上午十点至下午一点，任何人均可以在此享受一场萨摩亚传统文化盛宴。4位萨摩亚英俊彪悍的小伙子，原汁原味的萨摩亚式传统装束，浑身涂抹椰油，腰部至膝盖处布满浓密的文身，腰间系上一块传统拉瓦、草席或者树皮画，小腿扎着翠绿色的由鲜棕榈叶编织而成的或者由椰壳制成的棕丝状的装饰品，黝黑发亮的肌肤，宽厚的肩膀，夸张的项珠，让人仿佛从现代文明一下穿越到了原始社会。

走进文化村，遇到这些小伙子们，他们会非常开心地为你忙碌一个

图6-10　文化村的小伙子们　　　　（摄影：翁维捷）

上午。多才多艺的他们，向客人展示用当地传统乌木（Umu）方式烘烤食物：干净麻利地削去面包果、芋头和香蕉的外皮，将它们一一摆放在烧得滚烫的火山石上；伶俐地爬上高约几十米的椰子树将椰子高高地抛下，再飞快地撕去外皮，敲开硬壳，将鲜美的椰汁送到客人面前；迅速地将椰壳内胆的椰肉磨成细粉挤出椰汁，以备制作帕卢萨米使用。而在所有的展示活动中，小伙子们最精湛的表演要数萨摩亚彪悍硬朗的传统舞蹈和庄严隆重的敬献卡瓦酒仪式了。

文化村的女孩子们的装束则是非常典雅的套装布利卡斯，但在布料、花型上颇为考究。她们会为你奉上柔美十足的女性舞蹈，柔软的上肢，细微的步态，风姿绰约的腰身，令人赏心悦目。而在每场演出最后，一定会有一位高贵的女子现身，女王般的装扮告诉大家她是一位马他伊的女儿或者近亲。这往往是最后一支舞蹈，也是需要客人奉献爱心

图 6-11　着传统装饰服装参加 2018 年 6 月 1 日国庆独立日的当地民众

的时刻。舞台前方摆上一个容器，客人们可以向容器内放入数额不等的现金，然后停留在舞台上与她们一起翩翩起舞。当然如果你没有献出爱心，她们也毫不在意，依然微笑，依然轻盈，依然向你致谢，与你挥手道别。

文化村的其他展演还有手工印染、树皮画制作、传统木器制作、传统文身等。总之，走进文化村，花上 3 个小时，你会爱上萨摩亚。

二　罗伯特·路易斯·史蒂文森博物馆

苏格兰著名作家史蒂文森在萨摩亚还有一个好听的名字：图斯塔拉（Tusitala），意即用萨语讲故事的人。这是敦厚善良的萨摩亚人对史蒂文森的爱称。1890 年，身患肺病的史蒂文森从美国移居萨摩亚，在瓦伊琳玛（Vailima①）村为自己选择了一块居住地，即现在的博物馆所在地，并在其妻子芬尼·史蒂文森（Fenny Stevenson）的精心照顾下，度过了人生中最后四年半的时光，史蒂文森去世后被村民们抬至其家旁边的瓦

图 6-12　史蒂文森博物馆

① Vai 在萨语中为水的意思，Lima 在萨语中是五的意思，由于五根手指伸出来就是一个巴掌，因此也有手之意，Vailima 意即掌心里的水，其意来自于萨摩亚一个古老的神话传说，一位女性用掌心里的水拯救了其饥渴的同伴。因此现在萨摩亚一个著名的啤酒品牌也以 Vailima 命名。

伊河山顶上（Mount Vaea）。这条专门开辟的山路被萨摩亚人称作"爱心之路"。1994年，值史蒂文森去世100周年之际，史蒂文森博物馆重新修复并对公众开放，让人们再次感受这位著名作家最后的人生历程。

史蒂文森博物馆整体修缮参考了大量史蒂文森时代留下的照片，基本保持了原貌，尤其是博物馆内陈列的部分家具是史蒂文森夫妇、母亲、女儿及外孙用过的。史蒂文森的崇拜者听说博物馆要修复并对外开放时，便千方百计地对照图片，搜寻与史蒂文森当年用过的同时代、同式样的家具，不惜重金购买运至萨摩亚，捐献给博物馆。因此现在博物馆中陈设的家具中凡在警戒线内部的家具均为真品，其他的则为爱心人士的赠品。

博物馆分为上下两层，基本还原了当年史蒂文森的居住场景。一层

图6-13 史蒂文森故居及墓葬

是史蒂文森的吸烟室和餐厅；二层是史蒂文森与其妻子、母亲、女儿和外孙子的卧房和治疗室，治疗室里有一张小床和少量治疗用品，史蒂文森在萨居住期间，其妻子承担了其主要家庭护理工作。

史蒂文森去世后，其妻子回到美国生活，1914年去世后其女儿将其骨灰带至萨摩亚，安葬在史蒂文森墓旁。在史蒂文森的墓棺上镌刻着其1879年所作《挽歌》：

在宽广高朗的星空下，挖一个墓坑让我躺下。
我生也欢乐死也欢乐，躺下的时候有个遗愿。
几行诗句请替我刻上：
他躺在他向往的地方——
出海的水手已返故乡，上山的猎人已回家园。
Under the wide and starry sky,
dig the grave and let me lie:
Glad did I live and gladly die,
and I laid me down with a will.
This be the verse you grave for me,
here he lies where he longed to be;
home is the sailor, home from the sea,
and the hunter home from the hill.

三　萨摩亚博物馆

萨摩亚法雷马塔阿嘎博物馆（Falemataaga Museum）系萨摩亚国家博物馆，位于阿皮亚南部，紧邻萨摩亚教育、体育与文化部，由一座德国修建的教会学校改建而成。

整个馆舍为上下两层，共有四个展室，主要向世人展示了自19世纪末期至今萨摩亚的政治、历史、文化、风俗等内容。展馆配有大量图片和实物，其中不乏具有重要文献参考价值的签字文书、选票统计、报

图 6-14 萨摩亚博物馆

纸等。在所有展品和介绍中,对于德国、新西兰统治时期的介绍十分详细,部分内容涉及华工入萨、第一次世界大战、马乌反抗运动等历史问题。看得出来,在萨摩亚近代历史上,德国、新西兰对其政治体制、经济发展有重要影响。另外,有关萨摩亚以及南太平洋一带的史前古器物以及萨摩亚传统手工制品如木器雕刻、树皮画制作等亦有展出。对于岛民们十分喜欢的橄榄球运动及橄榄球协会的创始时间也作了相关介绍。

萨摩亚博物馆属国家公益博物馆,所有工作人员均为具有专业素养的志愿者,工作日9:30—16:00开放,无须门票,来宾仅需登记即可入内参观。

四 EFKS博物馆

萨摩亚第三处十分值得参观的博物馆是EFKS博物馆。该博物馆位于乌波卢岛西部，距离首都约20千米。这应该是萨摩亚最大的博物馆，其运行管理隶属于伦敦教会。

图6-15 萨摩亚EFKS博物馆

EFKS是萨摩亚语（Ekalesia Faapotopotoga Kerisiano Samoa）的简称，其英语简称为CCCS（The Congregational Christian Church of Samoa），意即伦敦教会。伦敦教会是萨摩亚信仰人数最多的教会，也是最早进入萨摩亚的教会。根据2016年人口普查，全萨人口中约有29%的人隶属于该教会。伦敦教会现在下设6所普通中学和1所职业美术学院

(Leulemoega School of Fine Arts)。该博物馆摆放的主要是艺术院校学生的艺术作品,涉及雕刻、绘画、模型制作等,但绝大多数是雕刻作品,这也是萨摩亚最具特色的传统艺术表现形式。2018年5月,该校学生举行了第一次雕刻作品展览,笔者有幸前往观赏。

透过学生的雕刻作品,明显地感到其艺术风格已与萨摩亚传统雕刻艺术有所不同,凸显了萨摩亚当代中学生的特点:大胆而细腻。作品内容更加宏大,色彩更加艳丽,表现手法也更加夸张。但同时,学生们又把许多生活元素融入到作品中,仰天长啸的狗,游动的鱼,温顺的小马,安静的海龟,健壮的野猪,硕大的章鱼……

图 6-16 正在 EFKS 博物馆里实习的美术学院的学生

博物馆外面是学生的实习基地,许多大型雕刻作品都是在老师的指导下在这里完成的。通过与老师和学生们交谈得知,学生们毕业后,或

图 6-17 EFKS 里面的木雕展品

进入萨摩亚国立大学就读，或直接就业。目前，雕刻专业在萨摩亚十分热门，学生就业前景较好。

五 孩子们的天地——树屋

国内亲朋来萨旅游，我们一定会带他们沿着瓦伊琳玛村子一直往山上走，因为这条路上有史蒂文森博物馆、巴哈伊教堂，还有孩子们特别喜欢的树屋。树屋，顾名思义，把房子建在树上。百度搜索树屋（Tree House）很快就跳出来许多关于树屋的新闻，包括酒店的中文名称、地址、价格、在萨摩亚排名等。鲁普西那索里索特酒店（Lupe Sina），萨语鲁普（lupe）是鸽子的意思，西那（sina）意即明亮、白色。白色的鸽子停落在枝头，一个充满想象的地方。

图 6-18 树屋外景

树屋的原主人是一对美国夫妇杰克（Jack）和维克特（Vctiror）。我与几位朋友于 2017 年 11 月第一次慕名来树屋的时候，那位美国老人还在习惯性的修修剪剪，四下忙碌着。与我们交谈时，他骄傲地说，整个树屋是他儿子设计的，但树屋建成后儿子因车祸离开了他，他也很难过，不想再经营了。并告诉我们这里已经被中国人买下了，我们随便参观，费用也随便给他一点儿。大家心中顿有一股晚年凄凉之感，同时又对华人同胞的魄力心生敬佩。①

酒店里共建有一大一小两个树屋，设计十分巧妙，依院子里两棵材质十分坚硬的树干而建。该树高约几十米，从根部始呈螺旋状分裂开来，牢牢地抓住地面，整个树干分裂成若干分枝，各自生长又相互交

图6-19　鲁普西那索里索特酒店内部

---

① 购买树屋的是在萨建立光伏太阳能发电公司的总经理方晖。目前该酒店正在全方位规划和建设中。

织，树屋便巧妙地盘建在树中间。

树屋内部设有客厅、卧室、厨房、盥洗室。整个设计风格呈现出原始、古朴、天然之特点，颇有浑然天成又巧夺天工之感。站在屋外凉亭，远处的大海尽收眼底。栖树而居、听涛观海，举杯邀明月，只差朋友二三人了。

第四节　传说中的历史遗迹

一　马诺诺岛和99块墓石

马诺诺岛（Manono）是萨摩亚第三大岛，其介于萨摩亚两大主岛之间，距离乌波卢岛仅4千米，与首都之间往来的只有小型私人渡船，单程20分钟左右。岛上现生活着1000人左右，均是年老体弱者，年轻

图6-20　笔者和马诺诺岛的孩子们　（摄影：张桂清）

人则纷纷外出务工求学。岛上现在共有两所小学，其中法雷乌小学（Faleu Primary）系中国援建。孩子们小学毕业后须每天乘船到乌波卢岛上的中学就读或寄宿在亲戚家。由于岛上禁止饲养马、狗等动物，所以异常安静。马诺诺岛也绝对会以她的沉静、内敛而让你倾心。

岛上没有公路，没有汽车，只有环岛步行小道，绕岛一周大约需要三个小时。岸边古老的树干斑斑驳驳，露出地面纵横蜿蜒的树根像一条条巨虫盘根错节，不知所往。树冠则像一把巨大的伞垂到地面，伸向远处的水里，浓密的树叶为地面投下一块大大的阴凉，密不透光，颇像是童话世界里的密林仙境。游客们可以沿着海岸缓缓踱步，感受这份宁静和恬适。而当继续前行转到岛的侧面，路面上荆棘丛生，充满了探险意味。偶有三两个孩子追上来售卖他们粗糙的手工艺品，看到孩子们稚气的小脸和渴望的眼神，大家也都欣然解囊。

图6-21 岛上的清洁工

漫步岛上，偶然碰到一家坐在房前乘凉歇息的村民，顿时来了兴致聊上几句，但由于多数岛民是老人和孩子及少数捕鱼为生的年轻人，用英语沟通很是困难，但还是听出了故事传说的大概。

岛民们现在住的村子叫林普亚伊（Lepuia'i）村，一百多年前，这个村子有个大酋长名叫瓦瓦萨（Vaovasa），他每个月都要去乌波卢岛抢一位女子同房，他在抢第100位女子的时候，被当地村民杀死了，他的尸体被运回到马诺诺岛，埋在现在这个地方，整个坟墓用了100块石头，其中99块石头代表他抢来的99位女子。于是我们一路打听着找到了这座坐落在小岛北面路旁的墓葬。黑色的火山石整整齐齐地堆砌出一块占地约100平方米的长方形墓园，旁边还有三块水泥砌成的墓地。从黑黑的石块上被风化的大大小小的圆孔儿可以看出这些石头已经堆砌在这里有些年头了。看得出来，长方形墓园是神话传说，旁边的坟墓则是亲人的安葬之处。

图 6-22　传说中的 99 块墓石

二 莫索的脚印和圣女之墓

与许多萨摩亚人聊天时，他们常常提到的是他们的邻国斐济，比如他们申请到南太平洋大学攻读学位，经常到斐济首都苏瓦（Sua）的南太平洋大学主校区上课；他们文身时经常唱的那首《文身之歌》，讲述了两位斐济女子将文身术带到萨摩亚的故事；他们的许多旋律悠扬的歌曲吸取了斐济歌曲的若干元素……而当你穿梭在萨摩亚第一大岛萨瓦伊岛时，一定会被那个神秘的大脚印的传说所吸引。

大脚印位于萨瓦伊岛西北部法雷阿卢普村（Falealupo），这个村子共有三处景点，高空林间漫步（Canopy Walkway）、莫索的脚印（Moso's Footprint）和岩石屋（Rock House）。三处景点相隔很近，但又分别属于人文景点、神话传说和地文景观。高空漫步是在两棵巨树之间用钢筋、粗绳索架起一条9米高、24米长的悬道，游客们不仅感受到了悬在半空颤颤巍巍的惊恐，还欣赏了大自然赐予的高大坚硬的树干和浓密的热带雨林风情。

相较于高空漫步的刺激，莫索的脚印则需要充分发挥你的想象力了。如果不是景点主人介绍，真的看不出那是一只大脚"踩"过的地方。相传，从前有一位巨人行走在大海上，他左脚踩在斐济，右脚踩在萨摩亚。迄今并无资料显示，传说从何而来，流传了多少年。但它至少告诉我们位于太平洋中心的萨摩亚并不寂寞，他们的许多故事都与这个岛国的外部世界有关。

岩石屋是1905—1911年的马塔瓦努（Matavanu）火山喷发后留下的火山口。因其形状颇像一个石屋而得名。这场火山喷发摧毁了5个村子和许多教堂，但也留下了另一个美丽传说——圣女之墓（Virgin grave）。

当初马塔瓦努火山喷发了6年，岩浆在萨瓦伊岛东北部沿海岸流淌，形成了一片岩石。传说中，岩浆遇到当地大酋长女儿之墓便自动绕行，以至于最后形成了一个深约两米的岩浆坑，大家称之为圣女墓。传

图6-23 莫索的脚印

图6-24 皮乌拉天然淡水泳池

说毕竟是传说，但它寄托了萨摩亚在遭遇了巨大天灾之后的乐观心态和对美好事物的追求。

类似的火山喷发遗迹形成的天然深坑还有乌波卢岛的皮乌拉天然淡水泳池（Piula Cave Pool），这是萨摩亚人非常喜欢的度假休闲地，位于离首都四五十分钟车程的北海岸卢菲卢菲（Lufilufi）村的皮乌拉教会中学内部。火山岩浆在紧临大海的地方形成深坑，可以明显地看到一股股清泉自坑底涌出，池水清澈透亮，是避暑休闲的绝佳之地。而其赏心悦目之处大概还不止这些，拾级而上便可眺望辽阔的大海，颇有"极目送天远"之感。

三 其他历史遗址

在萨摩亚，能够留存下来的历史遗迹并不多，而在为数不多的遗迹中，有碑刻说明的则少之又少。况且萨摩亚80%的土地掌握在村庄和私人手里，这也使得留存历史遗迹更加困难。

1905—1911年的马塔瓦努火山喷发不仅摧毁了5个村子，还摧毁了村子里的教堂，其中该村的伦敦教会就被岩浆埋了足足2米，只留下了3楼的部分。还有1990年2月2至5日的那场飓风摧毁了法列卢普（Falealupo）村的天主教堂，2009年的苏纳米把乌波卢岛东南海岸的许多村民的房子卷走了，也只剩下了部分地基。许多年过去了，萨摩亚人并未在原址重建，这些残垣断壁仿佛一位沧桑的老人在诉说着历史。

如前所述，萨摩亚人习惯把亲人埋葬在自家门前，墓葬随处可见，这其中也不乏一些名人之墓。但因墓葬修筑时间久远，而且如果不细细阅读墓碑上的文字，也很难知道此地埋葬的是一位历史伟人。例如乌波卢岛图苏瓦深坑景区内修砌有萨摩亚独立时总理之女——代言酋长也是萨摩亚宗教、教育领域的妇女领袖菲他乌玛丽玛乌（Fetauimalemau）的墓葬。在马诺诺岛修砌有法乌亚·木力波拉（Fauea Mulipola）的墓葬。1830年英国传教士约翰·威廉抵萨时，木力波拉加入了约翰·威廉的伦敦教会，并成为他的得力干将。当伦敦教会在萨摩亚站稳脚跟后，他便回到马诺诺岛的家里直到去世。

图6-25 教堂遗址

图6-26 法乌亚·木力波拉（Fauea Mulipola）之墓

第七章 中国对萨援助及在萨华人华侨形象变迁

对外援助是中国和平外交的一项重要内容，也是中国主动承担国际义务、彰显大国责任的一项举措。尽管中国是个人口大国，自身的经济压力也很大，但中国在致力于自身经济发展的同时，一直主动向经济较困难的发展中国家提供各项援助。

改革开放之后，中国调整了对外援助的结构、形式和规模，同受援国逐步开展了一系列科技支持和经济合作。自1990年起，中国政府已连续14次派代表出席了第2—15届太平洋岛国论坛会后对话会，加强了中国同论坛成员国的合作关系。同时，我国政府也不断加大了在南太平洋地区的援助资金额度并增加了援助项目。萨摩亚是中国在南太平洋岛国进行援助的重点国家，在萨华人华侨的公众形象和社会地位也随着中国对萨援助力度的增加及华人华侨的辛勤奋斗而逐渐改善。今天，中国援助、中国制造、中国经营共同铸造了萨摩亚民众心目中的中国形象。

第一节 从"付费奴隶"到合法公民

在首都阿皮亚的西南部，有一片属于中国人的土地，那就是华人公墓。这片土地占地10亩左右，埋葬着大约300位华人。放眼望去，整块墓地有些荒凉，杂草丛生，路边竖着一块不大的牌子，上书"华人公墓"四个字及修整时间。行走在高约半米的杂草丛中，眼前仿佛出现了我们的同胞一百多年来在萨摩亚奋斗的身影。许多石碑已经裂痕无数，缺边掉角，有的甚至横七竖八地倒在墓旁。多数石碑的记载很简单，一般只有墓主名字和去世时间，而很多名字只用了乡人常用的阿树、阿森、阿杰之类的称呼，没有姓，没有字，更没有号。看得出来，想当年那些不远万里来到萨摩亚打拼的同胞一般来自福建和广东。他们来的时候年龄不大，所以若干年后只记得自己的小名。另外，这些人一般都出身穷苦人家，没有名号，上不起学。但是有一个共同的现象就是墓碑上镌刻的时间均是民国多少多少年，许多墓碑上还镌刻着"龙来千里"的字样。可见，无论他们离开祖国多久，都会用中国传统的纪年方式来铭刻自己的生辰与离别，都会永远铭记自己是龙的传人。

图 7-1 华人公墓刻有"龙来千里"字样的墓碑

一 华人华侨在萨历史研究现状

目前所见资料中,较早研究华工在萨历史的著作,可能是道格拉斯·哈尼斯(Douglas Haynes)1965年惠灵顿维多利亚大学的硕士毕业论文《1900—1950年间华工在萨摩亚》[1],而影响最大的则莫过于南西·汤姆(Nancy Y. W. Tom)1986年出版的《龙来千里:中国人在西萨摩亚 1875—1985》(以下简称《龙来千里》)。[2] 该书在参考哈尼斯毕业论文的基础上,考证了1880—1900年间以个人身份来萨华人的时间、人数和在萨生活状况,以丰富的图文史料再现了1903—1934年间以契约华工身份来萨华人数量、工作条件等方面,是研究萨摩亚华人华侨不可多得的资料。但是该书对1949年以来在萨华人华侨情况的介绍十分笼统。2015年,值该书完稿30周年之际,由南西·汤姆授权的萨摩亚历史文化信托公司再版发行,并将来萨华人华侨时间延至2015年。遗憾的是,该部分内容非南西本人所做,而是直接收录了2015年2月25日在萨摩亚国立大学召开的"中国与太平洋"研讨会上,首席执行官图阿塔阿露阿·瓦伊(Tuatagaloa Aumua Ming Leung Wai)的演讲稿,且仅仅补充了几位在萨较有影响的个体经营者,对于中国援助一笔带过,对于庞大的华人华侨群体未做总体性评述。尤其是对于来萨华人的四个分期不符合中国当代历史进程和华人华侨在萨实际。[3] 2003年,值华

---

[1] D. R. Hayden, *Chinese Indentured Labour in Western Samoa, 1900 - 1950*, Wellington: Government Printing Office, 1965.

[2] Nancy Y. W. Tom, *The Chinese in Western Samoa 1875 - 1985: The Dragon Came from Afar*, Apia: the Western Samoa Historical and Cultural Trust, 1986.

[3] 该书将来萨华人分为四个时期:第一个时期是19世纪40—90年代,这一时期主要是以个人名义到萨务工的广东福建两省男性。他们来到后,有的很快凭借着聪慧开始经营小买卖,有的与萨摩亚女性结婚生子,定居下来。第二个时期是20世纪初年至30年代,也就是前文所说的1903—1934年,这段时间主要是以集体名义来萨从事种植业者。第三个时期大约是在20世纪50年代至20世纪末年,这一时期华人主要是投奔亲戚而来,帮助亲戚打理生意,有一些人也在此结婚定居下来,也有一部分人转战新西兰等地;第四个时期是21世纪初年至今。他们主要是来萨的建筑工人和商人,这个阶段的华人同胞很少同萨摩亚人结婚。值得注意的是,南西该书第一版于1986年出版,其对于华人华侨的描述亦止于此年。本书所引系该书2015年第二版,此版将在华人华侨在萨历史延至2015年,笔者不同意第三和第四个时期的划分。因为迄今许多在萨华人系改革开放初年至90年代初来萨,该书人为地将其割裂既不符合中国当代历史走势,也不符合在萨华人的实际情况。参见:Nancy Y. W. Tom, *The Chinese in Samoa: 1875 - 2015, The Dragon Came from Far*, Apia: the Samoa Historical and Cultural Trust, 2015, pp. 134 - 148.

工来萨100周年之际，翟兴付出版了《萨摩亚华侨华人今昔》① 一书，作者查阅了大量文献资料、采访了部分华人后裔，呈现了许多原始资料，亦是一本研究萨摩亚华人华侨历史的重要参考文献，尤其是其对于美属萨摩亚华人华侨的介绍，填补了南西一书的不足。但同样遗憾的是，该书对于1949年以后萨摩亚华人华侨历史没有系统追述，对于中萨建交以来中国对萨各项援助和2000年以后来萨经营者没有涉及。阿·思阿欧思（A. S. Noa Siaosi）的论文《抓住龙的尾巴——中国人在萨摩亚的影响》一文系其2010年坎特伯雷大学硕士毕业论文，是目前研究萨摩亚华人华侨成果中搜集资料较全的作品，但却略过了1950—1980年间华人华侨在萨历史；对中萨建交后华人华侨在萨情况，只是简单概述了2010年前中国对萨基础设施建设项目及医疗队、汉语教师等人力资源援助，而对于在萨个体经营群体未能进行系统评述。② 本·阿娜（Ben Featuna'I Liua 'Ana）于1997年6月刊发的《小天堂里的龙：中国人在萨摩亚的幸与不幸，1900—1950》一文，详细介绍了华工在萨境遇及少量华工最终实现个人梦想的历史，但亦将研究时间界定在20世纪上半期，并主要参考了南西《龙来千里》一书。③ 马一的《清驻德属西萨摩亚中国领署的设置》一文在考察晚清与德国有关德属西萨摩亚设领交涉的过程中，对于1909年前华工在萨的艰难处境着墨颇多，有重要参考价值。④ 此外，在有关德属和新西兰委任统治时期萨摩亚政治历史的著作中，亦有对20世纪上半期华工在萨的零散介绍。

总之，既有研究成果对于1880—1949年间在萨华工情况考证详细，但对于1949年以后华人华侨在萨历史却没有系统论述，尤其是2000年

---

① 翟兴付：《萨摩亚华侨华人今昔》，香港社会科学出版社有限公司2003年版。
② A. S. Noa Siaosi, *Catching the Dragon's Tail: The Impact of the Chinese in Samoa*, Canterbury: A thesis submitted in partial fulfillment of the requirements for the Degree of Master of Arts in Pacific Studies in the University of Canterbury, 2010, p. 39.
③ Ben Featuna'I Liua'Ana, "Dragons in Little Paradise: Chinese (Mis-) Fortunes in Samoa, 1900–1950", *The Journal of Pacific History*, Vol. 32, No. 1 (Jun 1997), p. 29.
④ 马一：《清驻德属西萨摩亚中国领署的设置》，《德国研究》2015年第2期。

之后中国援助和商业经营两大在萨群体更付阙如。本章在吸收借鉴上述研究成果的基础上，拉长研究时段，并从公共形象和社会地位变迁的角度，对 1975 年中萨建交以来在萨华人群体进行系统评述，以求全面考察近 140 年来华人华侨来萨目的、在萨人身自由度、工作生活环境及萨摩亚官方和民间对华人华侨的评价。笔者认为，自 19 世纪 80 年代首批中国人到达到萨摩亚至今，华侨华人在萨奋斗的历史已近 140 年，其公共形象和社会地位发生了巨大变化。1949 年前，来萨华人的主要身份是契约劳工，被看作"付费奴隶"和"廉价商品"，工作环境艰苦恶劣，社会地位低下。1949—1975 年间，在萨华人华侨主体是此前的来萨劳工，此时已获得萨籍身份，在萨多个领域进行自主经营，而且与欧洲人一样，拥有了议员竞选权，两代以后的华裔已彻底融入当地社会。1975年中萨建交以来，来萨华人主要由国家外派人员、承揽援萨基础设施建设的中国建筑工人和个体经营者三部分组成。在萨中国建筑工人和国家公派人员受到当地民众的高度认可，被誉为黄皮肤的男子汉和"东方茉莉花"。个体经营者则一般拥有一定的经济实力，经营范围广，投资规模大，多已获得永久居住权，以能干的富人形象出现在公众面前。华人华侨在萨公共形象和社会地位的变迁，与祖国的日益强大和华人华侨自身的奋斗息息相关。

二 "付费奴隶"和"廉价商品"：1900—1949

据现有资料记载，1880 年以前，萨摩亚仅有 3 位随渔船到来的中国人[①]，但这足以引起当时萨摩亚最高酋长马列托亚·拉乌配帕（Malietoa Laupepa）的恐惧，中国人被认为是萨摩亚经济和人种的破坏者。由于害怕越来越多的中国人到来，马列托亚·拉乌配帕政府于 1880

---

① S. Smith, *The Samoa (N. Z.) Expeditionary Force 1914 – 1915*, Wellington: Fergusn & Osborn Limited, 1924, p. 107. 转引自 A. S. Noa Siaosi, *Catching the Dragon's Tail*: *The Impact of the Chinese in Samoa*, Canterbury: A thesis submitted in partial fulfillment of the requirements for the Degree of Master of Arts in Pacific Studies in the University of Canterbury, 2010, p. 25.

出台了禁止中国人移民的法律。① 故 1883—1899 年 16 年间，仅有 9 位随渔船到来的中国人来萨并定居下来，他们登记的职业有厨师、木工、制盒工、面包师、零售商，还有一位美国驻萨领事管家。②

自 1830 年第一位英国传教士到达萨摩亚至 1899 年间，英、德、美等国在萨摩亚的争夺越来越激烈，冲突不断，直到 1899 年三方协议签订，美国占领西经 171 度以东，即美属萨摩亚，德国占领 171 度以西，即萨摩亚独立国。期间，德国戈德弗罗伊贸易公司（Godeffroy）于 1858 年购买了乌波卢岛的一部分，主要从事热带作物种植业，打下了德国在萨经营种植园的经济基础。但该公司因经营不善于 1879 年破产。德国人遂在该公司基础上成立了德国南太平洋岛屿贸易和种植园公司（DHPG）。③ 因该公司垄断了该岛大部分种植业而极度缺乏劳动力，但受前马列托亚·拉乌配帕时期禁止中国人移民规定影响，该公司曾试图从周边群岛如美拉尼西亚等地输入劳动力，但终不能满足需要。1903 年，德国驻萨行政长官索尔夫废除了禁止中国人入萨的法令。

相比于萨摩亚本土和周边岛屿劳动力，中国人以能够熟练使用斧头、铲子等劳动工具，能够胜任繁重的采摘、种植等体力劳动而更受欢迎。于是，自 1903 年至 1934 年，先后共有 15 批 6984 位契约华工来到萨摩亚，他们大多来自福建和广东，从汕头或者香港出海。④ 大批华工在遥远的路途中遭受烈日蒸灼，加之风高浪急，船体粗陋，饮食窳劣，中途丧命者不在少数。⑤ 而且，这一时期是华工在萨遭受身心侮辱最严重的时期，被视为是"廉价商品""付费奴隶"和"次于萨摩亚人的第

---

① Malama. Meleisea, *The Making of Modern Samoa: Traditional Authority and Colonial Administration in the Modern History of Western Samoa*, Suva: Institute of Pacific Studies of the University of the South Pacific, 1987, p. 168.

② Nancy Y. W. Tom, *The Chinese in Samoa: 1875 – 2015, The Dragon Came from Far*, p. 54.

③ 全称 Deutsche Handles and Plantagen-Gesellschaft。

④ Nancy Y. W. Tom, *The Chinese in Samoa: 1875 – 2015, The Dragon Came from Far*, Apia: the Samoa Historical and Cultural Trust, 2015, p. 3.

⑤ ［美］沈已尧：《海外排华百年史》，中国社会科学出版社 1985 年版，第 8—9 页。

三等人"①，被任意解雇和鞭打②，萨摩亚雇主从"未尝以人类视之，亦未尝以人类待之，其为人类之自由权利，完全为别人所剥夺"③。华工们不能更换雇主，不能与萨籍女性通婚，每天要工作 9 个半小时，每周工作 6 天。只有在气温达到 38 度以上时才可以每周减少半小时的工作时间，而每个月工资只有 2.4 美元。④

随着华工在萨的恶劣境遇不断传回国内，1907 年，福建、广东两省委派汕头洋务委员林树棻前往萨摩亚进行实地调查，第二年又派两广总

图 7-2 1910 年在萨华工

（图片来源：萨摩亚博物馆）

---

① Ben Featuna'I Liua'Ana, *Dragons in Little Paradise*: *Chinese (Mis-) Fortunes in Samoa*, *1900-1950*, pp. 29, 47.
② [新西兰] W. 福克斯、B. 坎伯兰编：《西萨摩亚：热带波利尼西亚的土地、生活及农业》，中山大学地理系经济地理教研室译，商务印书馆 1977 年版，第 124 页。
③ 《华侨志·总志》，侨志编纂委员会 1958 年版，第 97 页。
④ Nancy Y. W. Tom, *The Chinese in Samoa*: *1875-2015*, *The Dragon Came from Far*, p. 138.

督署洋务委员林润钊前往调查。恰在当时，1909 年相继发生"萨瓦伊岛德籍种植园主枪杀 4 名要求增加工资的无辜华工、华工朱河因轻伤德籍管工而被重判死刑，以及华工与招工人员在前往萨瓦伊岛船中发生暴力冲突"三大华工受虐事件，清政府最终于 1909 年 9 月 8 日决定下诏设立驻德属南洋各岛领事，附近德属奴阿岛、巴劳岛皆归其统辖，委任同知衔已保州同的林润钊署理是职。① 在历任中国驻萨领事的积极努力下，华工在萨工作环境和生活条件均有较大改善，且争取到了"过春节、清明节、端午节等中国传统节日的权利"②。自 1920 年始，新西兰统治当局修改了华工条例，禁止对华工进行严厉体罚、关押等非人虐待。自 1923 年始，经驻萨领事许可，华工可以更换雇主。③

尽管华工在萨社会地位低下，几乎没有人身自由，但相较于萨摩亚男性，华工以能干吃苦顾家和能够更好地为妻子提供财力支持而受到萨籍女性青睐④，华工与萨籍女性通婚十分普遍。⑤ 与此同时，有关禁止华工与萨籍女性婚恋的条例却不断修改且愈加苛刻。华工不允许进入当地人的法雷，合同到期被强制遣返，如有违反则面临罚款和牢狱处罚等。尽管许多华工在萨已有家室，也要遭遇被迫遣返以致妻离子散的命运。这段时期是华人在萨生活环境最恶劣、社会地位最低下的时期。

---

① 马一：《清驻德属西萨摩亚中国领署的设置》，《德国研究》2015 年第 2 期。
② 翟兴付、仇晓谦：《萨摩亚》，世界知识出版社 2002 年版，第 176 页。
③ S. J. Yee, *The Chinese in the Pacific*, South Pacific Social Sciences Association：(1974：Suva) p. 21. 转引自 A. S. Noa Siaosi, *Catching the Dragon's Tail：The Impact of the Chinese in Samoa*, Canterbury：A thesis submitted in partial fulfillment of the requirements for the Degree of Master of Arts in Pacific Studies in the University of Canterbury, 2010, p. 16.
④ Newton. Rowe, *Samoa Under the Sailing of Gods*, Unwin Brothers Limited：London. (1930：London) p. 271. 转引自 A. S. Noa Siaosi, *Catching the Dragon's Tail：The Impact of the Chinese in Samoa*, Canterbury：A thesis submitted in partial fulfillment of the requirements for the Degree of Master of Arts in Pacific Studies in the University of Canterbury, 2010, p. 48.
⑤ 据统计，至 1914 年新西兰委任统治时期，当时有 100 对华工萨妻夫妇，育有 118 个混血孩子。至 1920 年，当时在萨的 800 多名华工中，有 200 人左右与萨籍女性有婚恋关系，且多数育有子女。参见翟兴付《萨摩亚华侨华人今昔》，香港社会科学出版社有限公司 2003 年版，第 75、79 页。

三 合法公民和议会候选人：1949—1975

随着华工不断被遣返，在萨华工数量越来越少，至第二次世界大战结束时仅有293人留在萨摩亚。① 经过中国驻萨领事和华工的多方努力，1947年，新西兰政府批准了《1947年萨摩亚移民法修正案》，其中允许在萨生活多年且已上了年纪的华工免于遣返。随着1948年10月最后一批遣返华工离萨，契约华工在萨历史宣告结束。至1949年，留在萨摩亚的175名华工均获得了萨摩亚身份。但1949—1961年间的萨摩亚依然处于新西兰委任统治下，华工子女在萨身份问题一直延续至《1961年婚姻法》的通过才宣告解决。该婚姻法规定：在此法实施之前的各种事实婚姻被承认为有效和合法……因此而生育的孩子也随之成为合法婚姻的孩子。②

新中国成立后至1975年中萨建交前，来萨华人多以个人身份投奔亲戚，帮忙打理生意。许多早年来萨华工凭借中国人的勤劳、吃苦、聪明等品质，在萨逐渐经营起了面包房、餐饮、百货、木工、建筑、种植业等个体经营，加之拥有了萨摩亚籍身份，已完全成为自由生意人。但一些人因年事已高，在千方百计与家乡取得联系后邀请亲戚前来帮忙。迄今为止没有看到有关这一时期来萨华人的具体人数和职业统计。但至1985年，已经取得萨籍身份的华工仅剩32位，未取得国籍的华人有15—20人③，至1996年，仅剩6位原始契约华工在萨。④

拥有了萨籍身份的在萨华人与欧洲人拥有相同的议员竞选资格。萨摩亚实行一院制，在其所有议员席位中，为外籍人士保留了2个席位，习惯上称为欧洲人议席。实际上，在最初的议会选举中，这2个议席专

---

① Nancy Y. W. Tom, *The Chinese in Samoa*: 1875 – 2015, *The Dragon Came from Far*, p. 82.
② 翟兴付：《萨摩亚华侨华人今昔》，香港社会科学出版社有限公司2003年版，第86—97页。
③ Nancy Y. W. Tom, *The Chinese in Samoa*: 1875 – 2015, *The Dragon Came from Far*, p. 82.
④ 翟兴付：《萨摩亚华侨华人今昔》，香港社会科学出版社有限公司2003年版，第137页。

为萨籍华人和欧洲人而设。在1951年4月27日议会选举时,华人和欧洲人就被划为一组,当时有资格参选的萨籍华人有160名,主要职业有裁缝、种植园主、通讯员、售货员、木工、店主、面包师、厨师等。① 随着华工在萨年龄越来越大,一代华工在萨人数越来越少,而二代以上华裔已完全融入当地社会,许多已经拥有酋长头衔,成为萨摩亚地方重要领导人和商界精英,现在的议会选举也就没有必要为华裔专设席位了。②

图7-3　萨摩亚国立大家副校长、孔子学院外方院长、三代华裔佩斯塔·德斯蒙德·李航博士(Peseta Dr. Desmond Lee Hang)与妻子

---

① 翟兴付:《萨摩亚华侨华人今昔》,香港社会科学出版社有限公司2003年版,第106页。

② 例如早年来萨华人李航、陈茂先生。还有现在萨摩亚最大的超市批发零售企业Ah Liki经营者为二代华裔,第二大超市批发零售企业Franki为一代华侨,但已加入萨摩亚国籍。

这一时期，在萨华人华侨一方面为萨摩亚经济发展做出了不可磨灭的贡献，另一方面，成立了华人公会，制定了公会章程，选举了领导机构，逐步规范华人在萨群体。许多华人在萨已享有很高声望，例如李航、陈茂等名字现在已经成为萨摩亚颇有名望的家族姓氏了。李航曾长期担任华人公会秘书长，其最小的儿子尼可·李航（Niko Lee Hang）现为萨摩亚交通与基础设施部部长，其二女儿帕萨米·李航（Pasami Lee Hang）去世前曾为萨摩亚尼尔森图书馆馆长，其长孙（大儿子之子）德斯蒙德·李航（Desmond Lee Hang）现为萨摩亚国立大学副校长、孔子学院外方院长。陈茂先生于1934年来到萨摩亚，1950年创立陈茂公司，该公司1976年开始经营进出口贸易，陈茂也成为萨摩亚首富。1975年中萨建交之初，陈茂率领旅萨华人代表团回国访问，受到周恩来总理的亲切接见。1993年，萨摩亚政府为了表彰其卓越的商业成就和对萨摩亚经济社会发展的巨大贡献，特授予他荣誉勋章。1997年陈茂先生去世时，萨摩亚政府给予其隆重的国葬礼遇。

第二节 中国对萨援助的具体项目

作为南太平洋岛国中第二个与中国建交的国家，中国政府始终非常重视与萨摩亚的外交关系。[①] 20世纪80年代，中国开始对萨摩亚进行援助，在基础设施援建、人力资源援助、人力资源合作与开发、一般物资和紧急人道主义援助等方面均取得了瞩目成绩。自"一带一路"倡议实施以来，中国加大了对萨援助力度，在政策沟通、设施联通、贸易畅通和资金融通方面已经有了较好尝试，取得了理想成果，这些援助也为华侨华人在萨工作生活创造了一个稳定环境。

---

① 1975年11月5日，中国与斐济建交，11月6日，中国与萨摩亚建交。

一 无偿援助基础设施项目

无偿援助主要用于帮助受援国建设医院、学校、人力资源开发合作、技术合作等具有社会公益性质的项目。① 目前为止，通过无偿援助，中国政府帮助萨摩亚兴建了阿皮亚公园综合体育设施、政府办公大楼、国家游泳馆、残疾人培训中心、妇女儿童活动中心、萨摩亚国立大学海洋学院以及八所小学等。

阿皮亚公园综合体育设施由中国政府于 1981 年至 1983 年出资援建，后于 1993 年 11 月至 1994 年 7 月对其进行了维修扩建，由中国体育国际经济技术合作有限公司承建。维修扩建工程"总占地面积 15.83 公顷，

图 7-4 阿皮亚公园综合体育设施

---

① 中华人民共和国国务院新闻办公室：《〈中国的对外援助〉白皮书》（中文），（2011年-04-21），国务院新闻办公室网站（www.scio.gov.cn），访问时间：2017 年 6 月 16 日。

总建筑面积 6034 平方米，包括可容纳 3000 人的体育场一座、可容纳 952 人的体育馆一座、滚木球场和俱乐部、网球场、体育专用设备和器材，以及变电室、售票房、门卫房、路灯等附属设施"①。在此基础上，2006 年和 2014 年，中国政府再次对其进行了维修扩建，分别由青岛建工和上海建工承建。萨摩亚在此场馆先后成功举办了 1983 年第 7 届南太平洋运动会、2007 年南太平洋地区运动会和 2015 年第 5 届英联邦青年运动会。该体育设施也成为萨摩亚各体育赛事和文体活动的首选场所。

萨摩亚政府办公大楼由中国政府于 1991 年 9 月至 1993 年 12 月援建，共出资 7069 万元人民币。1999 年中国政府又出资对其进行了维护装修。该办公楼共有六层，远远望去，像一个大写的"L"，"简洁而有力度，庄重而大方，近观柔和而亲切"。其"八角形的会议中心则是运

图 7-5 萨摩亚政府办公大楼

---

① 周宝瑞：《西萨摩亚综合体育设施维修项目竣工》，《国际经济合作》1995 年第 9 期。

用现代建筑材料搭建出"一个法雷式样的现代建筑,高耸于办公楼顶部,"既体现出政府办公楼的标志性又有较强的地域建筑文化内涵,具有很强的时代特征和萨摩亚国家文化元素"①。

萨摩亚游泳馆是中国政府为萨摩亚申办和承办第13届南太平洋运动会而无偿援建的大型现代化体育场馆,共出资6800万元人民币,由安徽省外经建设集团有限公司承建。2004年12月动工,历时一年,2006年1月正式移交萨方使用。场馆建设全部按国际标准赛事而建,总建筑面积8869平方米,包括1700个座位,一个标准50米×21米的8赛道泳池,一个标准10米、5米、3米跳台,1米跳板和5米深水泳池。另外,室外还为普通民众设计了5泳道练习池和儿童游乐池。2015年,中国政府又对其进行了大规模维修。该游泳馆设计"构思新颖、造型优美,建筑主体由三个双曲面屋顶造型相连而成,配以玻璃幕墙、混凝土框架,充分演绎出热带海岛风情的现代建筑特色"②,业已成为萨摩亚的地标性建筑。自投入使用后,中方工程师一直常驻在馆进行池水处理、电力检修等日常维护工作。该场馆先后承办了2007年南太平洋地区运动会、2015年第5届英联邦青年运动会、2019年南太平洋运动会水上项目即将在此举行。

中国政府对萨教育基础设施援助主要体现在无偿为萨援建的各类学校,包括萨摩亚国立大学海洋学院、残疾人培训中心、青年妇女活动中心和8所小学。海洋学院于2014年3月正式开工,湖南建工承建,于2015年11月竣工。残疾人培训中心于2014年5月开工,2016年1月竣工,湖南建工承建,是专为萨摩亚残疾儿童提供基础教育和技能培训的机构,可容纳学生400多名。萨摩亚青年妇女活动中心维修扩建于2009年8月举行工仪式,2010年6月竣工,上海建工承建。另外,在主岛乌波卢岛,中国援建的小学有阿艾利小学(2009年9月

---

① 金鹏:《行政办公建筑的地域性实践——以萨摩亚政府综合办公楼为例》,《建筑知识:学术刊》2013年第12期。
② 秦雅菲、张其林:《萨摩亚游泳馆屋盖钢结构设计》,《工业建筑》2008年第6期。

图 7-6 萨摩亚国家游泳馆

竣工，青岛建工承建）、瓦伊特莱小学（2010 年 4 月竣工，上海建工承建）、马塔乌图小学（2011 年 9 月竣工，上海建工承建）、法雷瓦奥小学（2013 年 10 月竣工，上海建工承建）、修睦小学（2015 年 10 月竣工，湖南建工承建）；在萨摩亚最大岛萨瓦伊岛，中国援建的小学有高乌台瓦伊小学（2014 年 1 月竣工，上海建工承建）和萨帕帕里小学（2013 年 10 月竣工，上海建工承建）；在萨摩亚第三大岛马诺诺岛，中国援建的小学有法雷乌小学（2014 年 1 月竣工，上海建工承建）。①

另外，2018 年 5 月，中国广东惠州市政府援助的萨摩亚文化艺术中心和阿皮亚友谊公园举行了奠基仪式，这两个项目占地总面积约

---

① 此部分数据通过访问中华人民共和国驻萨摩亚独立国网站、走访上海建工、青岛建工驻萨基地及部分援建学校整理而成。

图 7-7　中国援建法雷瓦奥小学

50000 平方米，将成为萨摩亚民众的文化艺术交流、运动休闲和儿童娱乐中心。2018 年 9 月，为帮助萨摩亚承办 2019 年南太平洋运动会，由中国政府无偿援助的体育馆破土动工，游泳馆升级改造项目也如期进行。

二　优惠贷款基础设施项目

优惠贷款主要用于"帮助受援国建设有经济效益和社会效益的生产性项目和大中型基础设施，或提供成套设备、机电产品、技术服务以及其他物资等"，是目前我国援助萨摩亚的主要形式。这一部分资金由中国进出口银行通过市场筹措，贷款利率低于中国人民银行公布的基准利率，由此产生的利息差额由国家财政补贴。目前，中国提供的优惠贷款年利率一般为 2%—3%，期限为 15—20 年（含 5—7 年宽限期）。① 中国政府在萨摩亚援建的项目有萨摩亚新政府办公楼、国家医疗中心、萨摩亚议会办公楼、司法部及法院行政办公楼、法勒奥雷国际机场升级改造工程等。

2006 年 4 月 4 日，温家宝总理参加在斐济召开的中国—太平洋岛国经济合作发展论坛首届部长级会议，发表了题为《加强互利合作 实现共同发展》的主旨讲话，宣布中国将向太平洋岛国提供 30 亿元人民币优惠贷款，用于支持太平洋地区发展中国家的经济发展。萨摩亚是首批受援国之一，其议会办公楼和司法部及法院行政办公楼的援建资金就来源于这一款项。两个项目建设工期计两年零四个月，总投资 1 亿 6000 万元人民币。2007 年 9 月开工，天津建工承建。其中议会办公楼总建筑面积 2658 平方米，包括议员办公室、会议室、图书馆及其他配套设施。司法部及法院行政办公楼总建筑面积 11736 平方米，主要包括高级法庭、地区法庭、土地法庭、大法官办公室等。②

萨摩亚新政府办公楼是继"2006 年 4 月中国—太平洋岛国经济发展合作论坛首届部长级会议后"，中国对萨提供优惠贷款建设的第 2 个项目③，2009 年 8 月开工，2011 年 10 月竣工，总投资 3 亿元人民币，建筑面积 18430 平方米④，图伊拉埃帕总理在竣工庆典上表示，"新落成的办公楼及会议中心，将为萨 10 个政府部门及国营企事业单位提供集中的办公地点，萨摩亚也终于具备了多年来梦寐以求的可承接大型区

---

① 中华人民共和国国务院新闻办公室：《〈中国的对外援助〉白皮书》（中文），(2011 - 04 - 21)，国务院新闻办公室网站（www. scio. gov. cn），访问时间：2017 年 6 月 16 日。
② 《萨摩亚议会办公楼和司法部及法院行政办公楼举行开工仪式》，(2007 - 09 - 19) 中华人民共和国商务站网站（http：//www. mofcom. gov. cn/aarticle/i/jyjl/l/200709/20070905112382. html/），访问时间：2017 年 10 月 25 日。
③ 《中国与萨摩亚独立国签署使用我优惠贷款建设"萨摩亚独立国政府新建综合办公楼项目设计和施工合同"》，(2008 - 06 - 16)，中华人民共和国商务部网站（http：//www. mofcom. gov. cn/aarticle/i/jyjl/l/200806/20080605602831. html），访问时间：2017 年 6 月 16 日。
④ 《援外之二：萨摩亚政府大楼》，(2015 - 05 - 26) 海翼国际网站（http：//www. highwing. com. cn/index. php? c = article&id = 277），访问时间：2018 年 5 月 28 日。

域性国际会议的场所,这都将有助于更好地服务于萨摩亚人民"[1]。

图 7-8 萨摩亚新政府办公楼

萨摩亚国家医疗中心是 2010 年由中国政府优惠贷款、上海建工承建的萨摩亚最高规格的医疗机构,共分两期完成。一期工程于 2013 年 7 月完成,二期工程于 2014 年 12 月竣工。总建筑面积 24803 平方米,包括拥有 200 张床位的病房楼、医技楼、设备楼、门诊楼、后勤楼、康复楼、精神病房楼、太平间等,基本满足了萨摩亚人民的医疗需求。[2]

法雷奥罗国际机场升级改造项目于 2015 年 11 月开工,上海建工承建,2018 年 5 月竣工。新机场航站楼总面积 12700 平方米,年接待旅客量将达 60 万人次,极大地提升了萨国际机场的服务水准、运营能力以及航空管理水平,使萨摩亚向成为南太平洋地区航空运输枢纽的目标

---

[1] 《我优贷援萨摩亚政府办公楼竣工》,(2011-11-05),中华人民共和国商务部网站(http://www.mofcom.gov.cn/aarticle/i/jyjl/l/201111/20111107815681.html),访问时间:2018 年 5 月 28 日。

[2] 《我援萨摩亚医疗中心二期工程举行竣工移交庆典》,(2014-12-22),中华人民共和国商务部网站(http://www.mofcom.gov.cn/article/i/jyjl/l/201412/20141200841120.shtml),访问时间:2017 年 10 月 25 日。

又迈近了一步。① 根据 2015 年萨摩亚财政部公布的 2014—2015 财年年度报告 (2014 年 7 月 1 日至 2015 年 6 月 30 日),该财年中国进出口银行向萨摩亚提供大约 4 亿塔拉优惠贷款,占同期各国际组织援萨总额度的 41%,主要用于法勒奥雷国际机场的升级改造工程。②

图 7 - 9　萨摩亚国家医院

技术合作是指由中国派遣专家,对受援国的科技、教育、医疗、农

---

① 《驻萨摩亚大使王雪峰在法雷奥罗国际机场升级改造二期工程竣工仪式上的致辞》,(2015 - 05 - 12) 中华人民共和国外交部网站 (http://swedenembassy.fmprc.gov.cn/web/dszlsjt_ 673036/ds_ 673038/t1558811.shtml),访问时间: 2018 年 5 月 29 日。
② Office of the Minister of Finance, *Ministry of Finance Annual Report* 2014 - 2015, Apia: Government of Samoa, p. 23.

林渔业、传统手工业生产、环境保护等进行技术指导,培训当地工程技术人员等,也包括对"中方已经完工的成套项目进行后续生产、运营或维护方面的技术支持或指导"①。目前中国向萨摩亚提供的技术合作项目主要是游泳馆的日常维护和农业技术支持。

图 7-10 萨摩亚法雷奥罗国际机场②

南太平洋多数国家系火山喷发而成,地势高低不平,"地面表层中,石头的比例在 80% 以上,耕地表面含有机质的表土很少,不利于农作物生长",生活用品主要依靠进口③。为改善其蔬菜水果大量依靠进口的现状,中国政府于 2004—2010 年期间,响应联合国南南合作计划,向南太平洋岛国派出 36 位农业技术专家,分赴 8 个国家进行农业技术

---

① 中华人民共和国国务院新闻办公室:《〈中国的对外援助〉白皮书》(中文),(2011 - 04 - 21),国务院新闻办公室网站(www.scio.gov.cn),访问时间:2017 年 6 月 16 日。

② FALEOLO NEW AIRPORT SAMOA http://hindi.fansshare.com/gallery/photos/19279559/faleolo-new-airport-samoa/? displaying,访问时间:2018 年 10 月 30 日。

③ 黄岳南:《中国农业技术项目在萨摩亚落地生根》,《湖南农业》2017 年第 8 期。

支持①，其中在萨摩亚进行技术援助的有 8 人，包括 4 位专家和 4 位技术人员。②

根据中萨签订的经济技术合作协议，自 2010 年 6 月开始，中国政府开始向萨摩亚选派农业技术专家，由湖南省农业委员会对外经济技术合作中心负责实施，每期 6 位专家，任期 2 年。至 2016 年 6 月第三期结束，中国政府共投入 4100 万元，农业专家组在萨重点扶持萨 20 户农业示范户③，建立了 10 个农业技术推广站，引进蔬菜品种 70 多个，提供各类物资 54 吨，推广了蔬菜栽培、圈养生猪、沼气综合利用等关键技术，开展了多形式、多层次、大范围、长时间的农业技术培训，累计培训当地技术人员和农民 5600 多人次。④

2017 年 6 月，第四期中萨农业技术合作项目正式开始，依然由湖南省农业委员会对外经济技术合作中心承担，本期任期 3 年，共由 9 位专家组成，计划 3 年内总投资 1891 万元，用于扩大中国先进农业技术的应用规模，升级中国示范农场技术水平，推广农作物良种和技术，推广农业机械，开展农业培训，显著提升萨摩亚蔬菜产量，部分替代进口。⑤另据刘知文队长介绍，第四期工作队主要有四个目标，一是要提高蔬菜产量，建立 100 个农业示范户，新建 60 个大棚和 50 个遮阳棚，向萨方提供一批农业机械设备，从而减少萨摩亚 20% 的蔬菜进口量；二是提高农产品的加工能力，初步计划提供咖啡和水果的加工设备，实

---

① 《中国—南太平洋岛国南南合作项目正式启动》，(2005 - 02 - 23) 中华人民共和国驻萨摩亚大使馆经济商务参赞处网站 (http://ws.mofcom.gov.cn/aarticle/jmxw/200502/20050200357447.html)，访问时间：2017 年 10 月 31 日。

② 据 2004—2007 年南南合作项目派往萨摩亚技术专家侯小平回忆，当时 4 位专家主要负责农产品加工、畜牧和水产养殖。

③ 黄岳男：《中国农业技术项目在萨摩亚落地生根》，《湖南农业》2017 年第 8 期。

④ 《黄其萍出席中国援萨摩亚三期农业技术合作项目总结会》，(2017 - 08 - 14) 湖南三农网 (http://www.hnagri.gov.cn/web/hnagrizw/gzdt/content_276975.html)，访问时间：2017 年 10 月 31 日。

⑤ 参见《刘宗林为援萨摩亚农业技术合作项目专家组授旗》，(2017 - 06 - 01) 湖南三农网 (http://www.hnagri.gov.cn/web/hnagrizw/gzdt/content_268149.html)，访问时间：2017 年 10 月 31 日。

现部分产品的深加工和精加工；三是开展大规模农业技术培训，初步计划培训当地技术人员、农民和学生6000人次，研发农业培训材料，争取基本实现农业技术支持本土化；第四个目标也是本期农业技术支持的最终目标，即要将农场打造成品种试验基地、技术展示窗口、合作交流平台和农业培训中心。①

图 7-11 中国农业技术援助基地示范大棚

截至2018年10月底，中国第四期农业技术专家组克服土地石多不平、野外日晒雨淋、飓风和登革热疫情影响等诸多困难，进村入户，精准扶助，为具备土地条件的农户提供手扶拖拉机，为80个示范农户建设60个塑料大棚和50个遮阳棚及其附属配套设施，更新中国示范农场10个大棚。在示范农场建立食品加工间，配备脱壳机、烘焙机、研磨机、真空包装机、清选机等加工机器，用于可可、咖啡和水果加工等。《萨摩亚观察家报》《新闻在线报》和萨摩亚电视1、2、3台等主流媒体先后30次采访和报道了第四期项目，对示范农场技术和示范农户效

---

① 本材料系2017年8月16日在农业专家组举行的茶话会上获悉。

第七章　中国对萨援助及在萨华人华侨形象变迁 | 225

果给予积极评价。新华社和中国中央电视台也对该项目进行了报道。①

三　人力资源援助

人力资源援助主要是"为了支援某些发展中国家的教育、医疗、经济等方面的建设，中国选派志愿人员到发展中国家为当地民众提供服务"②。目前对萨人力资源援助包括医疗队、工程师、汉语及理科教师。

图 7-12　杜起文特使、王雪峰大使看望聊城大学第二期援萨教师

（摄影：刘琳）

自 1986—2014 年，中国政府共向萨选派了 14 批医疗队，每期 2 年，

---

① 资料来源：第四期农业技术专家组刘知文队长《援萨摩亚农业技术援助项目汇报》2018 年 10 月 24 日。
② 中华人民共和国国务院新闻办公室：《〈中国的对外援助〉白皮书》（中文），（2011-04-21），国务院新闻办公室网站（www.scio.gov.cn），访问时间：2017 年 6 月 16 日。

共有大约 100 名医生在萨服务过。由 6 名医生组成的第 15 批医疗队已于 2018 年 6 月底抵萨。1984 年中国政府开始向萨摩亚派出第一批汉语教师，迄今已有十余位汉语教师在萨摩亚国立大学、瓦伊特莱小学等学校任教。自 2016 年起，中国教育部委托聊城大学向萨摩亚派遣理科教师，主要在萨中学任教及为萨提供理科教师培训，前三期每期 5 位教师，任期 1 年，目前第 4 期 6 位教师正在萨执行援助任务，共有 16 人次在萨工作过。

近年来，广东省开展了多次对萨短期人力资源援助活动。2012 年 7 月，由广东省外办副主任、省友协副会长苏才芳率代表团和医疗队一行 12 人赴萨，包括耳鼻喉科、中医科、皮肤科、内分泌科和心血管科，共在萨摩亚诊治 98 人次。① 2013 年 11 月，中山大学中山眼科中心陈伟蓉教授一行为瓦图阿图、萨摩亚两国共 104 名患者进行了义诊并成功为 13 名患者实施了白内障超声乳化摘除联合折叠式人工晶状体植入手术（其中包括多例疑难病例）。陈伟蓉医生代表中山大学眼科中心向两国人民和医院赠送了 60 余万元的医疗器械和药品。② 2014 年 5 月，广东省外办和广东口腔医院 4 名医生和 1 名护士在萨摩亚国立医院为病人进行了诊疗，在瓦伊特莱小学为近百名师生作了口腔科普讲座，并为在场师生进行了牙齿检查和涂氟治疗。③ 2016 年 11 月，广东省卫计委副主任刘银燕率领 7 位医生和护士在萨实施了近 20 台白内障眼科手术。④ 2017 年 7 月，广东省第二中医院和中山大学中山眼科中心 6 位医疗专家向萨摩亚国家医疗中心捐赠了部分医疗设备和药品，为 31 名患者进行

---

① 《苏才芳副会长率广东医疗代表团访问瓦努阿图、所罗门和萨摩亚》，(2012 - 10 - 23) 广东省人民政府外事办公室网站（http：//www. gdfao. gd. gov. cn/Item. aspx？id = 16854），访问时间：2017 年 10 月 25 日。

② 《陈伟蓉：3 年 4 次行走 6 太平洋岛国送光明》，(2016 - 09 - 07)，深圳新闻网（http：//www. sohu. com/a/113744749_ 161366），访问时间：2018 年 5 月 29 日。

③ 《广东友好代表团及医疗团访问萨摩亚》，(2014 - 05 - 27)，中华人民共和国驻萨摩亚独立国大使馆（http：//ws. chineseembassy. org/chn/xwdt/t1171799. htm），访问时间：2018 年 5 月 29 日。

④ 《送医上岛、治病救人——记广东省医疗队来萨摩亚义诊活动》，(2016 - 11 - 24) 中华人民共和国驻萨摩亚独立国大使馆网站（http：//ws. chineseembassy. org/chn/xwdt/t1418374. htm），访问时间：2018 年 5 月 29 日。

了白内障复明手术。① 2018年9月上旬，中山大学中山眼科中心的眼科专家来萨，义务为68名萨摩亚患者进行超声乳化白内障复明手术。②

另外，2017年8月，中国湖南外贸职业学院的8名老师在萨开办了中国援萨境外培训项目"创意手工艺品和缝纫技术海外培训班"，老师们在法雷阿秀（Faleasao）、瓦伊莫索（vaimoso）、瓦伊阿雷（vaiala）、洛特法阿（lotofoga）四个村为80名妇女进行了为期近一个月的缝纫和创意手工艺品制作技术培训。③ 2018年10月，中国政府又在萨摩亚举办第二期"创意手工艺品和缝纫技术海外培训班"，在5个村为100名农村妇女传授缝纫技术④，并且向阿菲阿（Afega）村捐赠了20台缝纫机。⑤

四 人力资源合作开发

人力资源合作开发是指"中国通过多双边渠道为发展中国家举办的各种形式的政府官员研修、学历学位教育、专业技术培训以及其他人员交流项目"⑥。这项扶持项目一般是邀请受援国人员到中国参加培训。对萨摩亚的技术人员培训项目主要集中在农林渔业、新闻传播业、妇女手工制品、教师专业技能和留学生学历深造等方面。

---

① 《妙手仁心送光明——记中山大学中山眼科中心专家来萨摩亚义诊活动》，（2017-07-18）中华人民共和国驻萨摩亚独立国大使馆网站（http：//ws.chineseembassy.org/chn/xwdt/t1478498.htm），访问时间：2017年10月25日。
② 《驻萨摩亚大使王雪峰在国庆69周年招待会上的讲话》，中华人民共和国驻萨摩亚独立国网站，http：//ws.chineseembassy.org/chn/sgxw/t1600866.htm，访问时间：2018年10月20日。
③ 《驻萨摩亚大使王雪峰出席"萨摩亚创意手工艺品和缝纫技术海外培训班"结业仪式》，（2017-08-16）中华人民共和国外交部网站（http：//www.mfa.gov.cn/web/dszlsjt_673036/t1485093.shtml），访问时间：2017年10月25日。
④ 《驻萨摩亚大使王雪峰在国庆69周年招待会上的讲话》，中华人民共和国驻萨摩亚独立国网站，http：//ws.chineseembassy.org/chn/sgxw/t1600866.htm，访问时间：2018年10月20日。
⑤ "Sewing Machines Donation to Afega"，*Samoa Observer*，09 October 2018（1）.
⑥ 中华人民共和国国务院新闻办公室：《〈中国的对外援助〉白皮书》（中文），（2011-04-21）国务院新闻办公室网站（www.scio.gov.cn），访问时间：2017年6月16日。

"一带一路"倡议实施以来,中国政府共为南太平洋岛国举办了数十期各类技术培训班。据不完全统计,自 2013 年 10 月至 2017 年 12 月,中国政府共邀请萨摩亚政府机关工作人员赴华参加了 6 次高级公务员研究班,8 次热带水产养殖培训班,6 次热带作物培训班,为萨摩亚 102 名学生提供了政府全额奖学金。仅 2016 年 4 月至 2017 年 8 月,中国政府就邀请了萨摩亚 28 名新闻媒体工作人员到中国参加培训,为 24 名医护人员提供了 1 至 3 个月的专业培训,邀请 20 位来自萨摩亚教育、体育与文化部、国立大学以及一些艺术院校和文化中心的学员赴华参加为期 3 周的萨摩亚文化艺术研修班,邀请 32 名学员参加服装产业贸易培训班。另外,还为 4 名学员提供了发展中国家竹藤标准研修班,为 6 名学员提供了发展中国家皮革制品加工及进出口贸易培训班的学习机会。① 2018 年前 9 个月,共有 22 名萨摩亚优秀青年获得中国政府奖学金赴中国留学。200 余名萨摩亚政府和私营部门的学员赴中国参加教育、体育、医疗、信息技术、公共管理和烹饪美食等领域的培训。另外,广东惠州华罗庚中学与萨摩亚中学于 2015 年 11 月结成姊妹学校,向萨摩亚中学捐建了电化教学中心。② 2017 年邀请萨摩亚中学 10 位师生前往华罗庚中学参观学习。③

五 紧急人道主义援助

紧急人道主义援助是指"中国在有关国家和地区遭受各种严重自然灾害或人道主义灾难的情况下,主动或应受灾国要求提供紧急救援物资、现汇或派出救援人员,以减轻灾区人民生命财产损失,帮助受灾国应对灾害造成的困难局面"④。萨摩亚地处南太平洋中心地带,没有自

---

① 本部分数据系根据中国驻萨摩亚大使馆、中国商务部、外交部网站资料整理所得。
② 《惠州华罗庚中学与萨摩亚中学建立姐妹学校关系》,(2015-11-16)中华人民共和国驻萨摩亚独立国大使馆网站(http://ws.mofcom.gov.cn/article/zxhz/sbmy/201511/20151101179700.shtml),访问时间:2018 年 5 月 29 日。
③ 《驻萨摩亚大使王雪峰在萨摩亚中学师生访华团欢送会上的讲话》,(2017-09-14)中华人民共和国外交部网站(http://www.mfa.gov.cn/web/dszlsjt_673036/t1493119.shtml),访问时间:2018 年 5 月 29 日。
④ 中华人民共和国国务院新闻办公室:《〈中国的对外援助〉白皮书》(中文),(2011-04-21),国务院新闻办公室网站(www.scio.gov.cn),访问时间:2017 年 6 月 16 日。

第七章 中国对萨援助及在萨华人华侨形象变迁 | 229

主工业，生活用品多数需要进口，遇有紧急自然灾害更需外援。在这一方面，中国政府始终向其伸出援助之手。2009年6月萨摩亚流感肆虐，中国政府临时调配了一批防治甲型H1N1流感医护用品。① 同年9月30日，萨摩亚发生史上最严重的海啸，造成一百多人伤亡。中国政府向萨摩亚提供了10万美金的现款援助、3万美元红十字会援助以及200万元人民币的物资援助。② 2012年12月，萨摩亚遭受飓风"伊万"侵袭，

图7-13 王雪峰大使与萨摩亚红十字会主席布伦特（右二）等交谈③

---

① 《萨摩亚政府举行我援萨防治甲型H1N1流感医护用品交接仪式》，(2009-06-15) 中华人民共和国驻萨摩亚独立国经商参赞处网站（http://ws.mofcom.gov.cn/article/jmxw/200906/20090606331614.shtml），访问时间：2018年4月22日。
② 《中国驻萨摩亚大使：在南南合作框架下支持弱小国家发展》，(2010-07-21) 国际在线（http://news.cri.cn/gb/27824/2010/07/21/5187s2928150.htm），访问时间：2017年11月5日。
③ 《驻萨摩亚大使王雪峰向萨红十字会转交救灾捐款》，中华人民共和国外交部网站，https://www.fmprc.gov.cn/web/zwbd_673032/gzhd_673042/t1536613.shtml，访问时间：2018年10月30日。

中国红十字会向萨摩亚提供3万美元紧急援助。① 2018年2月9日，当中国驻萨摩亚大使馆获悉热带飓风"吉塔"即将登陆萨摩亚后，立即向阿皮亚附近村庄捐赠了50台收音机，帮助当地民众实时了解飓风灾情。② 2月14日，中国红十字会总会又通过王雪峰大使向萨摩亚红十字会转交救灾捐款5万美元。③

六 债务减免

债务减免是指"中国免除部分发展中国家对华到期政府债务，主要指的是无息贷款和优惠贷款项目"。对于受援国的到期债务，我国政府从不施加任何还款压力。在受援国偿还遇到困难时，中国政府一向采取灵活的处理方式，通过双边协商延长还款期限或者免除债务。④ 例如温家宝总理在出席2006年于斐济楠迪举行的"中国—太平洋岛国经济发展合作论坛"首届部长级会议时，答应免除萨摩亚和瓦努阿图2005年底到期的1.7亿元人民币债务，其中为萨摩亚减免9500万元人民币。⑤

七 一般物资援助

一般物资援助是指"中国在援助资金项下，向受援国提供所需生产生活物资、技术性产品或单项设备，并承担必要的配套技术服务"⑥。2014年9月1日至4日，第3届联合国小岛屿发展中国家国际会议在萨

---

① 《中国红十字会向斐济、萨摩亚提供飓风灾害援助》，（2013-01-17）中国新闻网（http://www.chinanews.com/gn/2013/01-17/4498034.shtml），访问时间：2018年10月4日。
② 《中国驻萨摩亚大使馆向萨摩亚一村庄捐赠救灾应急物资》，（2018-02-10）新华网（http://www.xinhuanet.com/2018-02/10/c_1122399514.htm），访问时间：2018年4月21日。
③ 《中国红十字总会向萨摩亚风灾捐款》，（2018-02-14）新华网（http://www.xinhuanet.com/photo/2018-02/14/c_129812760.htm），访问时间：2018年4月21日。
④ 中华人民共和国国务院新闻办公室：《〈中国的对外援助〉白皮书》（中文），（2011-04-21），国务院新闻办公室网站（www.scio.gov.cn），访问时间：2017年6月16日。
⑤ 前文提及的萨摩亚政府办公楼本是中国政府为萨提供的无息贷款项目，本次减免的9500万元包括该政府办公楼贷款资金。
⑥ 中华人民共和国国务院新闻办公室：《〈中国的对外援助〉白皮书》（中文），（2011-04-21），国务院新闻办公室网站（www.scio.gov.cn），访问时间：2017年6月16日。

摩亚举行，中国政府捐款 50 万美元，并于 5 月先期将援助物资运抵萨摩亚，这批物资包括 15 辆中巴车、轿车、通信和信息设备、同声传译设备、发电机、会议家具、电脑、办公器材、水罐等。此外，我国还派遣了 16 名工程师和技师，以保证上述设备的安装和运行。① 2016 年 8 月 11 日，王雪峰大使代表广东惠州人民政府向位于萨瓦伊岛的萨帕帕力村小学的 30 名学生援助了学习用品②。据统计，2016 年度以来，中国政府已累计向萨低收入家庭学生捐助了总计 12 万塔拉的援助物资，受援者包括 20 所小学、10 所高中以及 20 名来自萨摩亚国立大学的普通学生。③ 2016 年 9 月 22 日，中国政府向萨摩亚赠送 2500 套 LED 路灯、500 套太阳能 LED 路灯和 18000 个 LED 灯管。④ 2017 年 9 月，第 48 届太平洋岛国论坛暨第 29 届太平洋岛国论坛对话会在萨摩亚召开，中国政府为大会援助了 20 辆上海名爵轿车。⑤ 2018 年 4 月 4 日，王雪峰大使前往位于萨瓦伊岛最西端的阿瓦奥小学，向该校捐赠了部分课桌椅。⑥

第三节　中国对萨援助特点及其成效

经过几十年的对萨援助，中国政府积累了宝贵经验，形成了自己的援助特点，取得了较好成效。

一　援助特点

中国对萨援助特点主要体现在不附带任何政治条件、成套项目援

---

① 《中国援助萨摩亚举办小岛国会议的物资移交仪式》，(2014 - 05 - 07) 中华人民共和国驻萨摩亚独立国大使馆经商参赞处网站 (http://ws.mofcom.gov.cn/article/jmxw/201405/20140500574488.shtml)，访问时间：2017 年 11 月 5 日。
② "Schools Get much-needed Help", *Sunday Somoan*, 18 June 2016 (1).
③ "China Invests in Future of Samoa", *Samoa Observe*, 11 August 2016 (1).
④ 《驻萨摩亚大使王雪峰在中国援萨应对气候变化物资交接仪式上的讲话》，(2016 - 09 - 23) 中华人民共和国外交部网站 (http://www.fmprc.gov.cn/web/dszlsjt_673036/ds_673038/t1400018.shtml)，访问时间：2017 年 11 月 5 日。
⑤ 此次会议召开时，值笔者在萨执行教育部援教任务，该数据从当地获知。
⑥ "China brings Smiles to Avao", *Samoa Observer*, 5 April, 2018 (6).

助、以诚相待、善始善终等几个方面。

第一，中国对萨援助不附带任何政治条件。中国的对外援助项目自20世纪60年代就开始了，五十多年来，中国始终秉承不附带任何政治条件的援助原则。近年来，随着中国综合实力的稳步上升和"一带一路"的倡议实施，某些西方政客开始肆意攻击中国援助。但事实证明，中国对包括萨摩亚在内的太平洋岛国的所有援助从未附加任何政治目的。2018年1月17日，萨摩亚政府报《萨瓦利报》（Savali）就澳大利亚官员无端指责中国援助采访了总理图伊拉埃帕，并在头版和二版进行了大篇幅报道。图伊拉埃帕总理公开声明说："中国尊重我们的国家主权和自主决策的权力。萨中建交43年来，中国一直尊重此项共识。"①

第二，中国对萨基础设施援助均为成套项目。成套项目援助是指"中国通过提供无偿援助、无息贷款或优惠贷款等援助资金帮助受援国建设生产和民用领域的工程项目。整个项目由中方负责考察、勘察、设计、预算、施工等全部或部分过程，并且负责提供全部或部分设备、建筑材料、内部装修、办公设备安置等，派遣工程技术人员组织和指导施工等。项目竣工后，移交受援国使用"②。萨摩亚地处大洋中心，交通不便，物资匮乏，施工技术能力差，中国采取这种援助方式既符合萨摩亚国情，又体现了我国政府不计得失、援助到位的负责任大国形象。

第三，中国政府始终秉承言而有信、以诚相待的援助原则。作为一个拥有十几亿人口的大国，中国在自身发展过程中，随时会出现一些诸如自然灾害等无法预料的问题，但在对外援助中，中国从未失信。例如中国在对萨免除到期债务、交付使用期限以及应对气候变化物资赠送等方面都及时有序地兑现了承诺。萨摩亚总理图伊拉埃帕在接受《萨瓦利

---

① "PM Responds to Australian Criticisms of Chinese Aid", *Savali*, 17th January 2018（2）.
② 中华人民共和国国务院新闻办公室：《〈中国的对外援助〉白皮书》（中文），（2011 - 04 - 21），国务院新闻办公室网站（www.scio.gov.cn），访问时间：2017年6月16日。

报》采访时,就对比了澳大利亚承诺无偿援助萨摩亚新议会大楼而没有兑现的事实说,萨新议会大楼已接近完工,但已不是澳此前承诺的全额资助,萨摩亚不得不自己掏了一部分钱。而且澳方这种变卦经常发生。但中方在对萨援助的所有项目中,向来信守承诺,援建项目从不会变卦。①

另外,在建筑成本规划和建筑材料选用以及内部装修上,中方始终以诚相待,充分考虑到萨方的偿还能力,多选用成本低、环保耐用的新型材料。在设计风格上,尊重萨摩亚传统文化和风俗习惯,力争与其传统文化保持一致。例如,在办公大楼和议会大厦的设计上,加入了萨摩亚传统建筑法雷的元素,凸显扎根本土,融于当地的设计理念,② 获得了当地民众的高度赞赏。

第四,在对萨援助的成套项目中,中国政府和承建公司坚持跟踪保养、定期维护。如萨摩亚游泳馆自 2006 年交付萨方使用后,安徽省外经建设集团始终派有常驻工程师进行水电维护;阿皮亚公园综合体育设施自 1983 年建成后,中国政府先后于 1993 年、2006 年、2014 年和 2018 年进行了维护。2018 年 2 月 10 号,飓风"吉塔"袭击萨摩亚后,上海建工驻萨摩亚负责人马上走访了由他们承建的所有小学,及时帮助受援学校度过危机。

二 援助成效

第一,基础设施援助提高了萨方的办公效率。中国对萨进行的基础设施项目内部装修考究,设施完备,办公系统与国际接轨,促进了远在大洋中心的萨摩亚逐步向现代化迈进。如萨摩亚国家医院不仅在床位上能够满足民众的就医需求,更主要的是电子就诊系统、无菌手术室、化

---

① "PM Responds to Australian Criticisms of Chinese Aid",*Savali*,17th January 2018(1,2)。
② 江叶帆、王小凡、谢映:《建筑本土化的国际表达——萨摩亚新立法会办公楼设计》,《中外建筑》2012 年第 10 期。

验室、重症监护室等的投入使用提高了诊断效率和救治水平。阿皮亚公园综合体育设施和游泳馆的援建，不仅帮助萨摩亚承办了一系列南太平洋体育赛事和选美比赛，更主要的是通过这些国际赛事的举办，带动了当地民众对于体育项目的热爱，提高了民众的健康意识。改变了他们以胖为美的传统观念，从而降低了由肥胖问题带来的一些非传染性疾病如糖尿病、高血压、心脏病的发病率。图伊拉埃帕总理高度赞赏中国援助："中国援建萨摩亚的建筑，如法院行政楼、政府综合办公楼和国家医疗中心等为萨提供了现代化的设施，显著改善了我们公务员的工作环境，提高了工作质量和效率，美化了萨摩亚首都阿皮亚的城市风貌，帮助阿皮亚成为一个现代化城市。"[1]

第二，援助范围广，惠及人数多，影响深远。中国对萨进行的基础设施援助项目均是萨方急需建设或改建的项目，涉及办公、医疗、农业、教育等领域。这些援建项目在较短时间内解决了萨摩亚民众的基本民生需求。相比较而言，人力资源援助则存在周期长、见效慢的特点，但这种人与人直接接触的援助方式是一项直达民心的软工程，长期坚持可以起到四两拨千斤之效。我国政府对萨汉语教师的选派，为萨方学子赴华深造奠定了良好的汉语基础。自2016年起，由聊城大学承办的向萨选派理科教师之举更是雪中送炭，这些理科教师均具有博士学位和多年教学经验，他们先进的教学理念、一丝不苟的教学态度和精湛的教学水平给所在学校师生留下了深刻印象，尤其是他们协助萨教育、体育与文化部对全萨数学、计算机教师进行的拉网式培训，提高了萨方相关专业教师的业务水平。另外，对萨短期义诊解决了萨摩亚民众的就医之急，对萨妇女技术培训项目更加显示了中国对萨援助的细心与诚心。

第三，对萨援助提升了当地民众的民族自豪感和自信心。中国对萨基础设施援助多是关系到萨方国家发展、民众生活和青少年教育方面的急需大型建筑项目，这些项目的落成和投入开启了萨摩亚通往外部世界

---

[1] "PM Responds to Australian Criticisms of Chinese Aid", *Savali*, 17th January 2018.

的大门,提升了萨方民众的自信心,某种程度上强化了其民族凝聚力和自豪感。开始于2015年11月的法勒奥罗机场升级改造工程是萨摩亚的形象工程和窗口工程。2018年3月,机场培训及应急指挥中心、维修站的投入使用使"萨摩亚机场向国际水准迈进",这是萨摩亚自1986年成立机场管理局以来首次拥有机场培训及应急指挥中心和维修站,使萨摩亚机场向国际水准迈出了一大步。① 随着一期项目的落成使用,萨摩亚自己的航空公司"萨摩亚航空"正式成立。2018年5月10号,机场升级改造项目第二期工程正式移交萨方使用。萨摩亚发行量最大的报纸《观察家报》头版以醒目的标题《萨摩亚通往外部世界的大门正式开启》予以报道。② 新机场高端大气的外形和完备的现代化内部设施让萨摩亚更加方便自信地与国际社会展开交流。

三 需要改进的地方

目前看来,由于萨摩亚在自然地理环境和风土人情方面与国内差别较大,在对萨援助方面还需要更多地了解萨摩亚历史文化、风土人情,充分考虑到萨摩亚文化的独特性,以民心相通为终极目标,加大人力资源援助力度,发挥政府、民间、团体、个人等多渠道、多层面力量,共同做好对萨援助工作。同时,在萨中资企业、华人华侨更需尊重当地文化风俗,提升个人修养,摒弃狭隘的民族优越心态,严谨自律,维护国家形象,提高中国在太平洋地区以及国际舞台竞争中的软实力。具体如下:

第一,在萨设常驻援助机构。目前对萨各项援助主要通过中国驻萨摩亚大使馆协商沟通和办理手续。但使馆工作人员一般任期两年,日常工作繁琐,工作强度大。因此,对于各项援助的总体投入、项目前期及后续工程、配套设施等没有时间进行系统梳理和全面掌握,对于流动性

---

① "Airport Steps up to Meet International Standards", *Samoa Observer*, 20 March 2018 (1).
② Elizabeth Ah-Hi, *Grand Opening for Samoa's International Gateway*, Samoa observer, 10 May 2018 (1).

极强的建筑工人更不能全面把控。参照日本、美国和欧盟对外援助经验，可在萨设立统一的对外援助机构，统筹管理对萨各项援助和外派人员。

第二，发挥公派人员在华人华侨中的示范作用。近年来在巴布亚新几内亚、汤加等太平洋国家出现了一些当地民众对华人的不满情绪甚至冲突事件，一方面来自于这些国家内部原因，但也存在华人华侨不了解当地风俗习惯等因素。另外，华人华侨的经济实力在各岛国的迅速上升，也必然会引起当地民众的忧虑情绪，这些问题在萨摩亚亦有不同程度的体现。向受援国派遣志愿者和其他工作人员是我国对外援助的主要内容，也是传播中国文化、树立中国形象的重要媒介。因此，国家公派人员在完成国家交付的具体工作的同时，也肩负着在华人华侨中传播当地民风民俗知识、呼吁华侨华人严谨自律、维护自身形象和国家利益的责任和义务。强化公派人员的家国情怀和榜样力量，发挥公派人员在华侨华人中的宣传示范作用不失为一项有效举措。

第三，扩大人力资源援助。由于长期处于世界舞台的"边缘"地带，独立后的萨摩亚基层社会管理中，酋长制及依附于此制度的传统价值观念依然在发挥作用，而无所不在的宗教信仰更加固化了一切皆拜上帝所赐的信念。单纯进行基础设施建设并不能深达民心，只有加大萨方急需的人力资源援助，在教育、农业、医疗、IT产业、工程技术领域等与萨展开多渠道交流与合作，才可获得萨方广泛的群众支持。而且，相较于一些大型基础设施援助，人力资源援助具有成本小、受众群体广、持续稳定及更加深入民心等优势。

第四，援助物资按需定制，定期回访。萨摩亚常年湿热、雨水不断，房屋极易出现漏雨现象，之前承建部分项目的湖南建工、天津建工、青岛建工均已撤走，现有工程技术人员无法对所有援建项目进行定期回访，维修保养。因此，需有专人负责统筹协调回访维修事宜。对于新建成套项目，室内设施需严把援助物资质量观，对易损类物资需特别定制，加大加固。对萨摩亚本身缺乏技术人员的电子设备需配备专业技术人员长期驻守，并在当地开展技术培训。总之，只有在后续维护保养方面做到细致、及时方可取得理想的援助效果。

第五，促进中萨民间交流。目前中国对萨提供的各项援助多属于国家项目，地方政府与民间交流并不多。尽管已有广东省连续几年的"送医上岛"活动，惠州市华罗庚中学与萨摩亚中学结为姊妹学校的成功举措以及惠州市政府正式启动了援建萨摩亚文化艺术中心和阿皮亚友谊公园项目，但相较于萨摩亚近19万人口，123所公办小学和23所公办中学来讲则远远不够。

图7—14 图伊拉埃帕总理与王雪峰大使在2018年5月举行的广东省惠州市援建的中萨友谊公园和文化艺术中心的奠基仪式上

另外，目前在萨华人群体中不乏成功人士，他们在萨经营多年，对萨基础社会比较了解，有从事公益事业的愿望，但缺乏统一指导和统筹规划。由政府牵线搭桥，采取行之有效的方式，促进在萨华人华侨与萨民间交往，这不仅可以有效提升在萨华人的公众形象，成为一项促进民心相通的有效举措，而且在某程度上也节约了政府援助资金。

第四节　当代在萨华人华侨的社会地位

随着1975年中萨建交和1978年中国实行改革开放政策，福建、广东两省外出经商务工人员骤增，亦有不少华人在亲戚的介绍下来到萨摩亚。另外，这一时期中国对萨援助开始启动，对萨基础设施援建和人力资源援助逐步开展。这段时期来萨的华人群体主要有三部分，国家外派人员、承揽援萨基础设施建设的中国建筑施工队以及个体经营者。

国家公派人员借助直接接触当地百姓、服务于基层的优势，在完成本职工作的同时，积极传播中国传统文化，利用各种机会向当地学生和民众展示中国茶艺、太极、武术、书法、民歌、舞蹈等。在有汉语教师的学校里，每一级学生都会演唱《茉莉花》《康定情歌》等中国民歌，在萨摩亚国立大学，学生们已经学会了《太极功夫扇》《武功秘籍》等兼具武术特点的民族舞蹈。在中国驻萨摩亚大使馆举行的内阁夫人茶话会上，中国老师们表演了二胡、剪纸、藏族舞蹈等节目。这些优秀中国传统文化深受当地民众和学生喜爱，许多学生一听到《茉莉花》这首歌，就会想到中国和中国教师。

1986年，第一批医疗队队员到达萨摩亚后，马上开设了针灸门诊，仅两个月就治疗1274人次，后有9个国家的16位医生、专家专门到针灸门诊部参观学习和求医，当地电台和电视台称针灸术为"神功"[1]。当地时间2009年9月29日凌晨，萨摩亚发生里氏8.0级地震并引发海啸，造成135人遇难，8人失踪，另有大量人员重伤。灾后，大量伤员被转送到阿皮亚医院，他们大多患有吸入性肺炎或者骨折，部分伤员急需实施手术。在场的中国医护人员从早上连续工作到深夜，但大家没有丝毫怨言，受到了萨摩亚国家政府和民众的热烈赞扬。[2] 2018年8月

---

[1] 邱作宽、孙永文：《神医在西萨摩亚》，《国家经济合作》1989年第5期。
[2] 《在萨摩亚的特殊中秋聚会》，新华网，http://news.163.com/09/1005/13/5KS6KRT1000120GU.html，访问时间：2018年10月22日。

图7-15　中国援萨教师在2018年萨摩亚独立日的庆典活动上　（摄影：翁维楸）

图7-16　中国总第15期援萨医疗队暨卫生部第一期援萨医疗队　（图片提供：洪新雨）

8日，吉林大学白求恩第一医院洪新雨医生带领医疗队队员们完成了萨摩亚史上首台开颅脑外科手术。中国医生们在缺少手术器械的条件下，自行设计制作手术器械，手术圆满成功，填补了萨摩亚国家医学史的空白。①

这一时期在萨建筑工人主要隶属于承揽中国援萨基础设施项目的各建筑工程公司。这些建筑公司分别是中国体育国际经济技术合作公司、上海建工、湖南建工、天津建工、青岛建工、安徽省外经建设集团公司、中国交通建设集团等。

萨摩亚地处南纬13.5度，属热带雨林气候，高温炎热，多雨。中国建筑工人们往往顶着烈日淋着雨水在户外作业。加之缺乏大型建筑设备，工作生活条件比国内艰苦得多。由中国建筑工人们建造的各项地标性建筑在萨摩亚家喻户晓，这些建筑工人也因此成为萨摩亚人心中黄皮肤的男子汉。因建筑工人随项目建设进度进行选派，流动性大，无法进行具体人员统计。据在萨承揽工程最多的上海建工项目经理施林杰介绍，上海建工在萨工人长期维持在150人左右，另外雇用当地工人100人左右。对所有在萨工人一律实行半军事化管理，以确保工程质量和工期进度。②

除上述两类公派人员外，另有一些国内较大企业外派技术人员在萨，如安徽对外经济建设集团工程师、华为公司工程师、华南渔业驻萨基地技术员、中国在萨进行的各项技术培训班培训师、中国短期义诊医疗队等，他们精湛的技术同样受到萨方高度认可。

与以往许多中国商人小本经营不同的是，今天在萨的中国经营涉及百货、超市、建材、餐馆、电子产品、美容美发、服装加工等百姓生活的各个领域。这些商店多为连锁经营且有自己独立的品牌，批发零售兼顾，定期送货上门，服务遍及萨各个村庄，极大地方便了百姓生活。尤

---

① 《吉大一院医生带领医疗队完成萨摩亚史上首台开颅手术》，中国新闻网，http://www.jl.chinanews.com/tbgz/2018-08-13/43829.html，访问时间：2018年10月22日。
② 访谈时间：2018年6月8日，地点：阿皮亚Scalini西餐厅。

其值得关注的是，许多中国商品经营者正在向中国制造迈进，目前一些华人私营企业家已在萨开设或经营烟厂、软体饮料加工厂、保健品加工厂、光伏太阳能基地、海参养殖基地、蔬菜种植农场等，这些企业已形成较大规模，成为萨摩亚的龙头企业，提高了百姓生活质量，促进了萨摩亚经济发展。

这一时期以个人名义来萨经商并且颇有成就的个体经营者主要有蔡健敏、翁维捷、方晖、施祖杰、黄志杰、陈宁波、王培正、王钦安、王命秀、方友凯、林学瑜、林晨等人。① 蔡健敏，目前在萨拥有10余家大型食品百货超市，雇用当地员工700余人，成为萨摩亚食品百货的龙头企业和缴税大户。蔡健敏本人已经加入萨摩亚国籍并且娶了一位萨籍妻子，育有一子一女。翁维捷，目前是萨摩亚百货商品批发零售的龙头，另外还经营有一家烟厂、两家酒店和三家餐厅，雇用当地员工140多人，兼任法雷瓦奥村酋长。方晖，目前在萨建有两个太阳能发电基地，月平均供电量60万千瓦。2017年刚刚购买了鲁普西那索里索特酒店（Lupe Sina），目前正在拆建施工。② 施祖杰，目前主要从事食品百货批发零售、诺丽酵素加工、海参养殖等，担任中萨友好协会副会长③。黄志杰，目前经营建材批发零售、建筑工程队、蔬菜种植基地。王培正，原为青岛建工在萨项目经理，青岛建工完成项目撤走后，王培正留在当地注册了建筑公司开始自主经营，在萨主要承揽当地建筑项目，是目前萨摩亚6家拥有一级建筑资质的公司之一。王钦安，目前在萨经营两家日用品商场。王命秀，目前在萨经营萨摩亚酷玛有限公司（Coolma Samoa Ltd），主要生产经营软体饮料。方友凯，目前从事食品百货批发零售，拥有马利阿嘎特利（Muliagatele）和雷阿沃瓦阿（Leaovaa）两个酋长头衔。林学瑜，来萨时间仅两年，在首都东部法雷瓦奥村租用了120

---

① 作者在萨两年多时间里，多次与华人经营者交谈，参与他们的职工联谊会、春节茶话会等活动，通过多种渠道获悉在萨华人华侨工作生活情况。

② 见本书第六章介绍的树屋等相关内容。

③ 2018年8月中萨友好协会成会，萨摩亚总理图伊拉埃帕出任顾问，前议长兼农业部长出任会长，施祖杰出任副会长。该协会目前有10位会员，以促进中萨民间交流为宗旨。

亩地进行蔬菜规模化种植，目前拥有 20 个大棚，上市品种有西红柿、青椒、黄瓜、长豆角、韭菜等，尤其是其种植的荷兰豆、西瓜是萨摩亚蔬菜水果市场的稀缺品种，深受欢迎。另外，他还在首都开设一家洗衣店。林晨，目前经营三家西式快餐店和一家旅馆。

总之，自从 1880 年前首位华人来萨至今已有 140 年左右历史。据统计，目前在萨华裔约有 3 万人，尽管绝大多数为二代以上华裔，已经不会汉语，不曾到过中国，但他们依然对中国有特殊感情，希望与中国建立起某种联系。① 如果说 20 世纪上半期来萨华工历尽艰辛靠做苦力得以谋生的话，如今的华人同胞则主要靠智慧和技能打拼天下并逐渐成为萨摩亚的行业精英。目前萨摩亚的百货零售业已成为华人商店的代名词，而且每家企业都雇用了当地员工，大大解决了岛民的就业问题。况且，与美国、新西兰、澳大利亚等国商品高昂的价格相比，中国商品的进货渠道简捷，价格低，深受当地百姓欢迎。许多华人公司经理取得成功后，积极投身于萨摩亚公益事业，有力地宣扬了华人华侨在萨形象。② 亦有华人同胞被当地村子授予酋长头衔，每逢村子里有重要事宜都会到场参加并捐赠现金和物品。

中国医疗队、农业技术专家、工程师和公派教师在萨的出色工作同样赢得了萨方高层领导和民众的普遍认可和欢迎。萨摩亚《观察家报》多次报道中国农业专家和教师们的出色工作，当地民众亦十分欢迎我国

---

① 2018 年 2 月 13 日，中国驻萨摩亚独立国大使馆举行春节招待会，会上使馆工作人员引见笔者与一华人后裔相识，误以为是陈茂先生子嗣，遂约好了第二天下午在笔者住处对其进行访谈。第二天下午他如约而至，还给笔者带了一本《龙来千里》的复印本，交谈后得知，他的父亲不是陈茂先生，而是一位叫阿健的中国人，1949 年就去世了，被埋在华人公墓。父亲去世时他只有 12 岁。现在 71 岁的他只记得父亲生于 1882 年，1913 年到萨。当我问起他认为自己是中国人还是萨摩亚人时，他迟疑片刻说他是萨摩亚人，因为他有两个马他伊头衔，但所有的华人后裔在心里都是中国人。2018 年 4 月 28 日，笔者前往阿皮亚东部约 20 千米的法雷瓦奥村（Falevao）村拜访一位百岁老人，老人的子女告诉笔者他的妻子是中国人。经交谈获悉，老人的岳父叫阿森，1954 年就去世了，阿森的妻子是萨摩亚人，他们的女儿嫁给了这位百岁老人。为了铭记自己的妻子是一位中国后裔，老人特意为孙子起名 Pekina，意即北京。

② 例如 2017 年 11 月 9 日，萨摩亚《观察家报》报道了上海建工集团为萨摩亚橄榄球协会捐款 16 万塔拉（约合人民币 42 万元）的报道。"Chinese Company Tops Donors, Rugby Union Gets Lifeline", *Samoa Observer*, 10 November 2017（2）。

图 7-17　蔡健敏先生

政府对萨进行的各项人力资源援助。2016年6月13日，萨摩亚《观察家报》以《与学生分享中国节日的乐趣》为题报道了中国驻萨摩亚大使馆为老师们举行的端午节招待会，对于中国汉语教师和理科教师在萨的辛勤工作予以肯定。① 8月11日，萨摩亚国家电视一台采访了聊城大学援萨教师石莹丽对萨数学教学的意见和建议。11月24日，《观察家报》以《萨摩亚学习汉语人数正在增加》为题高度赞扬了萨摩亚国立大学的汉语教学。② 2018年4月21日，该报以《农民成功的高速路》对中国农业技术专家团队扶植当地农户进行蔬菜种植进行了报道。③ 4

---

① Deidre Fanene, "Chinese Festival Fun Shared with Students", *Samoa Observer*, 13 June 2016.
② Llia L. Likou, "Chinese Language Popularity Growing in Samoa", *Samoa Observer*, 24 November, 2016.
③ Lvamere Nataro, Llia L. Likou, "Highway to Success for Farmers", *Samoa Observer*, 21 April 2018.

月 28 日，该报又在商业专栏以《可可农户告诉你成功的故事》为题介绍农业专家团队扶植的可可种植农户，并对项目组工作予以高度评价。①

图 7-18　翁维捷先生和部分萨摩亚员工

华人华侨在萨公共形象和社会地位的变迁，与中国近现代历史进程基本一致，与祖国的日益强大和华人华侨自身的奋斗息息相关。今天，华人华侨在萨经营环境安全稳定，广受当地人尊重和羡慕。中国援助、中国经营和中国制造共同构成了萨摩亚人心中新的华人形象。

---

① Lvamere Nataro, "Cocoa Farmer Tells of Success Story", *Samoa Observer*, 28 April 2018.

第八章　萨摩亚人眼中的中国

2015年12月18日，大使馆的刘鹏秘书去首都最大的蔬菜及手工艺品市场购物，意外地碰见了一位出售女性手工制品的摊主，她的摊位最显眼处摆着一件精美的针织手工艺品，上写道：生日快乐，并且贴有习近平主席的照片，还有21号的字样，笔者在百度上搜索习近平，试图找寻习主席的生日是否是21号，但网络上只公布了月份，并无具体日期，不知这位摊主从何而知。但不管怎么说，萨摩亚人对于中国的友好和对于中国事务的关心以及对习主席的爱戴却由衷地表达了出来。

从萨摩亚政府和官方媒体来看，他们十分关注外部世界，渴望被世界了解，渴望越过太平洋，走向国际舞台。他们抓住时机获得国际社会援助，改善民生，促进社会发展。萨摩亚发行量最大的报纸《萨摩亚观察家报》每一期均设有"今日中国"专栏，消息大多摘自新华网，内容广泛，政治、经济、军事、外交、民生等信息均有刊登。萨摩亚政府机关报《萨瓦利报》也十分关注有关中国的新闻，不但予以及时报道，而且就一些对中国的不实非议均敢于仗义执言。萨摩亚电视台1台已播出《媳妇的美好时代》和《金太郎的幸福生活》两部中国电视剧。笔者在萨三年时间所接触的萨摩亚友人中，几乎每一家都有华人血统的人，他们与笔者聊天说得最多的话就是：我的＊＊＊是中国人。许多萨摩亚朋友见到笔者大多会问到两位中国领袖，毛泽东和习近平。毛泽东是他们从历史课本中了解到的，习近平是他们从当地新闻媒体中了解到的。他们十分羡慕中国的发展速度，在他们眼中，中国是一个发达国家而非发展中国家。许多人渴望到中国留学,许多萨摩亚女孩子以能找到一位中国男朋友而自豪。到过中国的萨摩亚人无不称赞中国的便捷、广阔。萨摩亚学生最常问的问题是:您知道成龙吗?而许多萨摩亚老师和大学生期望有机会到中国深造。

萨摩亚人对于中国政府和中国领导人的感激源自于他们真切感受到了中国给予他们的无私、真诚的帮助,也感到了中国在世界舞台举足轻重的国际地位。在这一方太平洋深处的小岛上,每天身处在他们之中,了解了岛民们的内心诉求,回答着他们提出的关于中国的问题,孤单和思念随之褪去,心中会时常泛起一种自豪之感。

图 8-1 萨摩亚民众对习近平主席的祝福 (摄影:刘鹏)

第一节 我叫 HuYaobang

当这个小伙子第一次跟我讲他叫 HuYaobang 时,我以为他在开玩笑，一脸茫然地冲他摇着头。他随即掏出他的身份证和护照让我看，HuYaobang 的全拼赫然映入我的眼帘。我马上意识到在他的成长中一定与中共中央前总书记胡耀邦有着某种关系。

2016年11月29日，在萨摩亚首都阿皮亚新建度假酒店塔乌米亚西那度假酒店（Taumeasina Resort）的大堂内，作为一名国家教育部向萨摩亚派遣的教师，我对 HuYaobang 进行了一次非正式访谈。坐在我对面的这位小伙子一米七八的个头儿，胖胖的，足足有二百多斤，皮肤浅棕色，右胳膊上刺着萨摩亚男性身上常见的文身，面带微笑，尽管有着正宗的波利尼西亚人的大眼睛，但长在胖胖的脸上，一笑两眼还是眯了起来，倒是双层下巴颇为明显。按照中国人的说法，单看这宽头大耳，也带着些有福的样儿。而 HuYaobang 这个名字的的确确影响了他的生活，给他带来了好运。

图 8-2　笔者与 HuYaobang 合影（2016年11月29日）（摄影：蔡高红）

时间回到33年前。1985年4月，胡耀邦总书记应澳大利亚、新西兰、萨摩亚、斐济和巴布亚新几内亚五国政府的邀请，对上述国家进行友好访问。4月20日，胡耀邦抵达萨摩亚，而这一天正是眼前的这个小伙子出生的日子。当时他的姨姥姥玛丽·罗伯莉（Marie Ropley）担任萨摩亚国会秘书，正在机场负责接待胡耀邦总书记，当接到报喜电话时，她喜出望外，恳请胡总书记给孩子起个名字，于是就有了这个名字。

但在他的幼年，他并不知道这个名字的来历，也已经习惯了这个名字。直到1989年4月15日，当这个4岁的孩子从收音机里听到胡耀邦去世的消息时，他愣住了：

"HuYaobang？这不是我的名字吗？"他好奇地询问道。

"是的，但还有一个大人物叫胡耀邦，他在中国。"他的姨姥姥笑着回答他。从那时起，他开始关注有关胡耀邦的所有消息，并在网络上下载了胡耀邦总书记的照片，放大、冲洗和塑封。只要见到中国人，他就会兴奋而骄傲地告诉人家他的名字，而每当对方知道来龙去脉后，都表现出对他的喜爱和尊重。

图8-3 HuYaobang向读者展示护照

2012年，27岁的他成了上海建工建筑团队的一员，与那些地地道道的中国小伙子一个工地劳动、一个锅里吃饭，共同工作了三年半，这些中国小伙子对他也都十分尊重和照顾，他不但学会了使用筷子，还学会了一些简单的汉语词汇。2015年，上海建工在首都阿皮亚的工程结束后，随即承接了四五十千米以外的机场扩建工程，因工地太远，HuYaobang才与大家分开，选择了现在度假酒店的工作。

"他们完成机场的工程回到阿皮亚后，我还会去找他们，还要和他们一起工作。"他一边看着我，一边认真而坚定地说，"我是中国人！我会让这个名字在我们家中永永远远传递下去。我现在努力工作挣钱，希望明后年有机会去中国，去学汉语。"

"哦，你现在也可以一边工作一边学习汉语啊。"我启发他道，"咱们有汉语老师在萨摩亚国立大学教课呢，你可以去旁听啊！"

"哦，那好，我会去的。但迟早有一天我还是要到中国去。我的父母告诉我，我是中国人！我要跟胡耀邦爷爷的子女握一握手，告诉他们我和胡爷爷的故事。"

第二节　我的妻子是中国人

眼前的这位老人已经102岁了，是萨摩亚最长寿的老人。在这个拥有195800多人、平均年龄72.3岁、65岁以上人口仅占5%的国家，百岁老人是一个传奇。

第一次拜访这位老人是在2016年4月他的百岁生日聚会上。我和汉办的蔡老师跟随翁维捷总经理一同前往法雷瓦奥（Falevao）村参加他的百岁生日聚会，当时翁总特意为老人带去了一台轮椅。

翁维捷总经理，一位来自中国福建、在萨摩亚打拼了9年的中国商人，因乐善好施、热心公益在萨摩亚华人中颇具威信，被大家亲切地称作"萨翁"。每年老人生日的时候，翁总经理都会出席，并捐赠蛋糕、冰激凌等萨摩亚人最喜欢且耗资最多的聚会甜点。老人的两个孙女都是翁维捷总经理的员工，其中一位现在已是中层。

从法雷瓦奥村到首都需一个小时左右的车程，这个村子的村民对中国有着特殊的感情。中国政府曾于2013年在该村援建了一所小学，翁总经理又是该村的名誉酋长。当我们到达老人家时，大家已经准备好了烤乳猪、芋头、蔬菜沙拉、帕卢萨米等传统食物，老人的孩子们轮流在他的耳边大声地喊着，"有中国朋友来看你了，向他们打声招呼啊！"老人只是闭着眼睛，双手不停地哆嗦，显然，他听懂了但无法表达。看着老人和孩子们急切的样子，我能够感到这位老人曾经的渴望和他们全家对中国的感情。

图8-4 笔者在老人百岁生日上与老人及其家人合影（2016年4月）

（摄影：蔡高红）

塔菲力卢皮亚玛力·塔乌法弗（Tafililupetiamalie Taufafo），一位地地道道的萨摩亚人，娶了一位华裔妻子，生下了 7 个儿女，现在已是五世同堂，全家人口接近 200 人。他的妻子 1980 年去世，没有留下任何遗物，连一张照片都没有，但老人的子女肯定地告诉我他们的妈妈是一位中国人。不过直觉告诉我，中国男性在此结婚生子十分常见，但中国女性嫁给萨摩亚男性却非常罕见。我开始尝试着慢慢询问老人的儿子一些细节，试图获得些许线索，能够替这位老人把他的故事讲述出来。原来，老人的岳父叫阿森，1954 年就去世了，阿森的妻子是萨摩亚人，他们的女儿嫁给了眼前这位百岁老人。

"那你们的母亲是二代华人了，她是在萨摩亚出生的吧？"我向老人的儿子图伊（Tui）继续追问道。

"不！"他肯定地摇摇头，"我的母亲能说一口流利的汉语，我只知道她可能是北京人，至于在哪里出生的不知道，反正不是在萨摩亚出生的。"图伊肯定的话语仿佛想说明这个家庭与中国的关系是多么紧密。

"你的父亲跟你讲过他和你母亲的故事吗？比如他们是怎么认识的？"

"没有，什么也没有讲过。我只知道我母亲的村子叫图阿娜（Tuanai），和我父亲的村子离得很近。"

"你们应该把这样的故事一代一代地讲下去。"同去的新西兰行者传媒的魏女士跟他们说道。

"没有，他们没有说过。但我女儿的名字叫佩基娜（Pekina），意思就是北京。"我的心里猛然一惊，佩基娜是翁总经理的老员工了，我曾几次向她询问老人的情况，没想到她的名字还有这样一层意思。

其实，阿森是典型的广东人的名字。20 世纪上半叶，共有大约 7000 名中国人来萨务工，大多数人来自福建和广东，阿森、阿木、阿树、阿健等是他们常用的名字。可以肯定地说，这位阿森与萨摩亚人生下的女儿只有一半中国血统，而且单就出生地来说，也与北京没有多大关系。但北京却与中国有着太大关系，现在——这个名字——让这个家庭与中国世代联结起来。

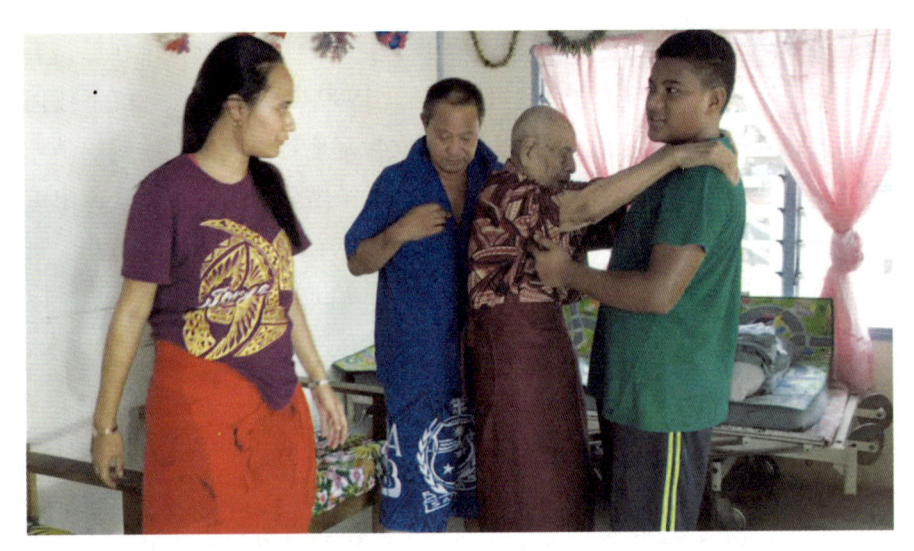

图 8-5　笔者与翁维捷总经理及其他教师于 2018 年 5 月看望老人
（左一为佩基）

中国人最早来到萨摩亚开始于 1870 年左右，当时主要以个人名义来此谋生。之后签约华工、个体经营者陆续到来。据不完全统计，目前在萨华裔有 3 万人左右，其中二代以上华裔已不会说汉语，彻底融入了当地社会，但他们每每见到中国人都会说：我的父亲是中国人，我的祖父是中国人，甚至说我的太祖父是中国人。从时间上推断，阿森那一代的来萨华工是最艰苦的一代，许多华工没有等到合同到期回国的那一天就客死他乡，在他们的墓碑上，牢牢地刻下了"龙来千里"的字样，寄托着他们对祖国和亲人永远的思念。当然，中国人的吃苦耐劳、仁义厚道也吸引了许多萨摩亚女子。直到今天，萨摩亚女性还以嫁给中国人而自豪。

眼前的这位老人已不能表达尘封在他心底多年的渴望，我也只能从蛛丝马迹中抽绎出些许线索，暂且记录下来，算是为他、他的妻子和他的父母亲留下一点儿可供世人追忆的东西。

第三节　萨摩亚的李小龙

他是一位地地道道的萨摩亚人，有着波利尼西亚人的棕色皮肤和宽厚肩膀。尽管已经 50 多岁了，并且单身多年，但他的眼睛依然清澈，待人也相当热情。李小龙，是中国朋友给他起的中文名字，其萨语名字为赛托佩·索阿马乐拉（Setope Sooaemalelag），目前是萨摩亚国立大学的一位教师，认识他的中国人还是习惯于称呼他李小龙。

李小龙的人生阅历可谓丰富，1962 年出生，1984 年毕业于新西兰惠灵顿维多利亚大学，获艺术政治科学学士学位。毕业后的最初 6 年，他就职于新西兰政府机关。之后于 1990 年转职任英语教师。自 1990 年至 2000 年，其先后在新西兰、澳大利亚两国任教。千禧年的钟声敲响后不久，他便去了中国，在中国一待就是 12 年，其中在广州民航职业技术学院任教 6 年，在暨南大学任教 4 年，在一家私立学校任教 2 年。他把生命里最旺盛的时期奉献给了中国教育，也收获了许多中国朋友的爱戴和尊重。

我对李小龙的采访，缘自一个偶然的机会，他到同样在萨摩亚国立大学教汉语的蔡高红老师处做客，蔡老师热情地向我介绍他的情况：

"我喜欢中国。喜欢中国人的做事风格。"这是他见了我说的第一句话。原来那天下午，由于他在工作中出现了一点失误，被其他老师报告给了系主任，系主任在全系会议上当众点名批评了他。

"在中国，如果你出现了一点工作上的失误，同事们都会帮你出主意，渡过难关，没有人会捅到领导那里去。"原来，他喜欢中国的原因有此一点。来萨三年了，而我更喜欢萨摩亚人有一说一的性格。他们会把所有的不满在全体会议上统统表达出来，大家共同商议，最后拿出解决方案。而个人之间的误会甚至小小的恩怨，也会当面说开，并获得理解，无论多么大的问题都有和解的余地。一声"对不起"，误会和矛盾都会烟消云散。

图 8-6 李小龙和其堂兄佩努阿法（Penuafa）

"对中国印象最深的是什么？"我接着问道。

"中国人和中国话。"他不加思索地答道。

"我到中国的最初两年，一直在努力适应。之前我对中国的了解完全是从西方人的眼光出发，仅仅限于从一些有关中国的书籍中获得。等我真正踏上这块土地，我才知道我之前了解的太偏狭。中国人对我十分友好、耐心和尊重。但中国话实在是太难懂了，而且还有那么多方言：广东话、客家话、福建话……"看得出来，他到过中国许多地方，大多是南方城市。

"都到过哪些地方？"

"哦，我去过桂林、南京、重庆、上海、厦门、福州、深圳、昆明、成都、珠海、钟山、香港、澳门。可以说，在中国，每一个城市，不论大小，都有她自己的特点，譬如桂林那清澈如镜的水和令人眩晕的山；南京，那些古代建筑时刻提醒着这个城市的人们，他们有着多辉煌的历史；重庆——那座山城，美食中的辣劲儿永远超出你的想象和描述，直到现在，我还是一个对辣味儿上瘾的人；哦，还有青岛，我最喜欢青岛啤酒，自动投币就可以喝到，15元3公斤。而我常住的地方是广州，我在那里住了十六年。广州人教会了我谦逊、勤劳和诚实。广州人的勤劳和创新是有相当长历史的，他们可以复制一台法拉利再卖给法拉利汽车公司。"

"哈哈哈！"我们两个不约而同地笑了，他的话里还是带着萨摩亚人特有的直率、天真和幽默。

"在中国，与朋友们聚会的时候，只要遵守三个不可以，就一切OK！"他继续滔滔不绝地说道。

"哦，你深谙中国的交友之道啊。哪三条戒规呢？"

"政治、钱和宗教。"他自信地说。

"哦？作为你们眼里的外国人，我也是遵守这三个不可以的。"我接着他的话说，"结过婚吗？有孩子吗？"我不想就双方都感到紧张而局促的话题谈下去，便按捺不住忍了许久的好奇心问起了这个问题。

"我1987年结婚，有两个女儿，现在都在澳大利亚，1997年离婚。2000年便去了中国。"说着说着他沉默了。看着眼前这个中年人，我有些同情起他来。35岁离异，38岁去了异国他乡，54岁返乡，依然孑然一身。尽管他已谙熟中国的交友之道，喜欢中国的人文文化，可在他身上，还是有根深蒂固的萨摩亚人的生活方式：对家族有着天然的责任感、对长辈言听计从、对财物没有计划等等。以至于经常听到蔡老师说起他每两周的薪水一周就花掉了，不得不借贷度日，而借贷头寸最多的却是烟和酒。就是这样一位仿佛一无所有的中年人，在他的内心深处埋藏着他的情感历程。

"在中国12年，有没有谈得来的女性朋友？"

"有，我曾经谈过两个女朋友，关系都很好，但都没有嫁给我。因为，她们只知道澳大利亚、新西兰，不知道萨摩亚。当我要她们来萨摩亚和我一起生活时，她们还是心有顾虑，就被迫分开了。"是啊，我能够理解中国女孩子的胆怯和不安。萨摩亚距离祖国一万多千米，援教前，我对中国也是知之甚少。这些年，中国政府帮助萨摩亚兴建了许多关系国计民生的基础设施项目，越来越多的中国商人、中国企业进驻萨摩亚，加上中国医疗队的持续援助，中国教师的网络宣传，国内对萨摩亚的了解才多了起来。

图 8-7　从左至右：笔者、李小龙家族长者、李小龙、蔡高红

（摄影：佩努阿法）

"还想去中国吗？"

"当然想了，但我还是想先建座房子，娶个妻子，踏踏实实地过日子。或许将来有一天，我会带着我的妻子一起去中国，去我曾经待过的地方。"他的乐观和对未来的憧憬让我为他高兴。但他对烟酒的嗜好和入不敷出也让我为他有些担忧。

"知道李小龙吗，你为什么叫李小龙啊？"

"知道，是中国的一位功夫巨星，我看过他演的电影，喜欢他。喜欢他的奋斗、坚韧、不服输，我想做他那样的人，所以就给自己起了这个中国名字。"是啊，很多与中国有着某些种联系的萨摩亚人总喜欢用名字来寄托自己对中国的感情，像前面的 HuYaobang、佩基娜，眼前的李小龙均是如此。

第四节　图伊拉埃帕与中国

2018年9月18日，国家主席习近平在人民大会堂会见赴华出席夏季达沃斯论坛的萨摩亚总理图伊拉埃帕，这是图伊拉埃帕总理第八次到访中国，许多萨摩亚华人朋友亲切地称他为"萨铁"。

萨摩亚现任总理图伊拉埃帕，一位地地道道的萨摩亚人，1945年4月14日出生于萨摩亚首都所在岛乌波卢岛东南海岸的雷帕（Lepa）村。这是一片美丽的水域，以其细白的沙滩和蓝色的大海而闻名于萨摩亚，中国游客习惯称其为白沙滩。

图伊拉埃帕总理有一个长长的名字，图伊拉埃帕·萨力力·马列乐高伊（Tuila'epa Sa'ilele Malielegaoi）。图伊拉埃帕是他的马他伊头衔。另外，图伊拉埃帕总理还有七个马他伊头衔，分别是法亚娄法（Fatialofa）、阿乌卢阿（'Auelua）、卢佩索力阿伊（Lupesoli'ai）、尼欧提（Neioti）、阿伊欧诺（'Ai'ono）、嘎卢马乐马那（Galumalomana）和娄娄苷忒力（Lolofietele）。如果把这七个头衔均置于名字之前的话，其名字大概是萨摩亚最长的名字了。

一　雷帕村走出来的商科硕士[①]

与村里其他孩子一样，图伊拉埃帕总理的童年是在大家庭里度过的。大家庭给了他关于家庭和宗教的启蒙教育，他学会了大家庭中的长

---

① 本部分内容主要参阅了：Peter Swain, *Prime Minister Tuila'epa Sa'ilele Malielegaoi of Samoa*, Wellington: Victoria University Press, 2017, pp. 33–64。

幼尊卑，他学会了每个年龄段应该做的家务活，而他最喜欢的则是到海里去插鱼。四岁时候，他进入了村里伦敦教会开办的星期天学堂。在那里，他学会了识字和简单的计算。很快，他发现自己读《圣经》的能力赶上了大人，这使他欣喜若狂，并且激发了他渴求知识的欲望。五岁半的时候，图伊拉埃帕开始接受小学教育。① 童年的图伊拉埃帕是父母的骄傲，因他常常获得年级第一而让父母不得不大肆宴请全村老少。

在村子里刚刚读完了小学一年级的图伊拉埃帕，遇见了回家参加家族婚礼的姑姑。于是，图伊拉埃帕跟随姑姑来到首都就读。现在由首都到达雷帕村坐公交车只需两个小时，但当时，只有先坐船到达北海岸再坐公交车，或者沿海岸线步行。这使得图伊拉埃帕只有在每年圣诞节假期才可以回家与父母团聚。

然而，仅仅读了一年，图伊拉埃帕就读的小学就被迫关闭了。于是他转到另一所当地相当有名的教会学校——玛丽兄弟小学（Marist Brothers' Primary School）继续学习，在该校他度过了七年的小学时光。1960 年，他进入乐托帕圣约瑟夫（ST Joseph's, Lotopa）中学就读。1962 年，他通过了学校的结业考试，也是该校唯一一名通过考试的学生。是年，萨摩亚独立，1963 年，第一次全国统一考试举行，考试优秀者可由国家资助前往新西兰就读大学。图伊拉埃帕以优异成绩争取到了这次机会。他先是进入新西兰的圣保罗中学（ST Paul's College）就读奥克兰大学预科。1965 年就读于奥克兰大学商科本科专业，1968 年毕

---

① 此处还有一个小插曲，就是他自己的生日。现在官方报道他的生日是 1945 年 4 月 14 日，但他知道这是父亲为了让他入学而有意将他年纪改小的一个日子。目前在萨摩亚，小学入学年龄是 5—6 岁，甚至更晚。但在图伊拉埃帕的童年时期，正值新西兰托管时期，入学年龄有严格规定。超过五岁零六个月就不能入学了。显然，他刚刚错过了入学年龄。父亲为了让他能够读书，就委托一位在民政部门工作的亲戚更改了他的出生日期，谎报了现在这个生日。图伊拉埃帕本人也从不愿意在这个时间过生日。2000 年的时候，所有人的出生信息都必须输入计算机系统，但图伊拉埃帕无法从当地注册机关获取他的出生日期和出生证明，唯一能够提供其出生日期的只有他的护照，但护照上的年龄并非其真实年龄。最后他想到也许会在他所在村子里的教会处找到线索。2014 年 9 月，他回到雷帕村，找到牧师，翻出 1945 年以后的孩子出生记录，逐年寻找，都没有结果。当他往回翻到 1944 年时，终于看到了他的名字，1944 年 2 月 14 日，这是他的生日，一个在他 70 岁时才得到的出生日期。

业。1969年开始攻读商科硕士学位。尽管所学专业是商科，但在大学期间，他主攻财会专业，并且喜欢把商科、财会和政治联系起来，为其日后走上重要职位奠定了良好基础。1970年，硕士研究生毕业后，他回国供职于政府机关，作为一位财政司调查员开始了其公共服务生涯，他也是当时唯一一位拥有商科硕士学位的政府官员。一年后，即被提升为经济发展处副处长。1972—1976年，图伊拉埃帕供职于财政司和公共事业处期间，由于其出色的调研能力和果敢的建议，参与了与亚洲发展银行、国际货币基金组织以及世界银行的谈判。1976年，托菲劳出任总理，他承诺每一位部门要员均有一次出国机会。图伊拉埃帕即获得了前往新西兰财政部的工作机会。1977年，图伊拉埃帕回到萨摩亚，新的更加重要的岗位在等待着他。

1978—1980年间，图伊拉埃帕前往比利时，供职于非洲、加勒比和太平洋地区国家集团（即非加太集团）秘书处。这个新岗位拓宽了图伊拉埃帕的国际视野，其在国际社会间的协调沟通能力发挥得更加出色，借此机会他也建立了许多新的国际关系。所有这些都让他更加深入地了解了萨摩亚的未来诉求和发展方向。三年的时间转瞬即逝，正值他即将荣升为该集团财政部主席之际，萨摩亚国家经济出现危机，并一度出现罢工现象，他被紧急召回国出任萨摩亚财政部秘书。至此，图伊拉埃帕一直作为一位拥有商科硕士学位的高级知识分子供职于各处。1981年，他决定涉足政坛，竞选国会议员，这对于一位出身于乌波卢岛东南海岸平民家庭的孩子来说，困难重重。但他拥有在政府工作的良好业绩和海外工作经验，在之前的工作中为国家首脑提出过良好建议。接下来他获得整个家庭、村子甚至附近村民的赞同。图伊拉埃帕当选为萨摩亚人权保护党议员，开始了他的政治生涯。1982—1990年间，他历任萨经济事务、交通和民航部长兼财政部副部长、财政部长、亚洲开发银行董事会董事和非加太集团部长理事会主席。1991—1998年间，他担任副总理兼财政、旅游、贸易和工商部长。1998年11月，托菲劳总理因病辞职，图伊拉埃帕继任总理兼外交和财政部长，2001年3月，他率人权保护党在大选中获胜,连任总理并兼任外长至今。

图伊拉埃帕继承了萨摩亚人强壮的身体和超强的音乐天赋。他喜欢弹吉他,在新西兰就读期间,每当空闲下来,他都会弹起吉他,唱起优美的歌曲,他的妻子也是因为歌声和吉他与他相识。[①] 他还是一位竞技高手。早在小学时期,他就喜欢玩一种弹子游戏,他可以利用午饭时间把同学们所有的弹子赢到手。他甚至带着赢到的弹子回村换椰子,再把椰子卖了交学费。另外,他还是一位射箭高手。2007年,第13届南太平洋运动会在萨摩亚举行,图伊拉埃帕参加了比赛并获得反曲弓团体赛银牌。担任国家领导人后,为了改变萨摩亚人的肥胖体型,降低一些非传染性疾病如高血压、糖尿病的发生率,图伊拉埃帕总理在百姓中极力推广各项体育运动,他长期担任萨摩亚橄榄球协会会长,为萨摩亚橄榄球运动募集资金。

在图伊拉埃帕总理执政的20年间,萨摩亚遭遇过海啸苏那米(Tsunami)的肆虐,多次遭遇飓风袭击,每一次他都在第一时间赶赴灾区,与灾民一起勇敢自救,同时积极谋求国际援助,成功渡过危机。

二 就任20年来的中萨关系

与老一辈萨摩亚领导人不同的是,图伊拉埃帕在新西兰度过了六年的求学生涯,沐浴了现代文明。而在他上任时期,恰逢萨摩亚遭遇经济下滑、物价上涨等经济状况。因此,他上任后的主要目标便是致力于国家经济发展,平抑物价。一经上任,图伊拉埃帕总理就致力于

[①] 刚刚回国后不久,有一次,图伊拉埃帕总理在教堂里听到了优美的歌声,循着歌声他看到了一位姑娘,顿时被吸引。谁知当他回到住处,傍晚时分弹起吉他消遣的时候,那位姑娘出现了,原来他们住得非常近。1972年10月,这对有情人终成眷属。按照萨摩亚的传统,婚礼要大操大办,不但要宴请亲朋好友,还要送精美的席子和其他贵重礼物以及现金等。其妻子家境非常好,但图伊拉埃帕家境一般,宴请宾客尚可支付,但现金是拿不出的。萨摩亚人还有另一个习俗,像这样的大事不仅是父母的事情,而且是整个家族的事情,全家总动员,集资筹办。笔者也多次见到同事们因为家族事宜而四处借款。为了不给家族增添负担,图伊拉埃帕与妻子商量后决定一切从简,他们选择了一个偏远安静的教堂,只请了15~20人参加。但这丝毫没有减少彼此的爱。他们一起走过了46年的时光,育有四儿四女。

萨摩亚外交关系和经济发展。凭借其在非加太集团和萨摩亚财政部与世界银行财政部、国际货币基金组织和亚洲发展银行的谈判经验,他在处理国际国内事务中游刃有余,为萨摩亚赢得了良好的国际声誉和发展机会。

图伊拉埃帕总理十分重视萨摩亚在太平洋地区的外交关系。为了更好地与该区域澳大利亚和新西兰两个大国进行贸易往来,他力排众议,推行了两项重要举措,第一项是将萨摩亚时间调整至国际日期变更线以东,由原来全球最后一个进入新的一天的国家成为第一个迎接太阳的国家。调整后的时间与澳大利亚仅差3个小时,与新西兰仅差1个小时,大大方便了经济往来。第二项举措就是将萨摩亚机动车左舵右行改为右舵左行,这样萨摩亚不但可以直接从临近的澳新两国进口较便宜的汽车,许多家庭也可以从亲戚那里获得廉价二手车。

图伊拉埃帕十分清楚如何抓住一切促使萨摩亚走向国际舞台的契机。2007年,萨摩亚承办第13届南太平洋运动会。对于萨摩亚来讲,这需要5000千万美元的巨大开支,单纯靠萨摩亚的经济实力远远不够。图伊拉埃帕积极争取国际社会援助。最后他不仅向中国政府争取到了阿皮亚公园综合体育设施的升级维修和全额援助游泳馆的项目,而且还带头参加射箭比赛并获得一枚银牌。在此基础上,萨摩亚又承办了2015年第5届英联邦运动会。目前,图伊拉埃帕总理又争取到了2019年南太平洋运动会的举办权。①

在所有的对外关系中,图伊拉埃帕一直十分重视与中国的外交关系。执政20年来,他始终坚持一个中国原则。他先后八次到访中国,其中正式访问六次,非正式访问两次,中国亦有多位高层领导人访萨。双方在政治、经济、教育、文化等领域达成多方共识,为太平洋其他岛国起到了示范作用。在他执政期间,双方高层往来频繁,民间交往也十分活跃。中国政府为萨摩亚提供了包括无偿援助、优惠贷款、人力资源

---

① 原定于在汤加举办,但由于汤加财政吃紧不得不放弃。

援助等多种援助形式，对萨摩亚的经济社会发展起到了十分重要的作用。图伊拉埃帕总理也在多个场合表达了对中国援助的感激之情。近来，随着"一带一路"倡议的不断推进，中国在南太平洋一带的影响不断增强，引起了周边国家的忧惧。当中国政府遭受无端指责、刁难和无理要求时，图伊拉埃帕总是第一个挺身而出，仗义执言，显示了其刚正不阿的品性。

2000年11月，刚刚继任总理不久的图伊拉埃帕即开始了他的中国之行。时任国家主席江泽民与其会晤，中方就已经在政治、经济、文化、教育和卫生等领域展开的合作与交流表示满意，希望萨摩亚在今后的发展道路上取得更大成就。中方愿意在新的世纪里同萨方一道努力，把中萨友好关系推向一个更高的发展阶段。图伊拉埃帕总理谈到萨方政府非常重视发展与中国的关系，感谢中国政府对萨方提供的许多宝贵的经济援助。2005年5月，受时任国务院总理温家宝邀请，图伊拉埃帕访华，双方发表了《中华人民共和国政府和萨摩亚独立国政府联合声明》，达成以下共识：一是双方在互相尊重主权和领土完整、互不侵犯、互不干涉内政、平等互利、和平共处五项原则的基础上推动两国关系长期、稳定、全面发展符合两国的根本和长远利益。二是双方对过去30年来两国关系的稳定发展表示满意，愿继续保持高层交往，扩大两国政府、议会以及民间各领域、各层次的交流与合作。三是两国应加强优势互补，扩大经贸合作。双方愿意鼓励和支持两国企业加强接触、加深了解，开展多种形式的互利合作，推动两国经贸关系不断发展。四是萨方重申坚持一个中国政策，中华人民共和国政府是代表全中国的唯一合法政府，台湾是中国领土不可分割的一部分。五是双方重申联合国在维护全球和平、稳定和促进共同发展方面的重要性，愿在联合国改革进程中进行沟通与合作。①

---

① 国务院公报（2005年第19号）：《中华人民共和国政府和萨摩亚独立国政府联合声明》，中华人民共和国中央人民政府网站（http://www.gov.cn/gongbao/content/2005/content_64239.htm），访问时间：2018年8月9日。

2007年3月，应中国共产党邀请，图伊拉埃帕率人权保护党访华。2008年9月北京残奥会期间，图伊拉埃帕第四次访华并出席残奥会闭幕式。2010年9月，在上海世博士会上，萨摩亚同巴布亚新几内亚、汤加、瓦努阿图、斐济、帕劳、库克群岛、密克罗尼西亚、基里巴斯、所罗门群岛、图瓦卢、马绍尔群岛、瑙鲁、纽埃13个独立国家和南太平洋旅游组织、太平洋岛国论坛两个国际组织共同组成了太平洋联合国，萨摩亚派出了颇具本国风情的舞蹈团，图伊拉埃帕出席了萨摩亚馆日活动。2011年5月，图伊拉埃帕非正式访问成都，参观了大熊猫教育研究基地。2013年11月，图伊拉埃帕总理专程赴广州出席第2届中

图8-8 萨摩亚总理图伊拉埃帕在中国驻萨摩亚大使馆
2019年春节招待会上讲话①

---

① 图片来源：中华人民共和国驻萨摩亚独立国大使馆，http://ws.chineseembassy.org/chn/xwdt/t1635789.htm，访问时间：2019年2月11日。

国—太平洋岛国经济发展合作论坛并访问深圳、西安和上海。2018年9月，图伊拉埃帕总理第八次到访中国，习近平主席在人民大会堂与他进行了正式会晤。

此外，自2000年以来，萨摩亚亦有多位政要访华。其中议长托洛富艾瓦莱莱先后于2007年6月、2008年3月、2010年11月访华。议长拉乌利于2011年7月底8月初赴华出席商业活动，2012年5月参加太平洋岛国政治家联合考察团访华。副总理米萨自2006年至2010年，每年都赴华出席国际会议，2010年5月又参观了上海世博会。副总理福诺托2011年9月出席在厦门举行的中国国际投资贸易洽谈会并访问广东，2012年5月出席在北京举行的中国国际服务贸易交易会，2014年10月出席广交会。首席大法官萨波鲁，妇女、社区和社会发展部长马塔阿法，通讯与信息技术部长内里，卫生部长吉德洛于2009年9月访华。农业部长勒马梅亚2012年12月访华。自然资源与环境部长图马利伊2013年7月访华。交通信息技术部部长里科·图派2015年6月访华。旅游部部长珀赛尔2016年5月率团赴华参加在北京举行的首届世界旅游发展大会。首席大法官萨波鲁2016年11月出席在浙江乌镇举办的第3届世界互联网大会。

自中萨1975年11月建交以来，中国就在萨设立了常驻使馆，迄今已有14位大使在此工作过。中国亦有多位高层领导人访萨。

自2000年图伊拉埃帕总理上任以来，中国外交部、农业部、全国人大、广电总局、体育总局、国家发改委、民政部等派代表团访萨，大大促进了双边关系和经贸往来。

此外，一些省市政府领导人、农业、卫生等部门相关负责人，友好协会、友好代表团及广东外语外贸大学、聊城大学等单位亦多次访萨，为中萨两国人民的友谊做出了重要贡献。

三 图伊拉埃帕与萨摩亚的华人华侨

图伊拉埃帕总理执政20年来，十分注重与国际社会的交流与合作，努力吸纳外部投资，促进国家发展和百姓生活改善。2014年，萨摩亚已从联合国所列的最不发达国家名单中毕业。目前萨摩亚是南太平洋14个独立国家中政治环境稳定，经济稳步增长，受到国外投资者高度赞誉的南太国家之一，近年来前来进行投资考察和短期旅游的人士越来越多。

图伊拉埃帕十分重视和支持在萨华人华侨的投资经营。目前在萨华人主要由国家公派人员、中国建筑工人和投资经营者组成。其中国家公派人员和建筑工人属短期援助项目，人员流动性强，而萨投资经营者是在萨华人的一个主要群体。这批人主要涉及百货经营、建筑工程、保健品加工、海水养殖、太阳能发电、农场种植等。图伊拉埃帕总理十分欢迎华人华侨在萨投资经营，与许多华人建立了深厚友谊。

由于华人华侨在萨投资具有范围广、经营产品多、辐射面大等特点，被认为挤占了当地人的经营空间而遭到一些当地人的质疑和抵制，甚至不明缘由地在社交网站上恶意诋毁中国商品质量。图伊拉埃帕总理得知后，主动出面在电视新闻中正确评价中国经营，告诉当地民众正是由于大量的中国商品出售，才使萨摩亚的百货价格有所下降，丰富了百姓生活，应该感谢中国商人及中国商品。

每当华人同胞给他写信交流有关在萨投资情况时，他都欣然回信，而且为大家提供力所能及的支持。例如当翁维捷总经理申请的烟厂手续迟迟没有音讯之际，图伊拉埃帕总理亲自给他回信，称赞他为萨摩亚民众提供了质优价廉的百货，请他耐心等待。当翁经理在库克群岛的经营受阻之际，图伊拉埃帕总理给库克群岛总理写了亲笔信，介绍中国经营和中国经理。当方晖总经理购买土地受挫之际，总理亲自批示准购。当施祖杰总经理邀请他出任中萨友好商会会长之际，他亲自回信表示感谢，并表示可以出任名誉顾问。目前在萨华人华侨对于投资环境、投资政策等十分满意。2017年3月，翁维捷总经理的一家百货商店被偷窃者放火，损失约200百万元。图伊拉埃帕总理写了一封亲笔信给他，表达了他的歉意和愤怒之情，同时感谢他为萨摩亚旅游文化村捐赠的石桌石凳。2017年8月，翁维捷总经理的Coinsave连锁店瓦伊特雷（Vaitele）区分店开业之际，图伊拉埃帕总理亲自到场剪彩。瓦伊特雷位于阿皮亚西部，这里人口众多，却没有一家大型百货超市，人们的生活极不方便。图伊拉埃帕总理感谢翁维捷在该区域投资 60 万塔拉，为大家提供了物美价廉的商品，并且又为 30 多位当地民众提供了就业机会。①2017 年 11 月，方友凯总经理的 Best value 连锁超市阿菲嘎（Afega）村分店开业之际，总理亦到场剪彩表示祝贺。

图 8-9　图伊拉埃帕总理与翁维捷总经理父子三人
左前：图伊拉埃帕；右前：翁祥云；左后：翁维捷；右后：翁维忠

（图片提供：翁维捷）

笔者在萨三年的时间里，通过各种媒体和华人朋友的介绍，得知图伊拉埃帕总理是一位十分平易近人的总理，于是萌发了请总理为本书题

---

① Deidre Tautua-Fanene, "P. M. Hails Coin Save", *Samoa Observer*, 23 August 2017（1）.

写扉页寄语的想法。为了方便总理了解本书的主要内容，遂简单撰写了一篇英文摘要，并请翁维捷总经理转达我的愿望。

2018年10月19日上午，翁维捷总经理安排办公室秘书与总理办公室工作人员商约拜见时间。没想到对方马上给了答复。当天总理一直开会到下午三点，三点后开始会见客人，我们将被安排在第一个。

三点整，我和翁维捷总经理走进了图伊拉埃帕总理办公室。他接过我的书稿大致翻看了一下里面的图片，听了我的自我介绍。然后问道：

"你想要我做什么呢？"

"我能否有幸请您为本书写两句话呢？您的文字将会印在扉页上。"

"我周末写，下周一来拿。"没想到总理答应得如此痛快，我有些措手不及。

"下周一吗？"

"下周一。"

接下来的周一，总理办公室来电告知，有关内容总理已经写完，但秘书需要打印备档，还需总理签字。而且在接下来的一周时间里，总理一直忙于国会开会，以及在两个岛出席农产品展览会等重要事务。

2018年10月26日中午1点43分，翁维捷总经理突然来电告知，两点钟到总理办公室，总理两点整将要接见我。我慌忙驱车前往。

待我坐下后，总理第一句话便是：

"序言我已经写完了。"他把序言连同我的书稿往我面前推了推，并指着序言上萨摩亚总理办公室的标志说：

"这个标志说明这是出自我的手笔。"我快速扫了一眼，总理写了一篇长长的序，而并非我最初期望的两句扉页寄语。

"我想你应该知道我刚刚从中国回来，与习近平主席和李克强总理都进行了会议，萨摩亚现在走了一条像巴基斯坦一样正确的道路。谢谢你撰写了这本书，我希望通过你的书，可以把萨摩亚介绍给更多的中国读者，希望越来越多的中国朋友到萨摩亚投资观光，希望中萨友谊世代长存！"图伊拉埃帕总理一边认真地看着我郑重地说着，一边把我的书稿和英文摘要递给了我。令我意想不到的是，总理居然对我的英文摘要进行了语法和措辞修改。

……

图伊拉埃帕，一位执政20年的平民总理，一位聪慧睿智的总理，一位带领萨摩亚逐步摆脱贫困、赢得世界瞩目和赞誉的总理。

图8-10　本书作者于2018年10月26日拜见图伊拉埃帕总理
　　　　　并获赠总理签名传记　（摄影：翁维捷）

参考文献

资　料

一　中文资料

中华人民共和国新闻办公室:《中国对外援助白皮书》,2011年4月。

中华人民共和国新闻办公室:《中国的对外援助》,2014年7月。

国家发改委、外交部、商务部:《推动共建丝绸之路经济带和21世纪海上丝绸之路的愿景与行动》,2015年3月。

二　英文资料

1. 人口普查资料

Samoa Bureau of Statistics, *Population and Housing Census 2001 Tabulation Report*, Apia: Government of Samoa, 2001.

Samoa Bureau of Statistics, *Population and Housing Census 2006*, Apia: Government of Samoa, 2006.

Samoa Bureau of Statistics, *Population and Housing Census 2011*, Apia: Government of Samoa, 2011.

Samoa Bureau of Statistics, *Population and Housing Census 2016*, Apia: Government of Samoa, 2016.

Samoa Bureau Statistics, *2016 Census Brief No. 1*, Apia: Government of Samoa, 2017.

2. 教育政策资料

Department of Education, *Corporate Plan July 2000 – June 2003*, Apia: Government of Samoa.

Department of Education, *Corporate Plan July 2002 – June 2003*, Apia: Government of Samoa.

Ministry of Education, Sports and Culture, *Corporate Plan July 2006 – June 2009*, Apia: Government of Samoa.

Ministry of Education, Sports and Culture, *Corporate Plan July 2012 – June 2015*, Apia: Government of Samoa.

Ministry of Education, Sports and Culture, *Corporate Plan July 2015 – June 2018*, Apia: Government of Samoa.

Department of Education, *Educational Policy and Development Looking Towards the 1990s*, Apia: Government of Western Samoa, 1986.

the Education Sector Advisory Council, *Samoa Education Sector Plan July 2012 – June 2016*, Apia: Government of Samoa.

Ministry of Education, Sports and Culture, *Samoa Education Sector Plan, July 2013 – June 2017*, Apia: Government of Samoa.

Ministry of Education, Sports and Culture, *Samoa Education Sector Plan (July 2013 – June 2018)*, Apia: Government of Samoa.

Ministry of Education, Sports and Culture, *Strategic Policies and Plan 2006 – 2015*, Apia: Government of Samoa.

3. 国家发展资料

Office of the Minister of Finance, *Ministry of Finance Annual Report 2012 – 2013*, Apia: Government of Samoa.

Office of the Minister of Finance, *Ministry of Finance Annual Report 2012 – 2013*, Apia: Government of Samoa.

Office of the Minister of Finance, *Ministry of Finance Combined Annual Report 2009 – 2010, 2010 – 2011 and 2011 – 2012*, Apia: Government of Samoa.

Office of the Minister of Finance, *Ministry of Finance Corporate Plan 2012 – 2016*, Apia: Government of Samoa.

Office of the Minister of Finance, Corporate Plan 2016 – 2020, Government Statistician of Samoa, Apia: Government of Samoa.

Samoa Bureau of Statistics, *Gross Domestic Product*, Apia: Government of Samoa, 2016.

Samoa Bureau of Statistics, *Consolidated Annual Report July 2012 – June 2014*, Apia: Government of Samoa, 2015.

Ministry of Finance, *Strategy for the Development of Samoa 2008 – 2012*, Apia: Government of Samoa, 2008.

Graeme Smith, George Carter, Mao Xiaojing, Almah Tararia, Elisi Tupou and Xu Weitao, *Village fono Act 1990*, Apia: Samoa Law Reform Commission 2012.

United Nations Developments programme, *Samoa National Human Development Report 2006: Sustainable Livelihoods in a Changing Samoa*, Apia: National University of Samoa, 2006.

4. 其他统计资料

Ministry of Health, *Annual Report Financial Year 2010 – 2011*, Government of Samoa, 2011.

Department of Foreign, Affairs and Trade: *Australian Aid: Promoting Prosperity, Reducing Poverty, Enhancing Stability*, Sydney: Australian Government, June, 2014.

JICA Samoa Office, *Samoa Education Sector Study Final Report*, Apia: Japan International Coorperation Agency, March 2004.

National Statistics Office and UNDP Pacific Centre, *Samoa Hardship and Poverty Report, Analysis of the 2013/14 Household Income and Expenditure Survey*, Apia: Government of Samoa, 2016.

Bureau of Democracy, Human Rights, and Labor, *Samoa 2012 International*

Religious Freedom Report, Washington: United States Department of State, 2012.

Desmond Lee-Hang, Jimmy Hatier, Judith Francis, *The agriculture-nutrition nexus in Samoa*, *CTA Technical Brief 1*, September 2016.

Office of the Minister of Finance, *Ministry of Finance Annual Report 2014 – 2015*, Apia: Government of Samoa, 2015.

Office of Peace Corps, *Pease Corps Office of Inspector General Strategic Plan Fiscal Years 2018 – 2020*, Peace Corps Office, 2018.

UNESKO, *Pacific Education for all 2015 Review*, Paris: the United Nations Educational, Scientific and Cultural Organization, 2015.

Bureau of Statistics, *Agriculture Census Analytical Report 2009*, Apia: Economics Statistics Division Samoa, 2012.

专 著

一 中文及汉译专著

王华:《萨摩亚争端与大国外交: 1871—1900》, 中国社会科学出版社 2008 年版。

司徒泽波、陈本健:《斐济国、所罗门群岛、西萨摩亚群岛华侨概况》, 正中书局 1992 年版。

《华侨志·总志》, 侨志编纂委员会 1958 年版。

翟兴付、仇晓谦:《萨摩亚》, 世界知识出版社 2002 年版。

翟兴付:《萨摩亚华侨华人今昔》, 香港社会科学出版社有限公司 2003 年版。

赵少峰:《图瓦卢》, 社会科学文献出版社 2016 年版。

赵少峰:《瑙鲁》, 社会科学文献出版社 2017 年版。

汪诗明、王艳芬:《太平洋英联邦国家: 处在现代化的边缘》, 四川人民出版社 2005 年版。

喻常森：《国际社会对太平洋岛国援助的比较研究》，时事出版社 2017 年版。

吕桂霞：《斐济》，社会科学文献出版社 2015 年版。

倪学德：《萨摩亚》，社会科学文献出版社 2015 年版。

韩玉平：《瓦努阿图》，社会科学文献出版社 2016 年版。

卢庆洪：《巴布亚新几内亚》，社会科学文献出版社 2017 年版。

王敬媛、陈万会：《汤加》，社会科学文献出版社 2017 年版。

［美］玛格丽特·米德：《萨摩亚人的成年——为西方文明所作的原始人类的青年心理研究》，周晓虹、李姚军、刘婧译，商务印书馆 2005 年版。

［美］沈已尧：《海外排华百年史》，中国社会科学出版社 1985 年版。

［日］岩佐嘉亲：《萨摩亚史》（上），马采译，广东人民出版社 1974 年版。

［新西兰］W. 福克斯、B. 坎伯兰编：《西萨摩亚：热带波利尼西亚的土地、生活及农业》，中山大学地理系经济地理教研室译，商务印书馆 1977 年版。

二　英文著作

A. S. Noa Siaosi, *Catching the Dragon's Tail: The Impact of the Chinese in Samoa*, Canterbury, the University of Canterbury, 2010.

B. C, Prasad, K. C. Roy, *Development Problems and Prospects in Pacific*, New York: Nova Science Publishers, 2007.

Brother Fred Henry, *History of Samoa*, Commercial Printers Limited, 1992.

Carl Marquardt, *The Tattooing of both Sexes in Somoa*, Papaqura: R. Mcmillan Publisher, 1984.

D. R. Hayden, *Chinese Indentured Labour in Western Samoa, 1900 – 1950*. Wellington: Government Printing Office, 1965.

Graeme Smith, George Carter, Mao Xiaojing, Almah Tararia, Elisi Tupou and

Xu Weitao, *The Development Needs of Pacific Island Countries Report*, Beijing: United Nations of Development Programme in China, 2014.

Lesser Chief, Lowell D. Holmes, Ellen Rhoads Holmes, *Somoan Village: Then and Now*, San Diego: Harcourt Brace Jovanovich College Publisher, 1992.

Lalomilo Kamu, *The Samoan Culture and The Christian Gospel*, Suva Fiji: Donna Lou Kamu, 1996.

Ken G. Gannicott, *Education for Economic Development in the South Pacific*, Canberra: National Centre for Development Studies, the Australian National University, 1990.

John William Hart, *Samoa Culture*, Pesega: Western Samoa, 1984.

Malama Meleisea, *The Making of Modern Samoa*, Sua: Institute of Pacific Study of the University of the South Pacific, 1987.

Mead M., *Coming of Age in Samoa*, New York: Harper Collins Publishers Inc, 1928.

Michlle Liulama Carmichael, *Too much Schooling, too Little Education*, Dudweiler: VDM, Werlag Dr. Muller Aktiengesellschaft&Co. KG, 2008.

Nancy Y. W. Tom, *The Chinese in Western Samoa 1875 – 1985*: Apia: the Western Samoa Historical and Cultural Trust, 1986.

Nancy Y. W. Tom, *The Chinese in Samoa 1875 – 2015*: Apia: the Samoa Historical and Cultural Trust, 2015.

Newton. Rowe. *Samoa Under the Sailing of Gods*, London: Unwin Brothers Limited: London, 1930.

Peter Swain, *Prime Minister Tuila'epa Sa'ilele Malielegaoi of Samoa*, Wellington: Victoria University Press, 2017.

Ron. G. Crocombe, *Asia in the Pacific Islands: Replacing the West*, Sua: IPS Publications University of the South Pacific, 2007.

S. Smith, *The Samoa (N. Z.) Expeditionary Force 1914 – 1915*, Wellington:

Fergusn & Osborn Limited, 1924.

Seth Gorrie, *The Scientific and Cultural Aspects of Renewable Energy Development Success in Samoa*, Dunedin: University of Otago, 2012.

S. J. Yee, *The Chinese in the Pacific*, Suva: South Pacific Social Sciences Association, 1974.

Te Rangi Hiroa, *Samoa Material Culture*, New York: Kraus-Thomson Oganization Limited, 1971.

Terence Wesley-Smith, Edgar A. Porter, *China in Oceania: Reshaping the Pacific*, New York: Bergbabn Books, 2010.

论 文

一 中文论文

陈艳云、张逸帆:《日本对斐济的政府开发援助研究》,《经济研究导刊》2013年第25期。

程相文、周翠琳:《为了感情上的需要——记西萨摩亚的汉语热》,《世界汉语教学》1987年第2期。

郭剑:《澳大利亚官方对外援助战略研究——以巴布亚新几内亚为案例》,中山大学硕士学位论文2010年5月。

韩冬临、黄臻尔:《非洲公众如何评价中国的对非援助》,《世界经济与政治》2016年第6期。

黄岳南:《中国农业技术项目在萨摩亚落地生根》,《湖南农业》2017年第8期。

黄志成:《从终身教育、全民教育到全纳教育——国际教育思潮发展趋势探析》,《河北师范大学学报》(教育科学版)2003年第2期。

吕桂霞:《"和平队"在太平洋岛国的活动研究:以斐济为例》,《聊城大学学报》(哲学社会科学版)2017年第2期。

李德芳:《中国对太平洋岛国的文化外交:目标、路径及效用评析》,

《太平洋学报》2017年第9期。

李德芳：《日本对帕劳的政府开发援助及其动因评析》，《太平洋岛国研究》第一辑，社会科学文献出版社，2017年。

李云龙、赵长峰：《从"无偿"到"互利"：中国对外援助的转型》，《开封大学学报》2014年第4期。

梁甲瑞：《中美南太平洋地区的"软平衡"态势及前景》，《世界经济与政治论坛》2017年第2期。

梁甲瑞：《中美南太平洋地区的博弈态势、动因及手段》，《太平洋学报》2017年第6期。

梁甲瑞：《试析大国何以对南太地区的海上战略通道展开争夺》，《理论月刊》2016年第5期。

梁甲瑞：《德国对太平洋岛国政策的新动向、原因及影响》，《德国研究》2017年第1期。

梁甲瑞、张金金：《印度在南太平洋地区的战略评析》，《南亚研究季刊》2016年第1期。

马一：《清驻德属西萨摩亚中国领署的设置》，《德国研究》2015年第2期。

金鹏：《行政办公建筑的地域性实践——以萨摩亚政府综合办公楼为例》，《建筑知识：学术刊》2013年第12期。

江叶帆、王小凡、谢映：《建筑本土化的国际表达——萨摩亚新立法会办公楼设计》，《中外建筑》2012年第10期。

齐清东：《澳大利亚对南太地区援助分析》，硕士学位论文，北京外交学院，2016年。

秦雅菲、张其林：《萨摩亚游泳馆屋盖钢结构设计》，《工业建筑》2008年第6期。

秦升：《超越"竞争性援助"："21世纪海上丝绸之路"建设与太平洋岛国经济发展的新思考》，《太平洋学报》2017年第9期。

宋秀琚、叶圣萱：《浅析"亚太再平衡"战略下美国与南太岛国关系的新发展》,《太平洋学报》2016 年第 1 期。

宋秀琚、叶圣萱:《日本—南太岛国关系发展及中国的应对》,《国际观察》2016 年第 3 期。

王华:《萨摩亚"共管"体制——19 世纪末美英德一次失败的殖民合作》,《首都师范大学学报》(社会科学版) 2004 年第 3 期。

王华:《评西方学者的"萨摩亚问题"研究》,《史学月刊》2005 年第 3 期。

王华:《罗伯特·史蒂文森与萨摩亚殖民争端——19 世纪末欧洲殖民主义文化的另类声音》,《中国青年政治学院学报》2007 年第 4 期。

王振存:《论当前国际教育研究现状、实践发展特点及启示》,《河南大学学报》(社会科学版) 2010 年第 2 期。

王敬媛:《关于推进中国与汤加王国教育交流与合作的建议》,教育部:《中汤教育交流与合作备忘录》,2017 年。

项贤明:《当前国际教育改革主题与我国教育改革走向探析》,《北京师范大学学报》(社会科学版) 2005 年第 4 期。

徐秀军:《中国的南太平洋周边外交:进展、机遇与挑战》,《太平洋学报》2016 年第 10 期。

杨春梅:《国外高等教育公平问题与改革趋势》,《外国教育研究》2006 年第 1 期。

喻常森:《试析 21 世纪初美国对太平洋岛国的援助》,《亚太经济》2014 年第 5 期。

赵少峰:《略论图瓦卢的外交政策与对外关系》,《聊城大学学报》(哲学社会科学版) 2017 年第 2 期。

赵少峰:《太平洋岛国报纸上的中国形象——以巴新、萨摩亚、斐济报纸为中心的考察》,《太平洋岛国研究》第一辑,社会科学文献出版社,2017 年。

郑方圆:《全球化背景下人、制度和文化变迁——以美属萨摩亚为例》,《中共云南省委党校学报》2014 年第 4 期。

周宝瑞：《西萨摩亚综合体育设施维修项目竣工》，《国际经济合作》1995 年第 9 期。

周余义、刘斐、杨阳、安然：《拓展我国与南太岛国合作空间》，《开放导报》2016 年第 2 期。

朱国仁：《新世纪国际教育改革发展动向及启示》，《清华大学教育研究》2010 年第 3 期。

朱敏、高志敏：《终身教育、终身学习与学习型社会的全球发展回溯与未来思考》，《开放教育研究》2014 年第 1 期。

二 英文论文

Ben Featuna'I Liua'Ana, "Dragons in Little Paradise: Chinese Fortunes in Samoa, *1900 – 1950*", *The Journal of Pacific History*, Vol. 32, No. 1, Jun. 1997.

C. Campbell, "New Zealand and Mau in Samoa, Reassessing the Causes of a Colonial Protest Movement", *New Zealand Journal of History*, Vol. 33, No. 1, 1999.

Desmond Lee-Hang, Jimmy Hatier, Judith Francis, "The agriculture-nutrition nexus in Samoa", *CTA Technical Brief 1*, September 2016.

Philippa Brant, "The Geopolitics of Chinese Aid: Mapping Beijing's Funding in the Pacific", *Foreign Affairs*, March 4, 2015.

Lafita'i Fuata'i, "Experience and Samoan Social Institutions: Their Roles and Impact on My Life", *Measina a Samoa*, Vol. 4, 2010.

Tuiloma Susana Taua'a, "Women in the Informal Sector: The Samoan Experience", *The Journal of Samoan Studies*, Vol. 3, 2010.

后　　记

2016年1月15日，经过五十多个小时、三起三落的长途跋涉之后，我们一行五人终于踏上了萨摩亚的国土。当飞机从斐济第三次起飞，在南太平洋上空缓缓前行时，大家顿时被那湛蓝的天空、洁白的云朵和波光粼粼的大海所震撼，一扫长途跋涉的疲倦，纷纷来了兴致，不觉对萨摩亚产生了一些神往。办理出关手续的时候，大使馆的丁领事就已经笑盈盈地在等待我们了。出机场大门后，丁领事跟我们一行五人进行了简短的谈话：

> 今天我到各位老师执教的学校去看了看，条件还是相当艰苦的，希望各位老师以国家利益为重，圆满完成国家交给你们的这次支教任务。

简单的休整之后，我们一行五人被分到了五所学校，至于学校在什么地方、居住条件到底有多么艰苦我们脑海中并没有任何概念，只知道大家在一个岛上，总比分在两个岛上要方便一些。① 接待我的校长是一位五十岁左右的女性，一上车便问我是去她家里还是去学校看看，我表示先去学校看看，于是汽车再一次穿行在浓密的热带雨林中。我再一次被那明丽的蓝天白云吸引，迫不及待地举着手机拍照。一条窄窄的双向

---

① 萨摩亚由两个主岛和八个小岛构成，两大主岛分别是乌波卢岛和萨瓦伊岛。萨教育、体育与文化部原本拟让两位女教师前往萨瓦伊执教，但考虑到安全因素，后经协商，五人全部在乌波卢岛任教。

车道，道路两边或是草地，或是沟渠，感觉错车都有可能躲进路旁的杂草或者跌入沟中，偶尔还会有让行对方来车（Give way）的标志。不知拐了多少个大约 90 度的弯儿，终于到达了学校。

我所在的学校位于萨摩亚首都所在岛屿乌波卢岛的西南端，是一所有着 150 个学生和 18 位教师的小型高中，属澳大利亚援建学校。老师和学生大都来自附近村子。坐在我的房间里就能听得见海水的呼啸。其实，我没有属于自己的房间。全校老师只有一套办公室，类似于国内的一间客厅两间卧室的套间，校方临时腾出一间"卧室"来让我住。我和老师们出入一个门，共用一个卫生间。从一个自己熟悉的温暖小巢到住进一间薄薄的墙体、四面都是窗子且毫无隐私可言的房子里，心里落差未免太大了些。

在接下来的第二年和第三年的工作中，我们的团队不断有新成员加入，也有继续留任的老成员，大家亲如一家，共同克服了诸多不适，不仅圆满完成了所在学校的教学工作，还配合萨摩亚教育、体育与文化部对全国数学、计算机教师进行了两次拉网式培训，大大提高了他们的专业水平，受到萨教育、体育与文化部、中国驻萨大使馆及培训学校的高度认可。当然，我们的工作离不开各级领导的鼎力支持，离不开家乡亲朋的问候鼓励，更离不开和我一起奋斗过的同事和华人同胞。本书即将付梓之际，请允许我由衷地表达我的感激之情。

感谢我的爱人仓友廉先生，每当我遭遇误解心情极度抑郁痛哭无助的时候，他总是悉心给予我指导，尽管远隔万里，却始终感觉他就像陪伴在我身边。尤其是第二年、第三年继续执行援萨任务之际，正是我的母亲双腿不能行走只能卧床休养的时候，是他一个人侍奉在母亲身边长达两年，让我在万里之外能够安心工作。而每次通话的最后几分钟还总是叮嘱我努力科研，要对得起领导，更要对得起自己。在本书最后校对阶段，他停下一切工作仔细阅读了全部内容并且帮助修改了漏字、错字部分。

感谢聊城大学历史文化与旅游学院、太平洋岛国研究中心、国际合作交流处的各位领导、同仁。他们是援助团的坚强后盾，是他们的关心、支持与鼓励，才让我充满信心，顺利完成了援教任务。感谢与我共同战斗过的各位援萨教师，大家同舟共济，亲如一家，在当地学校、民众和华人华侨中树立了良好口碑，为今后援萨工作团能够顺利开展工作奠定了坚实基础。

感谢中国驻萨摩亚大使馆王学峰大使及夫人童新女士，刘鹏、刘琳夫妇以及所有使馆工作人员。新春招待会、国庆庆典、端午纪念……热情亲切的话语、温柔甜美的笑容，还有各式各样的家乡菜，令每一位远在萨摩亚的游子仿佛回到了故乡一般。尤其是在我写到图伊拉埃帕总理生平时，向童新女士请教有关问题，童女士总是不厌其烦地回复解答。

感谢萨摩亚爱国华侨翁维捷先生。翁先生是中国援萨教师的老朋友了，每一批援萨教师都受到其悉心照顾。他心系祖国，热爱萨摩亚，为中萨友谊做出了巨大贡献。在他的积极引荐下，我才获得了图伊拉埃帕总理的接见并且总理答应为本书撰写序言。而当翁先生得知本书因为出版资金问题需要将插图集中放在前面排版时，他又慷慨解囊，提供了部分资金支持，让本书以最美的姿态问世。

感谢我至亲至爱的亲朋、学生，在我的每一条动态后你们迅速地留言，每一次南太岛国地震后的第一声问候，夜静更深时如春风般温柔的话语，见面时热情真诚的拥抱，是你们陪伴我走过了这段艰苦的别样岁月，让我在异国他乡从未感到孤独和寂寞。

另外，本书系教育部国别和区域研究课题"萨摩亚与中国关系研究"（项目编号：R18WB0201）的阶段性成果，本书出版亦获得了"山东省重点智库——太平洋岛国"平台建设、山东省高等学校优势学科人才团队培育计划——太平洋岛国研究团队的资金支持，特此致谢！

石莹丽

2019 年 8 月